ガバナンスと評価 14

日本の政策評価

山谷 清志 著

晃洋書房

まえがき

　本書は日本における政策評価の理論の展開，実践の経過を記述している．この記述にあたって使用した主なディシプリンは行政学である．その理由は，日本では政策評価が主に行政機関において注目され，実施されているからである．また，日本では行政責任を確保する行政統制型政策評価と行政管理（マネジメント）の支援を行なう行政管理型政策評価の２つの方向で政策評価が進んできたが，この２つの方向は行政学の行政責任論と行政管理論に重なっていることも行政学を使用する理由である．

　はじめに，本書を執筆した目的について明らかにしたい．

　政策評価はいつでも，どのような政府においても必要である．政策が実施された後，その結果がどうなったのかを知る権利を市民は持つからである．[1] 言い換えれば，政府は政策の結果について市民に説明する責務を持つ．これが政策評価の大前提にある．この点において政策評価は市民と政府の緊張関係における民主政治の重要なツールなのであるが，日本の政策評価の実際はそうなっていない．こうした政策評価の現実を明らかにすることが，本書の執筆動機の根底にある．

　これは行政責任の視点から政策評価にアプローチする入り口の議論で，ここにはさらに先がある．その先の議論とは，行政責任論の講義で言及する失敗政策や過誤行政（mal-administration）である．[2] 講義で使用する具体例を列挙してみよう．

- **鈍感政策**：過疎地域だけでなく，県庁所在地ですら人口減少，経済の衰退，くらしの困難が加速化しているのに，それでも昭和時代からの惰性に気づかず，東京一極集中政策を止めていない東京在住国会議員と霞ヶ関官僚の鈍感．
- **アナクロ政策**：2020年代になって，経済状況や社会環境，日本人の生活実態が大きく変わったのに，古い思考（開発と発展，生産性向上）に執着する時代錯誤．
- **政策濫費**：数千億円の費用を基金や補正予算で付けた政策が，事前に説

明したほどの成果を出していないのに止めないので，赤字が膨らむ．成果の有無を確認する評価も不適切で，単なるアリバイ作りになっている．

- **看過政策**：困っている人，深刻な問題を意図的に放置し，見ないようにしている．
- **アリバイ工作政策**：国民の困窮に対応していると言うだけで，実際の予算額は極小なうえに使い勝手が悪く，担当行政組織もスタッフが併任ばかりの本気でない事業．
- **弥縫策**：問題にその対策では解決にならない，予算も少ない．一時しのぎ．「間に合わせ」対応．
- **色メガネ政策**：東京生まれの永田町住民が，千代田区霞ヶ関ムラの発想を使って政策を決めるので，遠くの地域住民は迷惑．社会を見る「めがね」に「東京バイアス」があって画像がゆがんだり，実際の色が見えなかったりする．
- **処方ミス政策**：誤った価値観を持つので問題や課題に，間違った処方をする迷惑．
- **重複政策**：似たような政策が提案され，どんどん積み重なった結果，政策の多くに重複が増えている．
- **誤作動政策**：終わったはずの政策が実はしぶとく生き残っており，別の重要政策に悪さをして誤作動を起こす．
- **こだわり政策**：自分の価値観や美学に陶酔し，地方で困っている市民の顰蹙をかう政策を続けるが，「ぶれないこと」が責任と勘違い．
- **ツケ回し政策**：政策の無理のツケを住民に強いる．クルマ依存，高い携帯料金，高齢者の古いニュータウン，赤字新幹線の負担，災害に弱いタワーマンション，観光公害の放置．
- **恐慌政策**：小さな無駄や政策担当者の個人的不正を糾弾する声にパニック，慌てて付け焼き刃の愚策を強行したため誤謬．
- **連絡ミス政策**：現場の実務担当者は政策ミスに気づいているが，政策決定者にその声が届かないため問題放置．
- **不平等政策**：一部の人の主張だけをなぜか受け入れる．これらの主張で作られた政策を特権政策とも言う．
- **惰性政策**：かつて問題だったので政策対応したが，その後問題の本質が大きく変わっても止めない．効果は出ないばかりか，副作用で困る人が

増える.

- **自画自賛政策**：一部の人だけに評判が良くて，成功事例だと賞賛する．科学技術政策に多い．誇大広告政策とも言う.
- **詐欺政策**：市民の不安をあおるプロパガンダを繰り返し，数千億円の予算をせしめた.
- **筋違い政策**：某研究系大学院は，設置されている某県にとって何もメリットもないのに地域貢献していると PR．私学の扱いにもかかわらず，毎年年間200億円の運営費が県予算から提供するよう法律で決められて，限られた県予算を浸食．県民はなぜ県予算から出されるのか理解していないし，その事実も知らない．県予算を浪費させる過剰に立派な施設建設が，環境破壊になっている副作用もある．40億円の施設建設費に，政策評価の事前評価（10億円以上の公共事業は政策評価法で義務化）はしないのかと問うと，公共事業ではないので対象外と言う.
- **エンドレス政策**：終わりが書かれていないので，果てしなく運用される.
- **忖度政策**：特定の政治家の気持ちを忖度し，説明できない政策を決定.
- **タダ乗り政策**：他人の金（政府予算）なので，ルーズ．自分の財布から出すのであれば，絶対にしない政策.
- **無責任政策**：政府と首長が思いつきで始めた政策は，唐突で市民が戸惑うが強行．事前評価では費用を安く見積もり，実施が決まると見積もりが異常に安かったことが露呈．工事中に追加費用がどんどん増え，最終的には数倍のコスト負担．事後評価をしないので最終的な成否判断は無．成功したと言いつのるが，エビデンスがないので市民の政府に対する不信が増え，結果として政治無関心が蔓延した．選挙での棄権が増え，無責任政策を増殖する風潮を社会に拡散．政策の悪性腫瘍.
- **投薬ミス政策**：政府にとって都合が良い事前評価（実は予算どり資料の作成）に固執した結果，政策評価のポリシーがゆがんだ.

こうした政策について，市民や国会は政府の責任を追及し，政策責任者に「納得できる説明を求める」（＝アカウンタビリティ）のために政策評価は行われるはずだった．そして本書は，政策評価がそうならなかった理由を述べ，行政責任確保型評価ではなく，行政管理型の内部評価になった経緯を明らかにしている．本書で試みた政策評価史の説明は，日本政府がどのようなガバナンス状

iv

態にあるのか，その評価でもある．

　本書の内容は政策評価への注目（第1章・第2章），政策評価の考え方（第3章）制度の採用（第4章），政策評価と関連する評価制度（第5章），政策評価の前史（第6章），政策評価のプロトタイプ（第7章），政策評価から業績測定への変容（第8章），政策評価の新展開とEBPM（第9章），ODA評価（第10章），政策評価の現状と課題（終章）である．概要は以下の通りである．

　政策評価は20世紀の終わり頃に中央省庁改革（「橋本行革」）の中で注目され，21世紀になった直後の2001年，「行政機関が行う政策の評価に関する法律」によって制度化された．導入前と導入直後には政策評価の理念や理想に関する言説が多かったが，その後はさまざまな要求が政権与党とその応援団から出て，その対応に関心が向かった．

　向かった先にはまず予算制度との連携と整合性の強化をめぐる大きな議論があり，あるいは他の評価制度を導入する話も進んだ．たとえば，規制の政策評価，租税特別措置の評価である．また独立行政法人評価制度や実施庁評価，公共事業評価，科学技術政策の研究開発評価，政府開発援助政策評価などが政策評価と並行して実施された．

　政策評価導入後，小さな話だが極めて重要な課題が出現した．評価報告書・評価シートに何を記入するのか，どのような定型シートにするべきかである．この課題は目標管理型の政策評価を導入したことによって解決し，目標管理シートへの文字・数字の記入が政策評価作業になった．それを政策評価と呼んでよいのかどうか，これは大きな課題である．

　しかし，解決困難な課題もある．たとえば評価の客観性問題がまずあげられる．全く利害関係の無い第三者がいるのか，仮に第三者がいたとして，その人は政策内容に疎いので政策の理解が困難で，評価の能力は乏しい．そこで政策領域に詳しい専門家を加え，その専門知識で評価の客観性確保に代えようとしている．医療，原子力，工学，研究開発などで多い．ただし，専門家会議の構成が問題になる．たとえば都市計画や地域開発に工学系の専門家だけでよいのかという懸念の声は評価制度が始まったときから存在している．政策に関係するディシプリン（学問研究，ここでは工学）に政策の議論を閉じ込めてしまうと，見えなくなる物がある．そこで外部の素人を招き，素人の健全な常識に期待して有識者として参加してもらうが（layman control），しかし素人への説明は政

策の実態にたどり着くまで時間がかかり，限られた議論の時間を空費する．結論が出ない議論は座長預かりとなり，会議は異論や反論を言わせるが既定方針は変えない「ガス抜き」だとの批判を招き，悩ましい．

　評価のコスト問題も大きな悩みで，評価で使う情報の収集と分析，比較，評価書の作成と公開に費用と手間がかかりすぎるとの苦情は絶えない．現地調査の旅費がかさむだけでなく，評価が終わってから報告書を見てもらう評価委員会メンバーの旅費も無視できない．そこで首都圏在住の委員に限定すると「東京バイアス」が発生し，議論は偏る．その一方で，そこまでコストをかけて作成した政策評価に一般国民や国会議員は興味を持たず，報道機関も関心を示さない．コストがかかる割に，誰も見ていないので虚しいと言う気持ちは，評価担当者の「評価疲れ」の大きな原因になっている．広く国民の関心を集めているのであれば納得するが，誰も見ていない評価書に時間と労力をかける状況では，肉体的にも精神的にも疲れるだけであろう．なお，評価の専門家を評価作業の現場に雇用する案は魅力的だが，実際にどのような経歴，いかなる学位の保持者が評価の専門家と呼ぶことができるのか，普通の公務員には想像が付かない．

　きわめて重要だが，解決できない課題が残っている．それは政府間で評価をどのように運用するかの問題である．政府間評価とは中央政府と地方政府との関係で行う評価のことで，評価に関わる研究では 'inter-governmental evaluation' とよばれ，中央政府と地方政府の政策分担で発生する議論である．アメリカ合衆国のように連邦制を採用する国でみられる政府間関係論のテーマであるが，実はこのテーマは日本でも重要である．誰が，どこで評価するかによって，評価の内容が全く違うからである．しかし日本でこのテーマはあまり言及されないまま，中央の補助金を受ける地方自治体の作業負担問題の議論に埋没する．そもそも地方分権改革を背景に政府間関係論は財政学や地方自治論を中心に長年議論されてきたが，評価に関しては知見が少なかった．その結果評価の現場では，地方自治体が中央政府向けに作成させられる評価文書の業務負担の深刻さが知られるようになっており，中央府省と地方自治体の間で評価をどのように分業して行うのか，その協力体制構築が喫緊の課題になっている．[3]

　地方の現場の詳しい事情を知らない「霞ヶ関」が作成した評価書には，リアリズムがない，上から目線の評価になる．地方自治体が反論するのも難しい．代表例は自治体公務員削減政策である．公務員数削減を強要された地方自治体

では事務職員の余裕がないにもかかわらず，霞ヶ関の府省から計画作りの依頼は多くて地方自治体が疲弊した事実がある［今井 2021a；今井 2021b］．このうえさらに評価資料作成までさせられるのか，との怨嗟の声が自治体公務労働の現場から聞こえてくる．

　政策評価のプロトタイプであるプログラム評価は1960年代から1970年代，民主党政権時代のアメリカ連邦政府が，実施を地方政府に任せて展開した社会プログラムの成果を知るために，連邦政府自身で行った（理論と実践の中心で活躍したのは議会補佐機関の General Accounting Office）．評価のために投入した予算も多かったので，プログラム評価は大きなビジネスになり，シンクタンクは活躍し，政策学や政策評価研究が興隆した．もちろんシンクタンクには共和党系，民主党系の両方があり，両者はそれぞれ違った評価結果を出す．それを見て判断するのは有権者である．残念ながら，このようなプログラム評価の実践は，日本では少ない．

　ところで，これまで表に出てこなかった政策評価の前提に関わる議論がある．それは行政に対する信頼の有無である．行政不信を前提に政策評価を使うのか，信頼をもとに評価するのかと言い換えてもよいだろう．前者は行政責任，アカウンタビリティを確保するための行政統制論に向かう．後者はレスポンシビリティの行政責任，行政倫理，行政のプロフェッショナリズムの話になる．アカウンタビリティはもともと組織を統制する「主」と，それに従う「従」との上下関係・垂直関係の議論である．しかし，アカウンタビリティを説明責任と誤訳した日本では，アカウンタビリティにこのニュアンスが少ない．政策評価が「自ら行う評価」になったことも重なって，責任概念が混乱し，明らかに英語のアカウンタビリティではなく，後者のレスポンシビリティ視点で政策評価の制度をすすめてきた．また，アカウンタビリティ関係の「主」に「従」をコントロールする能力がないため，アカウンタビリティは機能不全になった．この状態をおかしいと思わない日本の現状には，グローバル社会の影響もある．国際連合の国家間に主・従関係はなく，国際機関と主権国家間にも主・従関係がないので，タテ関係のアカウンタビリティ関係が成立する可能性は低いにもかかわらず，OECD（経済協力開発機構）をはじめとした国際機関はアカウンタビリティを強調するので，タテの垂直関係ではなく水平のヨコ関係でアカウンタビリティの理論を構築する．結果として，アカウンタビリティは透明性と追跡可能性（なぜその結果が生じたのか後から振り返り遡って調査できること）に落ち着い

ている．日本国内のアカウンタビリティの議論は，ここに向かってきた．グローバリゼーションの想定しなかった影響である．

　その上さらに日本では，アカウンタビリティの制度や運用体制に不備があるために，レスポンシビリティ型政策評価に向かわざるを得なかったのではないか．これは今後の研究課題であるが，公務員に対する性善説，性悪説の議論にも重なるので，ここは行政責任論，行政倫理の研究に委ねたい．

　本書のはじめに，いきなり専門的な議論を提示したのは，政策評価の実際を知っていただきたいからである．政策評価は民主主義のリテラシーであることは間違いないのだが，アカウンタビリティ確保型の評価が不十分なので，日本ではなかなか民主主義の議論に向かわないまま，政策評価は研究分野のジャーゴンになってしまった．ジャーゴンとは業界（政策評価を知っている人のコミュニティ）だけに通用する方言のことだが，それだけでなく政策評価はバズワードにもなっている．つまり専門用語のように聞こえるが定義が曖昧なので簡単に使えない俗語である．それが日本の政策評価なのである．

　このように批判が多く，課題も解消できない政策評価であるが，それでも重要であるという立場で本書を執筆した．日本では失敗政策や過誤行政がなくならないからである．

　注
　1）　ここでは「市民」を国や地域，時代に関係ない普遍的概念，学術用語として使う．
　2）　同志社大学政策学部では2006年度から行政責任論の講義を開講しており，その担当者は山谷清志であった．
　3）　地方分権改革とほぼ同時期に政策評価制度の議論が重なったが，この両者を同時に取り扱う研究が少なかったことも背景にある．中央・地方関係の議論に評価も関わる常識が普及しなかった．したがって，たとえば内閣府の沖縄政策の評価と沖縄県庁の施策評価との関係（沖縄問題）も重要な議論であるが放置されている．

ix

目　次

まえがき

【第 1 章】
政策評価とは何か ……………………………………………… 1

　＋ 1．政策評価とアカウンタビリティ　　（1）

　＋ 2．アカウンタビリティの「発見」　　（3）

　＋ 3．政策評価とアカウンタビリティとの距離　　（6）

　＋ 4．日本の評価を考える約束事　　（9）

【第 2 章】
政策評価を考える前提 ……………………………………… 13

　＋ 1．評価とは 'Evaluation'　　（13）

　＋ 2．「政策」とは　　（17）

　＋ 3．プログラムとその評価　　（21）

　＋ 4．アカウンタビリティ再考　　（26）

【第 3 章】
政策評価の実践と課題 ……………………………………… 29

　＋ 1．政府のガバナンス改革と政策評価制度の導入　　（29）

　＋ 2．政策評価制度の転機　　（41）

　＋ 3．政策評価制度の課題　　（44）

　＋ 4．評価制度の総括評価　　（50）
　　　　　　　──本質的機能の欠落──

【第4章】
評価システムと評価プロセス ………………………………… 53
　　　──評価の「制度化」問題──

+ 1．評価の制度化　（53）

+ 2．評価システム　（55）

+ 3．評価デザイン　（61）

+ 4．比較から見た日本の制度化　（64）

【第5章】
評価システムの実際 ……………………………………………… 69

+ 1．現在の評価システムが登場した背景　（69）

+ 2．独立行政法人とその評価　（71）

+ 3．行政事業レビュー　（76）

+ 4．その他の評価　（80）
　　　──総務省の行政評価・監視と行政相談制度──

+ 5．さまざまな評価　（82）

【第6章】
政策評価と政策科学の時代 ……………………………………… 85

+ 1．評価の潮流　（86）

+ 2．政策科学（Policy Sciences）の登場　（88）

+ 3．行動科学（Behavioral Science）　（90）

+ 4．行動科学の応用　（94）

+ 5．ポスト行動論革命（Post 'Behavioral Revolution'）　（101）

目　　次　xi

【第7章】
プログラム評価としての政策評価 …………………… 105

- ＋1．プログラム評価とアカウンタビリティ　（105）
- ＋2．評価研究（evaluation research）とその時代　（107）
- ＋3．「学」としての評価　（111）
- ＋4．評価学の歴史　（113）
- ＋5．評価のディシプリン　（117）

【第8章】
NPM と業績測定の強調 ……………………………… 123

- ＋1．業績測定登場の背景　（125）
- ＋2．日本における注目　（130）
- ＋3．業績測定の実践　（131）
- ＋4．業績測定の再整理　（138）
- ＋5．残された重要な問題　（142）

【第9章】
EBPM と「科学」の再来 ……………………………… 145

- ＋1．EBPM の検討と試行　（146）
- ＋2．評価理論における EBPM の登場　（150）
- ＋3．エビデンス運動が進む方向　（153）
- ＋4．政策評価理論から見た EBPM　（156）
- ＋5．検　討　課　題　（161）

【第10章】
ODA 評価と政策評価 ································· 165

+ 1. 教育と研究における難問 　（165）

+ 2. 行政学の視点 　（170）

+ 3. 政策学の視点 　（174）

+ 4. 評価学の視点 　（178）

+ 5. ま　と　め 　（183）

【終　章】
政策評価の現状と可能性 ······························ 187

+ 1. 目的の変容 　（187）

+ 2. 評価の副作用とアカウンタビリティのジレンマ 　（190）

+ 3. 「遠心力」問題 　（192）

+ 4. ガバナンスと評価 　（194）

あ と が き 　（199）

参 考 文 献 　（205）

索　　　引 　（217）

第1章 政策評価とは何か

1. 政策評価とアカウンタビリティ

1990年代末から日本の中央府省と地方自治体は，政策評価とアカウンタビリティ，この2つの言葉をよく使うようになった．政府や地方自治体の責任（accountability）を，政策評価によって確保するといった文脈で使い，またその使い方は普及してきた．こうして，政策評価はアカウンタビリティを抜きにして語ることができない状況になった．

はじまりは中央省庁改革である．「この国のかたち」を変えると宣言した行政改革会議の『最終報告』（1997年12月3日）の中に，「政策評価」と「説明責任（アカウンタビリティ）」が書き込まれたこともあって，2つの言葉は急速に普及した．

> 「本来国民の利益を守るべき施策や規制が自己目的化し，一部の人びとの既得権益のみを擁護する結果を招いたり，異なる価値観や政策目的間の対立や矛盾を不透明な形で内部処理し，あるいはその解決を先送りしてきた結果が，最近における不祥事の数々や政策の失敗に帰結している実情をわれわれは真摯に受けとめなければならない．
>
> こうした戦後型行政の問題点，すなわち，個別事業の利害や制約に拘束された政策企画部門の硬直性，利用者の利便を軽視した非効率な実施部門，不透明で閉鎖的な政策決定過程と政策評価・フィードバック機能の不在，各省庁の縦割りと，自らの所管領域には他省庁の口出しを許さぬという専権的・領土不可侵的所掌システムによる全体調整機能の不全といった問題点の打開こそが，今日われわれが取り組むべき行政改革の中核にあると

いって差し支えないのである.」(行政改革会議『最終報告』4～5ページ).

　「行政の透明性の確保の観点からは,行政情報の公開と国民への説明責任の徹底を図り,国民的視点からの公正な政策評価機能の向上が求められる.そして,企画・立案と実施の分離は,従来ややもすれば内部化されて不透明であった企画機能と実施機能の関係を外部化し,両者の相互作用を白日の下に置くことにより,これまで不十分であった政策評価の制度的位置付けを与えるものとなることが期待されよう.」(行政改革会議『最終報告』6ページ).

　行政改革会議の最終報告にこの政策評価とアカウンタビリティの2つの言葉が入ったのは,今から考えると,日本政府が国際社会でのガバナンス(政府運営)改革の潮流に乗るきっかけだった.もっとも,少し国際常識と違っていたのは,これが政治家(国会議員や大臣)の指示ではなく,行政改革本部にいた若手官僚たちのイニシアチヴだったことである.[1]当時野党の民主党は政策評価に熱心だったが,民主党とは違い自民党政権は政策評価導入に向けて積極的に動いたわけではない.[2]

　政策評価を実際に行う場面では混乱が見られたが,その理由はたくさんあった.たとえば,公務員が自分の仕事に評価システムを加えるには逡巡がある.本来の業務(教育・医療・土木など)の外になじみがない作業が増え,残業が増えるからである.また日本社会では「評価」に対するイメージが悪い(次節を参照).さらに評価結果が良くても悪くても,それに対応をせざるを得ない.その上,原課・現場の担当者はその道の専門家だが,現場の専門家が日常的に遂行する仕事に「評価」はなく(土木技師・医師・看護師・保健師・土木行政・医療行政が代表),まして「政策」を担当していない.国の府省であれば「事業」か「施策」,地方実態であれば「事務事業」を担当しているのであって,政策ではない.逡巡,イメージの悪さ,余計な仕事が新しく付け加えられるなど,消極的になってしまう原課・現場に,政策評価を法律や条例で義務づけたのは,こうした事態を予想したからで,それは正しかった.[3]

　あるいはまた,独立行政法人,指定管理者制度,PFI (Private Finance Initiative)のように,評価を不可欠な前提とした新しい手法がどんどん政府や自治体に取り入れられ義務化される事態になってきた.その後評価を組み込んだ業務活動は一種の官製マーケット[4]になり,このマーケットに参入して仕事を受託

したい民間企業コンサルタントやNPO/NGOにとっては，評価は一種のビジネスチャンスとなった．これによって評価はさらに普及した．もちろん仕事を発注する政府や自治体も，受託側の仕事ぶりをモニターするため，綿密で客観的な評価システムと評価手法を開発する．

ただ，評価と聞いて気乗りがしない人，あまり良い気持ちがしない人は日本社会の至る所にいる．そしてこのような嫌われ方を，K. v. ウォルフレンの『人間を幸福にしない日本というシステム』（篠原勝訳，1994年）のタイトルをかりて「日本人を幸福にしない評価というシステム」とシニカルに言わざるをえない場面が増えた．それではなぜ，こうした心を重くする評価がシステムとして採用され，普及したのであろうか．

＋ 2．アカウンタビリティの「発見」

答えはいたって簡単である．評価が無かった頃を思い出すとよい．かつて(1990年代以前) の日本では，市民にとって政策とそれに関係するビッグ・プロジェクトは全く事前説明がなく，ある日突然空から降ってくる印象だった．原子力発電所，博覧会などのビッグ・プロジェクト，古くは1980年代に始まったリゾート・ブーム，テクノポリス構想，自治体国際化 (財団法人設立と関連施設の建設)，公立大学新設などである．

もちろん，報道機関にも問題があった．政策問題を関係者の利権や政治力関係，政権与党内部の政局・権力闘争，あるいは与党幹部の不祥事とその捜査などを中心に報道した．報道機関 (とくに政治部記者) の取材の方法が，政局報道になじむからであろう．社会部の記者であれば汚職や疑惑に集中し，政策論に向かわない．また，政治評論家や週刊誌は政界裏事情や政局論として語った．したがって，一般国民は政策が見えないなかで，無駄や浪費の議論が先行して幻惑させられた．さらに，市民が意見を言いたくてもその場所がない．利益誘導型の保守政治家は有権者市民にパターナリスティックな行動を取り，行政官庁は政治家には説明するが市民に詳しい説明をすることはなかった．「政策に対するアカウンタビリティ」の考えがなかったからであり，したがってこのアカウンタビリティに基づいた適正な評価のシステムが必要だとも思わなかったのである．

しかし，先のウォルフレンの著書によって，一般の日本人もアカウンタビリ

ティと呼ばれる理念が，西欧の民主主義社会の中には「あるらしい」と知った．

　　「日本の統治のしかたの奇妙な点は，そのなかの事実上最も権力のある
　人々，つまり官僚たちが，最もこの『説明する責任』を問われることが少
　ない，ということである」[ウォルフレン 1994：82].

　しかし，残念なことに国語審議会はアカウンタビリティが一般への定着が十
分でなく，日本語に言い換えた方が分かりやすくなると主張し，「説明責任」
と言い換えた（国語審議会答申2000年12月8日）．このいささか矮小化されて翻訳
されたアカウンタビリティは，「説明すれば責任を果たしたことになる」と日
本では理解された．アカウンタビリティの内容もあまり考えていないまま，
「説明責任」と矮小化したのである[山本 2013：3章].やがて説明するポーズ
が大事になり，もしトラブルが生じた時には言い訳の「釈明作業」を行えば足
りることになったのである．昭和時代のパターナリズム「よらしむべし知らし
むべからず」の伝統は改善されたが，それでも難しい政策問題は一般の素人に
は分からないだろうと見下す姿勢，説明したから良いだろうと開き直る態度，
丁寧に説明すると言いながら同じ文言を繰り返す傲慢，あるいは膨大な説明資
料で煙に巻く姿から，日本の公的部門にアンチ（反）・アカウンタビリティの
気分が見え隠れする．

　本当のアカウンタビリティとは，「結果について聴く人が納得できるように
説明できる能力」を意味する．関心があれば政府の外から政府の内部の政策と
その実施構造をいつでも見ることができ（transparency），また結果が政府（官
僚）の説明の通りかどうか論理（ロジック）の筋道を過去に遡ってたどることが
でき（traceability），ここに異論があれば意見を言うことができる（voice）．この
3つの基本からアカウンタビリティは成立する．この3つでガバナンスの基本
姿勢が「健全さ」を向くと考えるのである．

　しかもアカウンタビリティの内容は表1-1のように複雑である．豊かだと
言い換えてもよい．古い時代の合法性と会計責任を基本に，適正な手続きの遵
守や中央政府と地方政府の適正な関係（地方自治・地方分権）などについての近
代的アカウンタビリティが加わり，20世紀1960年代の資本主義の発達とともに
効率や経済性，生産性に概念は拡大した．企業経営のマネジメントに学ぶ姿勢
が出てきたのもこの時代である．20世紀末には，政策に注目した政策責任，政
策目的を達成するプログラムのアカウンタビリティが注目され，現在にいたっ

第1章　政策評価とは何か　5

表1-1　アカウンタビリティの内容

種　類	意味と確保の方法	規準（criteria）
① 政治責任	政治責任，結果責任，選挙，住民投票，政治評価	民意と政治的正統性を確認する投票，結果責任，倫理観の有無，政策能力
② 政策責任	政策評価，プログラム評価	プログラムの有効性，政策手段の目的合理性，成果，結果の公正さ
③ 統治制度	問題に対応する制度の適切さと合目的性，予算制度や補助金制度の責任ある運用	合目的性，他制度との整合・一貫性，制度の持続可能性
④ 行政責任*	行政監察，会計検査，行政苦情救済制度，捜査	手続きの妥当性・適切・公平，能率と効率，結果の妥当性，規則準拠，財務規律
⑤ マネジメント	業績測定，パフォーマンスのモニター，プロジェクト管理，責任管理	効率，業績達成，生産性，節約，赤字の削減，採算，経営責任
⑥ 専門責任	専門職，研究職の能力，ピアレビュー，シビリアン・コントロール	専門水準の達成，他の専門家が見た上での納得，専門学会の認証
⑦ 法的責任	裁判，審判・審決	合法性，合規性，デュー・プロセス，「法の支配」

注：＊狭義の行政責任は④，広義では②③④⑤⑥⑦.
出典：筆者作成.

　ている．長い歴史の中で法的責任，会計責任，経営責任，政治責任，政策責任など，多くの人びとの努力でさまざまな内容を持つようになってきた事実を無視して，説明責任と一言でかたづけられる内容ではない．しかも，相手がいる．説明して相手に納得してもらった事実が，アカウンタビリティの要件になっている．いくら丁寧に説明しても相手が納得しないと，責任を果たしたことにならない．これがアカウンタビリティなのである．

　こうしてアカウンタビリティを日本語に訳すと，言葉は長く複雑である．政府の活動についてさまざまな視点から説明して，相手の納得を得る能力，これがアカウンタビリティなのであり，説明責任はその一部でしかない．もちろん，アカウンタビリティを果たしていないと判断されれば，制裁がある（予算カット・組織廃止・失業）．そしてこのアカウンタビリティが常識になった先進国と国際機関では，アカウンタビリティとは開かれた場で，誰もがオープンに議論することができる場や，問題を感じたときには意見を言う場を設けている，そんな姿勢を導く指針を宣言することもアカウンタビリティの要件だと考えられ

ている．古代ギリシャの民主政にアカウンタビリティのルーツは求められるが，それはアカウンタビリティが民主主義を構成する重要概念だからである．

しかし，実はそれだけでは足りない．個別具体の政府活動，すなわち政策とその執行実施に携わる行政管理活動が巧くいっているかどうかを知りたい市民とその代表（議員）に，活動実態の理解に足る材料を工夫して提供する積極的な姿勢が必要になる．数字にする，分かり易いデータで示す，この数字やデータを見ながら市民や議員が行政組織を，そして政策をコントロールできる体制が必要なのである．

3．政策評価とアカウンタビリティとの距離

日本では評価とアカウンタビリティが結びつきにくい．それはなぜだろう．3つの理由が考えられる．

1つは，行政の「無誤謬性」神話がある．政府（とくに行政機関）は，「朝三暮四では困る」，行政の運営には安定性が必要だという大きな大前提のもとで，間違いがないように入念にチェックを重ねてきた．詳細で綿密な事前の検討をしたので大丈夫，間違いはないのだから，任せておけば大丈夫と言いたい態度の影響である．この態度の裏には「自分たちは間違わない」「常に正しい」という優越意識があり，また「万一間違った場合には大変な騒ぎになる」という行政官の危機感が見える．さらに政府が間違ったら大騒ぎし非難する報道機関の姿勢もあり，それがかえって政府（とくに行政機関）の頑なな態度を強めていることも否めない．もちろん試行錯誤も許されないし，仮に成果が出ていないと評価によって判断されれば大事になる．評価結果によって政策の実施体制の問題が明らかになった時には大変なことになると思う気持ちが，間違いがなかった，成果は出ていると主張する形式的な評価，実質的なアカウンタビリティを問わない形式のチェック作業に向かわせる．その意味で，政府・行政機関だけでなく，日本社会にも問題はあった．

評価とアカウンタビリティが素直に結びつかなかったもう1つの理由は，日本の行政機関が評価を行う基本的姿勢の「自己評価」にある．そしてここに新公共経営（New Public Management: NPM）の日本的解釈が影響した．NPMには結果志向があったが，それが忘れられて手続の効率性やコンプライアンスだけが重視され，プロセス・チェックが日本では常態化した．それらは活動や作業

の形式や手続面でのコントロールである．政策の結果として期待された成果の評価や問題解決の確認ではなく，効率性や節約，法律や規則・手続へのコンプライアンスを重視するのは，結果において成果がなくても，手続的に問題が無ければ正しいと認められることを意味する．

3つめの理由は，市民の行政依存体質である．行政に頼り，市民が行政に陳情してお願いする癖は，行政機関に任せておけば間違いないと思う気分を蔓延させ，これが評価やアカウンタビリティの邪魔になる．自立した市民が育たず，お任せの依存体質が蔓延し，自立した市民が使うツールである評価は無用になる．

日本の行政学者たちがアメリカの評価理論と行政責任論の研究していた1980年代まで，評価がアカウンタビリティとセットになって政府に取り入れられるのは極めて難しいだろうと予想していたが，その予想は良い意味で裏切られた．上記の3つの困難があるにもかかわらず，政策評価制度は導入され，またその導入に反対する人は国会や行政機関にも，市民サイドにもいなかった．政策をやってみて成果が出ているかどうか知りたい，というのは自然な要望だからである．導入が議論された20世紀末の社会の気分も「20世紀を振り返り，反省し，新しい21世紀を展望する」状態だったので，政策評価には好意的なムードがあった．

ただし，この好意的なムードを背景にして導入が決まり，政策評価に取り組んだ1997年から1998年頃，政策評価制度を所管する制度官庁の総務庁（当時）の担当者は多くの難問に直面した．

まず成果を知る作業に難問がある．成果が有った，無かったと言うためには，政策活動の実態を知り，成果が発現するまでの長期に及ぶデータを入手する方法を，あらかじめ決めておく必要がある．また，データを入手できたら，それをどのような方法で分析するのか，これも事前に決めておかなければならない．もちろん，分析した情報を効率性や有効性，公平性，必要性などの規準（価値）にあてはめて判断する作業もある．たとえばどのレベルで成果があったと言えるのか，逆に成果無しというのはどんなレベルなのか，事前に関係者間で合意していなければ，不毛でエンドレスな論争になる．

また，報告についてもいろいろ難問がある．報告のタイミングは，それは評価結果を何に使うのかによって違ってくる．予算編成に使いたいのであれば，予算の原案を作成するタイミングに合わせる必要がある．成果が出ない政策は

中止する前提で評価するのであれば，どのタイミングで評価結果を報告するのかを考えておく必要がある（時限立法という仕組みはその意味で重要である）．報告内容の難易度や知的レベルの想定も難しく，どのレベルの市民を想定して報告書を作成すべきかとの論点は常に悩ましい．理解困難な専門用語やジャーゴン（業界用語）に満ちあふれていれば，誰も読んでくれない．

　政策評価は導入前後に予算要求の資料に使いたいと言う声があり，そうした声に応えるために評価報告書は行政内部でも使われる文書として整えられてきた．しかし，これらの文書は外部の市民にとってはあまり理解できない．実務のジャーゴンにあふれ，また簡単には理解できないルールが多くて，普通の人にはわかりにくいからである．たとえば一般会計予算と補正予算では何が違うのか．事前と事後はどの時点で区切るのか．地方自治体の沖縄県の地域振興問題を沖縄県ではなく，地方自治制度を所管する総務省でもなく，なぜ内閣府が担当するのか．宇宙ロケットを打ち上げる宇宙航空研究開発機構（JAXA）に関わる評価書を書いている所管官庁がどうして内閣府，文部科学省，総務省，経済産業省の共管になっているのか．言い換えると JAXA は 4 府省すべてに向けて評価書を書く必要が本当にあるのか．日本政府は国連関係機関や世界銀行，アジア開発銀行など，国際機関との取り決めで多額の予算を拠出しているが，その拠出の効果は見えているのか．素人には簡単に理解できない難問は多い．

　さらに私たちがよくテレビや新聞で見るように，評価は常に政治の圧力に晒される．成功・失敗と言いたい人たちの対立場面，予算を取る材料に使いたい官庁と財政赤字を削減したい官庁，開発計画通りに工事を続けさせたい行政機関と反対する地域住民が対立するときに，行政機関が行う評価の中立性を心がけ，客観性を担保するのは困難で，実際，多くの現場ではデータ収集，分析方法にバイアスがかかってくる．説明責任と言うとき，そこでの説明材料自体が偏っていく．

　このように評価には多くの困難がつきまとう．それでも，評価をしない社会は，アカウンタビリティを無視する社会と同じく，とうてい民主的社会だとは思われない時代になっている．だから，さまざまな評価が登場し，社会に普及しているが，それらを取り上げて議論する場面を目にすることは少ない．毎年さまざまな評価が繰り返され，膨大な評価書が公表され続けていることを，一般市民は知らないし，新しく選挙権を手にする18歳は見たことすらないだろう．

✚ 4．日本の評価を考える約束事

　それでも評価は必要であると考える筆者は，民主主義のツールとしての側面から説明しようと考えている．ただし，政策評価の実践はいくつかの約束事を前提として成り立っており，フィクションでない世界で展開される政策評価を見るためには，これらを無視できない．約束事についてここで簡単に触れたい．
　第1に「政策」の理解である．政策の多くは国の府省や地方自治体が作り，実施している．まれに，独自の方法で資金を集め，その一部を自らのポリシーで社会に還元している組織もある（日本財団やJKA）．当然このような組織も評価（事業評価）を行っている．しかし，これは全体としての比率からすれば数は少ないし，社会貢献で民主主義に関わっているが，直接ではない．まさに政策の「政」の部分が重要なのである．政府や地方自治体の展開する政策が民意とどのような関係にあるのか議論するところに，民主主義と関わる政策評価の出番があり，また後述する政府と市民の関係を議論するアカウンタビリティ概念の中に位置づけて，政策概念を整理する必要がある．
　第2の約束事は，政策評価が「評価（evaluation）」だと言うことである．よく間違えられるのが監査（audit）であるが，監査は合法性，合規性，準拠性について組織活動のプロセスや手順，手続を形式に従ってチェックする機能である．他方の評価は「DAC 6原則」に見られる規準（規範のモノサシ），すなわち経済協力開発機構の開発援助委員会（DAC: Development Assistance Committee）が，開発援助の評価に際して使用する6原則に見られるように，監査とは違う規準（criteria）を使う．

- **妥当性**（relevance）：政策やプログラムの目標や成果が，受益者のニーズや国の政策と照らし合わせて妥当か
- **有効性**（effectiveness）：事業の目標が実際に達成されているのか
- **効率性**（efficiency）：投入された資金とアウトプットの関係は適切か，期待された結果を達成するために使った資源は最も安価であったか
- **影響力**（impact）：事業実施による影響（正の影響・負の影響）はどのようなものか
- **持続性**（sustainability）：事業から生まれた成果が事業終了後どの程度持

続するのか

- **整合性**（coherence）：他の事業や政策との整合性，相互補完性

　DAC の理解では，これら 6 つの規準について調査（research）する活動が評価なのである．したがって，評価を 'evaluation research' と言うこともある．政策の実際を知るためのデータ収集，調査，集めたデータの分析や比較に力点がある．

　第 3 の約束事は，見る対象（政策・プログラム・プロジェクトの 3 層システム）に関係している．政策システムを構成する 3 層のそれぞれは，アカウンタビリティに深く関わっている．政策評価は政策そのものの内容説明であり，政策目標を達成する手段のプロジェクトが政策目的に従って正しく置かれているかどうかを判断することである．またプロジェクト評価は費用対効果の面で適切かどうかを見る．そうしたプロジェクトを集めて政策目的に従って運用する方法（資金・時期とスケジュール・担当組織）を考えるのがプログラムであるが，このプログラムが政策目的達成に向けて貢献しているのかを考えたり，調査したりするのがプログラム評価である．つまり，政策，プログラム，プロジェクトのいずれかを評価対象に選択すれば，その評価活動も決まるのである．たとえば 5 年プロジェクトとしては 5 年終了後に費用便益の視点で成功したと言うかも知れないが，10 年後に長期的な政策の視点で見れば，社会環境面で負のインパクトが発生して失敗したと判断されるおそれがある．そのためには実際に出てきた成果や結果を現場で見ることだけでなく，事前予測，事後評価，終了時評価，そして事後インパクト評価も不可欠になる．

　第 4 に，政策評価を実施するのは，政策担当課であると言うことも約束事の 1 つになっている．外部機関（たとえば国会の事務局）ではない．内部評価なので客観的ではなく，「お手盛り評価」の批判を受ける自己評価になった．そうなった理由はいくつかある．担当課でなければ政策の実態が分からない，外部のコンサルタントやシンクタンクに評価を委託する予算がないと言った理由がある．議員個人個人が抱えている多くの政策秘書たちに任せなかったことも理由にある[5]．あるいは政策評価の導入を決めた行政改革会議の中で，導入を主張したのが官僚たちだったという理由もある．官僚自らが 21 世紀型の行政を目指したところで政策評価が求められたのである（したがって，政策評価に限って言えば官僚性善説が日本の政策評価の前提である）．その結果，日本の政策評価はアカウ

ンタビリティではなく，自己責任を意味するレスポンシビリティのツールとして発展したのである．本書は，この歴史を再度，アカウンタビリティの視点から整理し直す．

　第5の政策評価の約束事は，政策評価が組織評価ではないと言う，極めて当たり前の事実である．行政組織の評価つまり行政評価（administrative evaluation）は，政策評価と目の付け所が違う．そのため，政策評価は制度化にあたって政策評価課を特別に新設した一方で，行政評価は会計課や人事課の組織活動評価にあわせて，組織の人と予算の稼働状況・パフォーマンスをチェックする．生産性や能率性，稼働率がチェック基準として関わってくるので，無駄なく円滑に活動していることが重要である．行政経営品質や人材育成も議論になる．他方，政策評価は政策が課題や問題を解決できているかどうか，その確認が目的なのである．解決できていなければ原因を探る．たとえば認識した課題を解決する目的・手段のロジックの誤り，課題の誤認，政策のシステム構造に誤りがあるか，政策対応の段取りやスケジュール設定の誤り，タイミングが悪い，さらに政策手段（金融・補助助成・広報・教育・PR・税制・法制度設計など）の選択に失敗している可能性がある．行政評価とは明らかに違う視点である．

　こうした組織と政策の分業体制は，学問的背景では組織は行政学や経営学，政策は政策学である．行政評価は行政学のカテゴリーに属し，伝統的な行政学のサブディシプリン，行政組織論，行政管理論，行政責任論で論じられる．政策評価は言うまでもなく政策学のサブディシプリンにある．

　この「政策」という言葉を付けた学部が日本に登場したのは1980年代のことである．経済成長が達成され，高度経済成長後にそれまで皆が信じていた「成長」一辺倒ではなく，市民の多様化した価値観，新しい政策課題にどのように対応しようかと悩んだときに政策の議論，政策を考える学部が出てきたのである．目標を見失ったというのではなく，別の目標を探し始めた日本社会で必要とされたのが政策学である．この政策学を支えたのが政府の情報公開制度，ディスクロージャーの推進であり，あるいはインターネットの普及であった．検索，調査，比較，分析が容易になり，たくさんの資料や文書の蓄積に容易にアクセスできることは，政策実務の現場だけでなく，政策研究においても大いに役立つようになった．もちろん，容易に探すことができ，簡単に見ることができるようになったので政府機関は見られることを前提として仕事をする必要に迫られ，見る側の市民も相当程度のリテラシーを持たなければ理解できない

ことを悟った．また，これまで経験したことのない新しい政策課題は，従来の合法性や合規性，コンプライアンスに拘泥する思考，手続き遵守主義では解決できないことを強く意識させた．法令を遵守し，適正な領収書や証拠書類があると言うだけでは市民が納得しない時代になったのである．

　このような政策評価の約束事を考えるとき，私たちは政策評価が難しいものだと認識せざるを得ない．しかし，市民の多くが高等教育を受け，遠い外国での出来事が瞬時に伝わるグローバリゼーションの中で生活している私たちには，陳腐化した固定観念で運営される政策には耐えられない気分が溢れている．「良い政策を作る人になる，良い政策を作る人を選ぶ，良い政策かどうか分かる人になる」，これこそが，政策評価を学ぶ意義で有り，私たちのデモクラシーを改善し続ける原動力になる．

　　注
　1）　行政改革会議事務局には各府省から若手官僚が調査員として出向しており，彼らの中から政策評価導入の声が出たという．事務局に調査員として通商産業省から出向していた松井孝治氏に，メールでインタビュー（1999年9月6日）．なお，通商産業省で松井氏は当時「政策レビュー」（既存政策の意義の問い直し）を担当していた．その後，参議院議員（民主党），京都市長．
　2）　旧民主党の行政監視院法案（1996年）は政策評価導入を求めていた［山谷 2012：126］．
　3）　筆者も経験したことがある．「なんでこんな面倒臭いものをしなきゃならないのか」反発されたとき，相手に「法律（行政機関が行う政策の評価に関する法律）で決まっているからです」と答えたら，あっさり「あっ，そうですか」と反発は表面的には消えた．
　4）　官公庁が入札などで民間業者に業務を委託することで発生する擬似市場．
　5）　国会の政策担当秘書資格試験委員会の試験に合格した，国家資格を持つ秘書．国会議員の政策立案を補佐する仕事のために1993年に法律（平成5年の国会法改正）で置かれた．

| 第 2 章 | 政策評価を考える前提 |

　本章では，政策評価に関わる専門的な議論を行う．「政策を評価する」，ここでは日常生活で使う評価が，政策についているため簡単に見えるが，実際にはかなり複雑で注意を要する事柄が多い．政策評価について多くの人が誤解するのはこうした注意を怠っているからである．

＋ 1．評価とは 'Evaluation'

　評価とは何か．社会で暮らす人びとの毎日では，価値判断，順位づけ，善悪・優劣の仕分け，価格判断という意味合いで評価を使う．また「私はあなたを評価する」と言う場合は，相手を肯定的に見ている．「この本は専門家の間では評価されている」と言えば，一定の価値があることを認めたうえで，その本を推奨・宣伝している．しかし，政策の現場では違う．このような使い方をすれば，政策判断者・意思決定者・政策決定者に阿ることになり，偏向してバイアスだらけの情報を拡散することになるだろう．

　したがって，政策現場での評価とは「情報ツール」だと考えるべきである．社会の皆が認める方針に従って事実を集める，集めた情報を適切な方法で分析する，その分析結果を整理する，そうして整理された情報を判断者におくる，判断者はこの情報を参考に考え，公開の場で政策決定する．政策判断者が考えをまとめる時，その材料となる情報を提供する作業が評価である．

　ただし，情報と言ってもその内容にはいくつかの種類がある．確実で否定できない証拠（evidence），誰もが是認する実際の出来事を意味する事実（fact），認識し理解した結果としての知識（knowledge）に分かれる．これらの背景には人びとが抱く意見（view）や異見（objection），この意見・異見がまとまった興論（public opinion），社会風潮を反映した民衆感情である世論（popular sentiment）

もある[1]. さらに外交政策や軍事政策では, 情報をインテリジェンスと言うこともある. このインテリジェンスとは, インフォメーションを材料とし, 収集, 加工, 統合, 分析, 評価, 解釈というプロセスを経て生産されるプロダクトである[北岡 2003：7]. その意味で, 政策評価はインテリジェンス・ツールにも似ている.

こうした評価を始める場合, まず情報を集めることから始まるが, その場合① 対象：何についての, ② 種類：どんな情報を, ③ 時：どのタイミングで, ④ 提供先：誰が欲しい情報か, ⑤ 内容：どんな様式・報告形式で提供するべきか, この 5 点が重要である.

まず①対象であるが, 何についての情報かを知る作業, その情報の背景にある事実を集める作業がある. たとえば問題があると簡単に言っても, 背景には複雑で深い議論がある. 問題であるかどうかの認識（問題とは思わない人がいる）, 社会における実態把握（どのような問題なのか）, 社会全体が問題視する気持ちの共有, 問題をどんな視点で見て分析するのか, など一連のプロセスがある. 災害時の避難者が大変だというのは分かり易いが, 「大変」の意味を考える必要がある. たとえば災害後に発生するさまざまな行政手続の煩雑, 災害関連死, 災害現場で発生する性暴力などの問題は, 被災者の生活改善解決に向けて必要な情報だが, 収集のアジェンダに乗りにくかった問題である. ドメスティック・バイオレンスや児童虐待, エッセンシャル・ワーカーが直面するさまざまな苦労などは, かつて問題だとは認知されていなかったことも思い出すべきであろう. したがって, そうした情報・データは少なかった. 情報を集めると言う時に, この前提から始める必要がある.

② 種類, つまりどんな情報が求められているのかを考える時, いろいろな配慮が必要になる. 事実には数字で測定できる定量情報があり, また物事の特徴に注目した定性的な情報があることを分けて考えるべきであろう. 数字が重要なのは, 定性情報には SNS などで意図的に生み出すフェイク, 関係者たちの事実誤認, 当事者の記憶違い, 社会の事実の忘却と言うリスクがあるからで, 数字はこのリスク回避に役に立つ. もちろん背景, 文脈が違えば数字の意味, 扱い方も違ってくる. 体重は kg で表される客観的数字だが, 同じ体重減少でも70才の男性と20才の女性とでは受け止め方が違う. 政府や地方自治体は推進したい事業の経済効果だけを PR するが, 実際に必要なコスト, 事業に付随して発生するマイナスの影響を限定して低く見積もりたがる. 結果として, 無意

味なイベントがコスト無視で強行されることはよく知られている.

③ 情報に関する時の問題は2つある. いつの情報なのか, そしてどんなタイミングで収集した情報なのかである. 過去の情報を, 社会が忘れ去られたタイミングで収集するのは無意味だと思う人がいるが, アカウンタビリティの基本はこれで, なぜそのような失敗をしたのか政策担当者に問う場合に必要である. 他方, 公共部門で頻繁に見られ, 分かり易いのは予算編成に使いたい場合である. 政策が始まる前の将来の予測情報であるが, 予測が客観的に行われるかどうかは判断が難しい. 予算は政府の将来計画を金額で表現した文書なので, 計画の良い部分だけを書きたくなる. 執行した後の予算についての事後的な情報収集でも, 政府が政策の成果をPRしたい時には, マイナスの影響の実態は積極的に取り上げないだろう. 政策を実施している中間段階で行うモニターによる情報収集は, 行政組織内部の実務担当者にとっては重要であるが, 市民やその代表, 大臣や首長はそのほかの仕事が忙しいので, 迷惑かもしれない. 予算執行終了時, 四半期ごと, 年度ごと, 4年ごとに定期的にレビューするなどの決まりを事前に作っておくのは賢いかもしれない.

④ 誰に提供する情報なのかは極めて重要である. 市民に提供するというが, この市民も多様である. 納税者, 有権者, 行政サービスの受益者, 生活困窮者, ゴミを出すルールを守らない市民など, 属性は多様であり, それぞれ必要な情報は違ってくる. また官公庁の関係者と一言でいっても, 実に多様である. 国会や地方議会の議員, 政策担当秘書, 議会事務局, 大臣, 首長, 財政当局の現場職員, 政策担当課長, 監査や会計の担当者, 局長や官房長, 評価担当課長, 公立病院の医師や国立大学の教員など, さまざまな役割の人が関係者として存在するので, 評価報告書を見る目線が違ってくる. 審議会や有識者懇談会に参加する外部有識者も, 行政の研究者, 人権研究者, 法律学者, 経済学者, 官庁OB, 財界代表, 労働組合代表, 消費者代表, NPOやNGOの関係者, 報道機関の幹部など, さまざまな人がおり, 同じ情報でも見る視点, 見えている部分が違ってくることに注意が必要である.

⑤ 最後は報告形式である. 情報を集めてそれを分析したら, つぎに重要な作業は判断の場に提供することだが, それをどんな形式で提供するのか考えるのは難しい. 平成から令和の時代になって日本で一般化した方式は, 二種類である. 評価票やシート方式, 他は報告書と呼ばれる論文方式である.

政策評価の結果報告は, 論文形式ではなく, シートが使われる. ここには事

業の開始年，終了予定年，そのシートを作成した事業担当課長の氏名，事業・政策が依拠する法律や計画（多くは閣議決定計画），必要な政策情報を詳しく説明するウェブサイトの http，過去数年間の予算執行，インプット，アクティビティ，アウトプット，アウトカム，将来のインパクトが記入されている．わかりやすく説明するポンチ絵（パワーポイントで美しく簡素化した絵）を使う場合もある．なお，シート自体は数ページで終わるが，府省には多くの課と室があり，それぞれが複数の政策を担当していることもあって政策評価文書は膨大な量になっている．たとえば2023（令和5）年度までの外務省政策評価書は，シート方式の文書を束ねた冊子で，2023年度の報告書は本体が358ページ，付属の『外務省政策評価事前分析表』が400ページもあった．

　他方，論文形式の代表は後述する ODA 評価の政策レベルの評価・国別評価である．コンサルタントが行う第三者評価として半年から1年の期間で行われる．年に3件ほど毎年実施されているが，これらに共通している構成は，1．評価の目的，2．評価対象・対象期間，3．調査と分析の方法，4．実施方法（国内調査・現地調査），5．評価の枠組み，6．作業計画・要員計画などの作業工程，7．付属重要事項（主要事業案のリスト，外務省，現地大使館，相手国政府，JICA 現地事務所などの調整に必要な現地調査日程案）の7項目である．報告書のボリュームは図表や写真などを含めて3万字〜4万字未満である．その理由はあまり大量だと読者が大変だからである．

　多くの評価実務の①から⑤までを見ると，日本で行われている評価作業の多くはそれが内部評価であろうと外部の第三者評価であろうと，関係者の意見を聞き，その中で評価（調査）作業が進められていくプロセス・チェックに近い．したがって，どんな手続を経て収集されたのかが重要になってくる．なお，情報公開制度に頼るまでもなく，評価で使われる情報，データの類いはすべて公開されているのが原則である．

　評価結果は最終的に政策判断者に伝えられる．その判断者の理解を容易にするために，ランキングを使ったり，比較してみせたりする．また，判断者が理科系の専門家である場合（研究者・医師などの専門家が組織のトップ），行政管理の責任者である場合（事務次官や総務部長など），選挙で選ばれた人が政策判断の権限を持つ場合（大臣や首長），それぞれ異なる背景はあるが，変な忖度をせずに事実（evidence）を提供することが Evidencd-Based Policy Making の主張である．

┼ 2. 「政策」とは

政策評価の「政策」とは何か.

政策学が想定する政策とはシステムであり（政策体系），また政策は「政策目的＝政策手段」としてデザインされている．システム内でのデザインの運用にあたっては，行程表・工程表のようなロジックが想定される場面が増えている．評価の場面ではこのロジックの因果関係が，市民から見て納得できるのかどうか³⁾が重要になる．

日本政府の公式見解で「政策」とは，行政機関が，その任務または所掌事務の範囲内において，一定の行政目的を実現するために企画及び立案をする行政上の一連の行為についての方針，方策その他これらに類するものをいう（行政機関が行う政策の評価に関する法律，以下「政策評価法」，第2条2項）．この政策について集めた情報を見て，政府が定めた一定の価値基準（有効性，効率，公平性など）によって判断する活動が政策評価である．

実務において政策は「○○政策」と呼ばれるだけでなく，〜計画，〜対策，〜構想，〜戦略，〜要綱，〜交付要綱，〜実施要綱，〜規準などの形で公表される政策もある．半島振興法（1985年），スポーツ振興法（1961年），「アイヌの人々の誇りが尊重される社会を実現するための施策の推進に関する法律」（2019年）のように，法律の形で公表される政策もある．開発協力大綱（2023年6月6日）のように閣議決定を経て公表されることもある．また，事業の採択，研究課題の選定も政策になっている．これらの多種多様な政策の状態をふまえて整理したのが表2-1で，政策の研究や議論が始まった1991年以降の30年に及ぶ実務と研究の動向を反映している．

ところで，官公庁の現場では「教育政策」と「教育行政」，「医療政策」と「医療行政」のように，政策と行政の区別が付きにくい場合が多く，ここでは政策評価を行うべきか行政評価にするべきなのか悩むことがある．理論で説明すれば，政策評価とはプログラム評価とプロジェクト評価を見て行う政策判断の材料収集作業のことだが，行政評価はこれではない．行政評価とは，行政と呼ばれる組織が行う活動の評価のことで，人事評価，予算執行管理，マネジメント・レビューなどの行政管理活動が対象である．組織の稼働率や生産性の測定のこともある（アウトプット測定，パフォーマンス評価）．政策評価と行政評価と

表 2-1 政策の内容

政 策	説 明
① 政治的方向を示すスローガン	社会の問題を閣議や国連総会などの政治的手続を経て確認，解決を目指す政府活動のアウトライン．大綱，基本計画，国連のSDGs が代表例．
② 問題の解決策としての政策	政府のプログラム（問題解決策・プロジェクト群の進む方向指示）．問題の原因になる要素を取り除く専門能力．政策目的とその目的を達成する手段の組み合わせの政策デザインを書き込む．他プログラムとの整合性，利害関係の調整も行う．
③ 制度（法律・予算）	法律・政令，資源配分を決める予算の形で政策を置き，政策実施関係者，政策対象者をコントロールする．介護保険制度，政策金融制度，政策医療制度，政策年金制度．
④ 行政機関の行動基準	担当機関が法律や政令を現実に適用し，目的達成する時の判断基準．政策実施機関を管理する立場からの通達や訓令．例：生活保護「規準」．政策金融の融資条件．
⑤ 実施活動	現場で第一線の職員が行う活動．この活動が生産するアウトプット（道路の舗装率，水道普及率，非正規公務員割合，DV 相談件数など）で市民は理解できる．プロジェクト活動と呼ばれることもある．
⑥ 政府サービスとしての政策	実施活動の顧客（国民や住民）の目から見た政策．生活保護，農業者年金制度，税金控除，警察の巡回，救急車の出動，防衛，外交など．英語の civil service, public service, military service に該当．

出典：森田［1991］を参考に筆者作成．

の違いは，政策（policy）と行政（administration）の意味の違い，役割分担の違いなのであるが，日本では伝統的に政策を実践しているのが行政機関なので，両者の概念を明確に分けることが難しい．ただし，政策は，組織の活動とは異なった使い方ができるだろう．たとえば，警察行政が担っているのは警察政策ではなく担当地域の治安維持政策である．警察だけでこの治安維持をよくすることは難しいので，住民，義務教育，町内会などの協力が不可欠である．行政機関としての連絡・調整も担っている．消費者行政は長い間消費者政策とイコールであったが，消費者庁が設立された後には，消費者政策の実態が消費者教育，消費者安全，食品衛生基準審査，取引対策，表示対策，食品表示，調査研究・国際的取組，公益通報・事業者連携・物価などに専門別に細分化され，政策内容は多様化して消費者庁の政策活動は充実している．さらにかつて道路行政は道路政策とイコールであったが，政策評価導入後，道路政策は生活・産

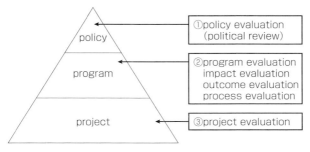

図2-1　政策体系と評価
出典：筆者作成．

業の支援，地域振興政策，過疎地域の生活維持など細かな政策領域に細分化されている．

　つまり，政策とは社会において次々に現れる課題や問題を受けて，それまでの行政の組織実態を離れ抽象度の高い理念追求に向かう傾向があり，その理念が市民に支持されることよって行政が資源（予算や人員，あるいは新制度）を獲得できるという関係にある．逆に言えば，同じことを十年一日のごとく繰り返し，組織や制度が陳腐化してしまえば社会的に存在する意義を失って，予算をはじめとする資源を獲得できなくなる．意義，大義名分を語るのが政策であれば，政策評価とはそうした社会的意義，大義名分通り行政が動いているのかを確認する作業であろう．

　「行政」とはあらゆる公的組織に共通して存在する機能であり，アメリカの行政学者L.ギューリックの言葉で言えばPOSDCoRB（Planning Organizing Staffing Directing Coordinating Reporting Budgeting）の機能である．日本の府省では大臣官房に集中して存在する（行政学のルーツは近代ドイツやフランスの官房学である）．もちろん出先機関の地方支分部局にも，総務を担当する組織やスタッフは存在する．他方，政策には計画機能があるため，行政機能，官房機能とは違う発想が必要になる．人的に余裕があれば「政策」課を別に設けるし，さらに政策が重要な優先課題になってくれば政策の局（外務省総合外交政策局）・幹部（政策担当審議官）のポストを置く．

　図2-1で説明すると政策を担当する組織幹部（エグゼクティヴ）は，①の政策評価を行う．現場でプロジェクトを担当する組織（出先機関や独立行政法人）は③のプロジェクト評価でプロジェクト・マネジメントを担当する．③の状態を

見直す必要が出てくるとき，②のプログラムの再検討が必要になってくる．つまり，評価にも分業体制が出てくるのである．行政を前提にして各政策を見ることは常識になっているが，「行政」に拘泥すると「政策」が対象にする課題が見えなかったり，ゆがんだりすることがある．いじめ問題が起きたときの教育委員会，警察，学校現場，児童の精神的ケアを担う医療機関などの連携不足は，いじめの放置につながった．道路行政は道路を作る視点だけでなく，観光をはじめとする地域振興，災害時の緊急経路，住民の日常生活支援（通院・通学・買い物），道路の管理維持費用，観光公害や交通事故，犯罪，渋滞などのデメリットを併せて考える必要があり，それは東京の霞ヶ関や県庁所在地だけの視点では見えてこないことも多い．現場に住む人の視点が重視される際に，ジェンダー問題・障害者福祉問題にも配慮が必要だろう．この時「行政」と言う場合，隠れた視点，見えない事象まで配慮するかどうかが重要な考慮事項になる．

　政策評価の対象になる政策とは，一般に政策—施策（プログラム）—事業（プロジェクト）の三層構造になっている（図2-1）．プロジェクトは実際に行われている事業活動なので，一般市民の目に触れやすい．道路建設事業，水道事業，病院事業などである．政策評価の類型の1つに事業評価があるが，プロジェクトという基礎的な活動の評価であるという意味で事実確認として重要である．費用便益分析や産業連関分析など，経済学や社会工学の手法が応用される．

　政策が市民に見えるのは政治的スローガンとして公示された場合，新聞やテレビ・ラジオで報道される時，選挙の時に各政党がマニフェストで公表する場合である．たとえば2009年に政権交代を導いた衆議院選挙では，民主党がマニュフェストで「コンクリートから人へ」[4]をキャッチフレーズにして自民党政権との政策の違いを強調した．抽象的な内容が多いが，マニフェスト集を冊子の形で公表した中にプログラムが書き込まれていることもある．抽象度の高いマニフェスト内容をわかりやすく有権者に説明するために，具体的なプログラムは詳しく並べ，場合によってはプロジェクトもある．他方で，政権獲得後にマニフェストの成果を出さないと，選挙後に有権者の批判を受けるのでマニフェストも抽象的な言葉にしたい政党が多い．子育て支援のような，選挙民に訴えやすい単純な争点を打ち出す候補者もいるが，その具体的なプログラムを欠けば無責任と判断され，次の選挙で落選する「はず」である．

　政策に関心を持つ人が個々のプロジェクトを見ているだけは「木を見て森を

見ず」になり，他方，政策だけでは「森」全体は見えるがその実際を知ることはできない．このような事態を回避するために，実務を知る研究者はプログラムに注目する．そのプログラムを理解する手がかりは政策の３つの基本特性，体系（システム）とロジック，そしてデザインである．つまり，政策の実態はプログラムにおける３つの基本特性なのである．アメリカ連邦政府での政策評価のはじまりは，1960年代の連邦プログラムの評価だったこともあり，政策評価理論において「プログラム」は重要な概念になっている．

３．プログラムとその評価

　概念としてのプログラムは21世紀になって少しずつ浸透してきたが，プロジェクト概念に比べれば日本社会では認知度は高くない．外務省のODA評価や各府省を横断する科学技術政策の分野で少しずつ浸透しているだけである（たとえば厚生労働省医療機器プログラム，科学技術振興機構・科学技術プログラム推進部）．

　日本の政策評価で注目された1997年頃において，図２-１に見られる政策，プログラム，プロジェクトの三層からなる政策体系は，政策評価を行う大前提，基本認識であると主張した〔山谷 1997：12〕．もちろん，欧米の政府関連機関や国際機関が普通に使っていたからである．したがって，中央省庁や地方自治体が政策評価を導入しようとしたとき，まずはこの体系の認識の重要性を指摘し，実際に各省庁でもこうした体系的に整理する思考方法は存在したので，政策体系の概念の理解は容易に進んだ．

　政策評価理論は，もともと学術研究においては政策過程，政策作成・形成，決定，実施の後につながる「終了 termination」を迎える前提作業として発展してきた．政策終了なのでプロジェクト評価ではないが，プロジェクトの終了だけでは政策が終わると言い切れないからである．その後評価理論の研究発展の中で，また政策現場では，1950年代から知られた公共事業のプロジェクト評価ではなく，プログラムを対象とする評価を取り入れるべきだとの認識が生まれた．たしかに，1960年代までの高度経済成長期，経済発展至上主義の開発経済では政策目標の議論は自明なので，単純なプロジェクトとその評価で足りた．しかしその後に拡大し，重要になった社会福祉や医療，教育などの human service の分野では，活動や専門家も多様で複雑になった．単純な政策過程論の plan ～ do ～ see の政策過程論は素朴過ぎて，政策をコントロールする

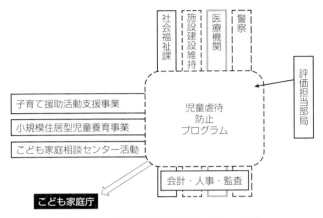

図2-2 プログラム評価のイメージ図
出典：筆者作成．

ツールとして無力だった．政策実施過程研究が進んだのもこのためである．福祉や医療の現場で発生する問題の解決を本気で考えるなら，解決に関わるそれぞれの活動の特徴にあわせてプログラムの状況を把握し，できれば数字を使って現場の状況を理解し，政策そのものをコントロールしようと考える要望が出てきたのである．ただしプログラムの構成とそれを評価する視点を説明するのは難しい．それを図示したのが図2-2である．実際の行政ではないが，仮に児童虐待に対するプログラムを作ったときに，どのように関わる機関・組織があるのか，その関わり方はどのような有様か，またプログラムを構成する想定される事業は何か．これらをフィクションで考えてみた．

　実態の福祉行政や医療行政の社会では，プログラムに関わるさまざまなアクターが存在する．行政サービスの顧客（住民）はもちろん，医師や看護師・保育士などの専門資格を保持する専門家，一般行政職だったが所属する現場実務の中で習熟して運営スキルを持つようになった行政官（病院・文化施設・公立大学・公設研究施設），評価の専門家（日本評価学会に所属し評価士の資格を持つ）[5]，大学で政策評価を講義する教員（できれば政策評価論で博士学位を取得した者），施設の管理運営に長けたNPOの専門家などである．場合によっては警察も組織として関わってくるだろうし，災害時には自衛官もプログラムに参加する．外国政府関係者の場合もある．もちろん，こうしたプログラム内容を解説し，あるいは過疎地域の眼から政策を批判し，政策の修正を迫る場面もある[6]．

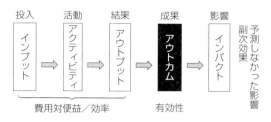

図2-3　政策プロセスのロジック
出典：筆者作成.

　このようにさまざまな属性を持つ人びとの活動の相互調整，スケジュール管理，物資の収集と管理・分配作業もまたプログラムの重要な活動であり，その意味では政策には必ずプログラムが存在する．逆にプログラムがない政策は「絵に描いた餅」で，社会問題や政策課題は認識されているが，その解決は放置される無責任状態になってしまう．子育て支援対策の保育士不足，高齢化社会対応での介護士不足はプログラムのミスであり，コンピュータ用語で言う「プログラム・バグ」で障害が起きている状態であろう．この場合には，現場で実際何が起きているのかを関係者にヒアリング調査し，関係官公庁に事実確認し，エビデンスを再収集，再確認する．ここで，現場で起きている課題の本当の原因は何かがわかるだろう．とくに，人を対象にする政策の多く（貧困，いじめ，教員のブラックな労働環境など）では，全く何もないところから政策を作るのではなく，必ず何か現在でも政策が存在するが，その現行の政策プログラムに問題があることが多い．したがって，プログラムの欠陥（バグ）は何かという視点から政策を修正し，プログラムを作り直す必要がある．そして，この一連の調査・確認・分析・修正のプロセスがプログラム評価だと言うこともできる．

　ところで，プログラムを評価するとき，プログラムを情報で操作する'operationalize'と呼ぶアイデアが重要になる．このオペレーショナライゼーションの発想をプログラム・ロジックの中に取り入れた評価を「セオリー評価」と呼ぶ．21世紀になって共通認識ができてきたが，そのロジックの流れのinputからoutcome，そしてimpactまで続く流れを理屈・理論として通るようにするプログラム・セオリーの評価である．このセオリー評価を導くモデルは「ロジック・モデル」として一般化した．それを図示したのが図2-3である．ただし，プログラム評価で難しいのが「ロジック」である．

政策が一連の流れの中で進むという理論（セオリー）は，1970年代の政治学，後の政策学で政策過程論として定着した．古い時代の研究では政治過程の governmental process［Truman 1951］と political process，そして政策過程（policy process）との区別がなかったのは，政治学と行政学との区別がつかなかったためで，その後に政策形成，政策決定までの行政プロセスが重要だとの認識が出てきて区別されるようになった（1960年代から1970年代）．

その中で1970年代末から1980年代にかけて政策実施の重要性が注目され［真山 1986］，行政学者の間で研究が進んだ（その代表は森田朗・真山達志）．しかし，無駄で無意味な政策を止める政策終了を導く政策評価までは研究が進まなかった．

進まなかった理由は多い．20世紀末でも社会全体で明るい将来のことを考えたい未来志向が強く，過去の政策失敗の反省を促す回顧（レトロ retrospective）の発想には消極的だったからである．実務的理由も多い．政治家と行政官僚が繰り広げる予算獲得バトルの政策現場になじまなかったこと，公務員の数は削減される一方で仕事が増えているため「終わった政策について議論するほど現場はヒマでない」との声，「辞職した前任者が置いていった政策を評価してどうする」と躊躇する首長や幹部行政官，評価されて失敗だとレッテルを貼られると責任問題に発展するのを恐れた政治家や行政官が多かったこと，首長や議員は4年に1回政治評価（＝選挙）の洗礼を受けるから政策評価は不要という言説などが，政策終了や政策責任を問う政策評価の登場を妨げた．国民，住民の世論も，政治家や公務員の腐敗や汚職には敏感だが，政策の冷静な議論には鈍感だった傾向も理由である（関西万博や東京オリンピック2020の強行の裏にはこうした輿論に阿る政治家，この政治家に忖度する幹部行政官がいる）．

それでも，政策評価を必要とする現場も少なからずあった．たとえば，政権交代で前政権の政策を継承するか中止するかの判断（アメリカやイギリス），独裁体制の権力中枢にいるテクノクラートが求めた統治スキルとしての活用（アメリカの大学院に若手官僚を送り政策評価を学ばせた），国際援助のドナー国や国際機関側が援助受け入れ国に援助条件として評価を課す場合などである．そして20世末に出てきたレトロ・ブーム（中央省庁改革運動）の中で，「この国のかたち」を見直す気分に沸いた日本の例もある．こうした流れから生まれた気分から，システマティックでロジカルな政策（プログラム）評価を求めるニーズが次第に醸成された．

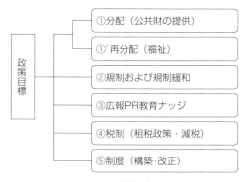

図2-4　政策デザイン
出典：筆者作成．

　行政機関は予算や人員の input を投入して行政活動を行う（activities）．この活動の結果 output が生産される．道路予算を投入して，道路を建設する，その結果渋滞が減って，運転時間が大幅に短縮される，といったストーリーは分かり易いだろう．ここまでは行政機関の責任で行われる．しかし，道路を建設するのが政策の目的ではない．政策はその地域の経済振興であったり，救急時の円滑な交通の確保だったりする．経済振興のためにいま何が妨げになっているのか，住民も交えて現状を観察する方法があり，その場合，必ずしもクルマという選択肢に拘泥してはいけない．こどもや病気の人はクルマを運転できないし，運転免許を返納した高齢者も多いからである．ここが，その先にある成果（outcome）を考える時の困難である．成果が出るかどうかはその地域の社会環境（大手自動車会社の工場が近くにあるクルマ依存型社会），時代背景（大気汚染や児童の学校通学安全に対する危機感が出てきた）などとの関係の中で成果に対する評価が左右されるので，担当機関は責任を負いかねる場面が少なくない．ただし，成果が出ない活動を続けられると困るので，プログラムの実施状況を調査し，成果の有無を確認する必要があるだろう．
　プログラム評価の基本的の第3は，デザインである（図2-4）．目標＝手段，政策目標とそれを達成するための政策手段の正しい組み合わせ（デザイン）が存在しなければ，成果は出ない．かつて，高度経済成長期の日本では手段が目的化する事業があったが（道路建設至上主義，持ち家政策，家族介護中心の高齢者福祉），それにあわせて事業単位で組織が作られてきた（道路・住宅・福祉）．しかし価値観の多様化や少子化，高齢化社会によって，はじめに手段ありきの政策

を正当化できない時代になったことから，デザイン論の必要性は21世紀の日本でにわかに現実味を帯びてきた．政策手段がアナクロニズムに落ちていないか確認する意味もこのデザインの確認にある．

政策デザイン論の実践は，行政機関が行っている評価実務に多く見られる[7]．総務省が政策評価の対象としてあげている「規制の政策評価の実施に関するガイドライン」(2007年ガイドライン公表) は国民生活に影響を与える規制手段が有効かどうかの確認である．また同じく「租税特別措置等に係る政策評価」(2010年ガイドライン公表) は，租税特別措置で行う減税が政策目標を達成するために有効かどうかの確認である．たとえば研究開発に投資した民間企業には減税をすることがあり，新型 COVID-19 対策で時間短縮営業した飲食店に減税があった．さらに外務省の政府開発援助 (ODA) のスキームはこうした政策手段のメニューを前提に実務が組み立てられている．有償資金協力 (資金の貸し付け)，無償資金協力 (資金や物品の贈与)，技術協力 (教育・研修) などがある．科学技術政策における研究開発評価も，このようなスキームの議論を可能にする．

政策評価の実務ではないが，研究において政策手段や政策デザインの応用として政策評価を使う方法もありうる．たとえば，政策評価の議論として経済制裁を対象にしてみるのも興味深いだろう．経済制裁は他国に意志を強制する方法であり，強制の効果がない場合には軍事活動，およびミサイル打ち上げ訓練や安全保障体制に協力する国との合同演習もまた政策手段になると研究上，想定できる[8]．政策デザインは応用が利く研究分野なので，今後の研究にさまざまな手がかりを提供するはずである．

4．アカウンタビリティ再考

本書ではアカウンタビリティと政策評価がともに，重要な関係にあると説明している．なぜなら評価とは，誰が，何のために，何を，いつ，どうやって行うのか説明 (account) することだからであり，そもそもなぜそんなことをしなければならないのかも重要な説明事項である．この説明できる能力 (account のability) こそアカウンタビリティで，説明能力は行政学・経済学・政治学をはじめとする研究分野で得られた知見，各種の専門的分野，会計学・社会調査・データ収集などのスキルに由来する．したがって，アカウンタビリティとはaccountabilities というように複数形になる．法的責任，会計責任，行政責任，

政治責任，道義的責任，コンプライアンスは一般的なアカウンタビリティの内容である．専門に関わる個別のアカウンタビリティもある．公立病院の例で言えば，地方独立行政法人・市立病院機構の理事長の経営責任，市役所の健康医療局長以下の事務方が担う行政責任，市の財政当局の財務責任，病院長（医師）の医療全般に関する責任，病院事務局長の事務責任（入札・人事・会計・機材購入・建築・老朽化部分の建て替え検討），各医療技術者個人の技術責任，市長の政治責任（病院の統合・廃止も含む）など，重層的にアカウンタビリティは存在する．この重層化するアカウンタビリティの例は，大学などの国公立高等教育機関，公設の研究開発機関，学童保育・保育園・介護施設などのサービス機関，防衛省防衛装備庁の研究開発事業，宇宙航空研究開発機構の宇宙政策事業にも見られる．わたしたちには，重層化したアカウンタビリティのもつれを根気よく1つずつ解きほぐす努力が必要になる．評価に求められるのは，この根気であるが，ここで行政学が役に立つことが多い．

　この根気を要する作業の助けになるのが政策学におけるプログラムの理解であり，プログラムをさまざまなディシプリンを使って根気よく説明すると考えれば，その実践はプログラム評価になる．「誰が」は政策決定者と政策担当機関，「何のために」は政策目的でプログラムがねらっている課題解決活動，「何を」は政策・プログラム・プロジェクトとそれに関わる予算と人員・組織体制，「いつ」は政策の寿命・時限立法のこともある，「どうやって」は政策手段群のことである．「誰に」とは市民のことである．

　このアカウンタビリティは普遍性を持ち，そのため国際社会でアカウンタビリティを透明性（transparency）と同じように使うこともあり，また公開された情報を使って失敗の原因をたどることができるようにする追跡可能性（遡及可能性，traceability）を重視するのも，こうしたプログラムについてのアカウンタビリティの考えからから出ている．ただし，法律を守っているかどうか（合法性 legality），規則に従っているか（regularity），組織内の諸規定・手続を遵守しているか（compliance），国民が納得し政治的な正統性があるか（legitimacy），行政経営が効率的かどうか（efficiency）と，このプログラムのアカウンタビリティとは別の話で，方法も，基本的な目的も違うことを確認しておく必要がある．

　行政の合法性や手続き遵守だけでの説明では市民は満足せず，政策内容の合理性を求め，課題が解決されたかどうかを知りたいときに政策評価やプログラ

ム評価が求められる．貧困克服や被害者救済は「手続きを守っている」（行政の主張）だけでは成果が出るとは限らないし，仮に担当行政機関が成果を誇ったと主張しても，成果が出たかどうか市民は理解できない．市民は評価のプロセスにおいて客観的なエビデンスで，逐一確認する必要があるだろう．

注
1）　輿論は「よろん」（＝公論），世論は「せろん」（＝民衆感情）である．政策の政治評価として世論調査は使う可能性があるが，世論は責任がない「空気」である．輿論が世論化しているので注意が必要［佐藤 2006：26-28］．
2）　政策評価シートは総務省の「政策評価ポータルサイト」で全府省の評価書が閲覧可能である（https://www.soumu.go.jp/main_sosiki/hyouka/seisaku_n/portal/, 2024年9月26日閲覧）．
3）　市民とは普遍的な意味．自由，平等，財産，生命の保全などの諸権利の保持者．青森県南津軽郡大鰐町住民も「市民」である．国民とはある国の国籍を持つ人である．住民はその町に住んでいる人で，住民登録をすればその地方自治体の公的サービスを得られる．
4）　2009年8月18日公表の民主党のマニュフェストは，巨額の公共事業を止めて，その財源を教育，子育て，若者の人材育成などに向けると宣言し，政権交代につながった．
5）　日本評価学会は2000年設立．国際援助，行政学，地方自治，教育学，大学経営，医療，土木などのマルチディシプリンに及ぶ専門家が参加．
6）　秋田魁新報社の調査報道が，防衛省の陸上イージス計画を止めた事例がある［松本2021］．ローカル新聞社もまた，政策の重要なアクターであることを想い起こさせた．
7）　総務省政策評価ポータルサイトに詳しい．
8）　『アメリカの政策外交』［杉田 2020］のような研究，政策評価の視点から再構築することも可能であろう．

第3章 政策評価の実践と課題

＋ 1．政府のガバナンス改革と政策評価制度の導入

　日本では20世紀末から21世紀初頭にかけて，西欧型の民主国家が共有する法律がいくつか制定された．1993年に行政活動の公正性・透明性を確保する行政手続法（行政と民間活動の共通ルール），1995年には地方分権推進法が制定された．この地方分権推進法の延長で1999年に制定された地方分権一括法の施行（2000年）により，長年懸案だった機関委任事務を廃止し，国が地方自治体に関与する際の新しい公正なルールを創設した．また1998年には中央省庁の体制を一新する中央省庁等改革基本法が制定され，ここには中央省庁の数を減らすとともに新しい時代にふさわしい省庁編成や内閣府のアイデアが盛り込まれ，あわせて行政の諸活動を国民に説明する責務の考え方を条文に明記していた．1999年には情報公開法が制定され，行政活動に関わる文書・記録を国民に公表する義務を行政機関に課すようになった．これらの法律が意図した公正性，透明性，そして政府や公務員が国民に情報を積極的に開示し説明する責任，すなわちアカウンタビリティが日本でもよく知られるようになる．こうして日本のガバナンス改革は，一定程度進展した[1]．

　これらは，経済協力開発機構（OECD）が提言してきた政府改革の国際潮流に歩調をあわせた改革であったが，小泉純一郎内閣は改革を「構造改革」の方向に修正した．この構造改革は郵政事業を分割民営化し，日本道路公団も民営化（持株会社化）し，特殊法人改革によって独立行政法人制度を創設した．この独立行政法人には，中期目標期間の成果評価と毎年度の活動評価を義務づけた（独立行政法人通則法1999年）．さらに，簡素で効率的な政府を実現するための行政改革の推進に関する法律（行政改革推進法）が2006年に制定され，行政のスリム

化・効率化が一層進んだ[2].

　こうした動きの中で日本では，行政に対するコントロールを強化する改革がみられた．たとえば，2001年に行政機関が行う政策の評価に関する法律（以下「政策評価法」）によって制度化された政策評価である．政策評価とは，行政機関がその担当する政策や事業を必要性，有効性や効率性などの規準で自ら評価し，その結果を公表することで国民に対してアカウンタビリティ（説明する責務）を果たす制度である．行政機関の自己評価（self-evaluation）による政策改善手段でもある．

　他方，民主党政権時代の行政刷新会議が2009年と2010年に行った「事業仕分け」は，無駄だと思われる事業の予算を，政治主導でカットする手法として使われた．この事業仕分けはその後，「行政事業レビュー」に代わり，自民党が政権に復帰してからは政策評価と連携して，事業の成果や目的達成度，効率，無駄をチェックするために毎年実施していた．内閣官房が所管する行政事業レビューは，総務省が所管し各府省が実施する政策評価とともに，2016年頃からはじまった日本政府のEBPM（Evidence Based Policy Making）運動の影響を受けてきた．

　その中で，社会の新しい課題に対応するために政府がとりくむ領域は拡大し，「庁」の新設が目立つようになった．たとえば，食品安全・悪徳商法対策などを担当するため2009年内閣府に新設された消費者庁，東日本大震災後の2012年に設置された復興庁，「DX」推進を目的に国や地方のIT化を牽引するデジタル庁が2012年に設置されるなど，政策需要の拡大に応じて「庁」や「委員会」が増えた．もちろん，デジタル庁，こども家庭庁（2023年），個人情報保護委員会（2016年），原子力規制委員会（2012年設置）など，新しい組織も政策評価に対応している（総務省「政策評価のポートフォリオ」を参照）．健全なガバナンスを実現する努力を始めた日本政府は，そのために入念に制度設計したのである（表3-1）．

　日本政府は政策評価制度を導入するにあたって政策評価法を制定し，これをもとに評価ポリシーを整備し，また評価に関わる概念・方法を整理した[3]．政策評価法は全22条の短い条文だが，各条文の解読には行政の実務経験，行政学の基礎知識が必要である．基礎知識とは各府省の権限（responsibility）の確認，各府省の設置法に記述されている所掌事務である．なお，政策評価を所管する総務省行政評価局には，他府省と違う大きな特徴と歴史がある．前身が行政管理

第3章 政策評価の実践と課題 *31*

表3-1 ガバナンス改革年表

1993年	行政手続法，制定
1995年	地方分権推進法，制定
1997年	通商産業省政策評価広報課設置（7月）．行政改革会議最終報告書が政策評価とアカウンタビリティを宣言（12月）
1998年	中央省庁等改革基本法成立（6月），政策評価機能の強化
1999年	情報公開法，地方分権一括法，制定
1999年	国家行政組織法一部改正，総務省設置法成立，政策評価の根拠規定（7月）．独立行政法人通則法成立（7月），政策評価の手法等に関する研究会設置（8月～2000年2月）．
2001年	中央省庁改革（1月6日），政策評価制度はじまる（政策評価制度は総務省行政評価局が所管）．2002年度に各府省実施．
2003年	経済財政諮問会議が評価結果の予算への反映と，PDCAを行政機関が使用するよう求める（会議の議員であったトヨタ自動車(株)取締役会長・奥田碩氏の発言）．
2007年	事前評価に「規制」を追加
2009年	民主党政権，目的達成度評価を提唱（9月）
2010年	租税特別措置を対象に政策評価を制度化
2013年	行政事業レビュー，自民党内閣，閣議決定
2013年	目標管理型評価＋事前分析表で評価を標準化
2018年	EBPMの手法を評価に導入 Evidence Based Policy Making．各府省に審議官クラスでEBPM担当官．例：防衛省政策立案総括審議官（2018年），内閣府大臣官房政策立案総括審議官（2020年）．
2021年	政策評価審議会「ポストコロナ新時代における行政の評価への指針 ～政策改善に役立つ，しなやかで，納得できる評価とするために～」提言（3月）．

出典：筆者作成．

庁（1948年7月設置），総務庁（1984年7月設置）であり，この2つの庁に所属していた行政監察局時代から所有する政府全体に関する組織・定員の膨大な知識，長年担当して来た行政相談制度で得られた経験知，同じ省内で人事交流がある行政管理局の行政管理全般に関わるノウハウを持っていた．政策評価は膨大な行政管理・行政組織・行政責任の経験知と現場でのノウハウが必要なので，総務省は適任であった．もちろん行政学に関連する知見は必要だが，各府省が所管する政策に関する知識と政策学の知見[4]も必要になる．行政とその管理に関する実務知識，行政学・政策学にたいする知見が政策評価には不可欠なのである．

政策評価法は，その基本としてまず行政機関と政策についての定義を示し，政策評価の制度の構造を形成している[5]．これは政策とその評価に対する日本政府の公式見解である．政策とこの政策の運営主体である行政機関について，政策評価法の条文が以下のように記述している（文言は原文のまま）．

第二条　この法律において「行政機関」とは，次に掲げる機関をいう．

1　内閣府設置法（平成十一年法律第八十九号）第四条第三項に規定する事務をつかさどる機関たる内閣府（次号に掲げる機関を除く．）

二　宮内庁並びに内閣府設置法第四条第三項に規定する事務をつかさどる機関たる同法第四十九条第一項に規定する機関（国家公安委員会にあっては，警察庁を除く．）及び警察庁

三　デジタル庁設置法（令和三年法律第三十六号）第四条第二項に規定する事務をつかさどる機関たるデジタル庁

四　各省（国家行政組織法（昭和二十三年法律第百二十号）第五条第一項の規定により各省大臣の分担管理する行政事務をつかさどる機関たる各省とし，総務省にあっては次号に掲げる機関，環境省にあっては第六号に掲げる機関を除く．）

五　公害等調整委員会

六　原子力規制委員会

2　この法律において「政策」とは，行政機関が，その任務又は所掌事務の範囲内において，一定の行政目的を実現するために企画及び立案をする行政上の一連の行為についての方針，方策その他これらに類するものをいう．

政策評価の基本的な実施要領は，政策評価法の各条文で明らかにされている．

- **客観的評価を政策に反映**（第3条）：必要性，効率性，有効性，その他政策の特性に応じて必要な観点から自ら評価するとともに，その評価結果を当該政策に適切に反映．客観的かつ厳格な実施の確保を図るため，できる限り定量的に把握，学識経験を有する者の知見を活用．
- **政策評価に関する基本方針を定める**（第5条）：基本方針は，政策評価の実施方針，政策評価の観点，政策効果の把握，事前評価，事後評価，学識経験を有する者の知見の活用方法，政策評価結果の政策への反映，インターネットの利用その他の政策評価情報の公表などを明記．基本方針の期間は3〜5年．
- **事前評価の対象**（9条）：当初は研究開発，公共事業，政府開発援助だった．この3つが選定された理由は，評価手法が成熟していたと当時の総務庁行政監察局が考えたからである．
- **評価書に記入する事項**（10条）：対象政策，担当部局，担当時期，評価の

観点，効果把握の手法と結果，学識経験者の活用，評価を行う過程で使用した資料，政策評価結果など．

- 総務省は，客観性担保評価によって各府省の政策評価の客観性を確認するとともに，政府全体での総合性と統一性を確保するため総合性・統一性確保評価を行う（12条）．
- 総務大臣が行う調査（15条）：総務省が政策の評価を実施するにあたって必要となる調査権限を規定．独立行政法人法で設立された法人，認可法人も対象になる．
- 手法・方法の調査，人材確保，研修（20条）

なお，実際に政策評価を担当する立場になると，これらの政策評価の条文だけではよくわからない場合がある．それを予想して評価の実施細目および政策評価手法に関しては1999年8月に設置された「政策評価の手法等に関する研究会」（以下「手法研究会」）で事前に細かく議論し，当時の総務庁行政監察局内部で検討していた．

これらの検討を経て，政策評価には3つの標準的方式が定められた（図3-1）．事業評価方式，実績評価方式，総合評価方式の3つである．これらの方式はそれぞれ歴史が異なり，背景にある研究分野が違い，実務で活用してきた経緯も違っていたが，政策評価の方式として決められた．そして，この決定は政策評価担当の実務者間に混乱を招く（「政策評価」という1つの方法があると誤解していた人にこの3つを示したとき，驚かれた）．

（1）事業評価方式

事業評価とはプロジェクト評価のことで，国際的には事業の事後評価はproject evaluation，事前評価は project analysis と呼ばれる．日本でプロジェクトという言葉は1940年代後半から戦後復興期，1960年代の高度経済成長期にかけて行われたインフラ整備プロジェクトによって普及した［山谷 1994］．国際金融機関からの借款がプロジェクト借款であった．その結果，プロジェクトと言えば公共事業官庁，政策金融機関，民間の土木建設業界が関わる公共事業がまずイメージされた．しかし政策評価法の実践の中ではそれだけでなく，政策体系に位置づけられた現場活動一般もプロジェクトとして認識し，事業評価方式を行う．なお，歴史的経緯から事業評価は産業インフラ整備の中で開発さ

れてきたため，費用便益分析に代表される経済学，社会工学やシステム工学などのエンジニアリングの影響が強い．この点に着目すれば，政策評価は「政策工学」と呼ぶこともできるだろう．

（2）実績評価方式

　実績評価は業績測定とも言い，欧米ではパフォーマンス・メージャーメント（performance measurement）と呼ばれる測定手法である．日本では目標管理型評価で使われる方式であり，測定対象はどのような政策（事業）でも可能なので，評価対象を選ばない汎用性がある．政策アウトカムだろうが事業アウトプットだろうが，また組織・従業員の業務活動（アクティビティ）だろうが，何にでも可能である．首相が訪問した国で相手国政府首脳がFOIP（自由で開かれたインド太平洋）に言及した回数，美術館訪問者の数，公立病院に「紹介」で受診にきた患者数，老朽化した公共施設や道路の補修率，市役所窓口のカスタマーハラスメント件数，救急車の出動回数と重篤患者の比率，京都市営バスに対する市民からの観光公害苦情の件数，大雨災害で自宅に住めなくなった高齢者の人数など，広範囲で膨大な対象すべてに数字をつけて測定可能である．

　ただ，管理情報と政策情報の混乱は避けたい．1980年代のイギリスのサッチャー改革は「小さな政府」を目指した改革で，民営化や民間企業のマネジメント方法を導入し，パフォーマンス測定，目標管理が改革において活用されて成功を収めた．このサッチャー改革とよく似た改革を20年後に日本の小泉構造改革も進めており，業績（パフォーマンス）を見る測定を政策評価の実践の中で使用するようになった．それが後に実績評価として登場し，あるいは独立行政法人評価にも使われた．Plan Do Check Act（PDCA）というマネジメントの言葉は，こうした文脈で注目されてきた．[7] なお，組織活動の活動実績の測定と，政策活動によって社会問題が解決して成果があったかどうかは別の話である．たとえばパトカーの巡回距離とその費用の測定は前者，住民の安全安心意識の醸成の評価は後者で，両者は一見関係がありそうだが，実は別の話である．2020年ごろ日本の若者の間で流行語した「コスパ」（費用）・「タイパ」（時間）は短期的満足を測定できるが，それで人の人生ポリシーの成功・失敗を評価できるわけではない．

（3）総合評価方式

最後の総合評価を，「手法検討会」は当初，政策体系評価と呼んでいた．イメージはアメリカで1960年代から使われてきたプログラム（教育・医療・福祉・保険などの連邦政府の政策実践）を評価する方法（'evaluation research' for the federal programs），いわゆるプログラム評価をイメージした．先の事業評価や実績評価よりは政策評価のイメージに近いので，このプログラム評価は政策評価のプロトタイプだと考えてもよい．しかし，政策評価の手法等に関する研究会やその他の実務担当予定者が検討する中で「総合評価」に落ち着いた（手法研究会は村松座長に名称選定を一任）[8]．総合評価になった理由は多数推測される．政策体系に基づく評価であれば政策—施策（プログラム）—事業（プロジェクト）の体系の中で整合性を見る方法として理解できるが，この政策体系が評価に耐えるように整備されていない府省が多かった．また，公共事業官庁が見ていたのは事業だったので，「道路政策＝道路事業」というイメージがその省，そして省の下で系列化していた県庁の公共事業関連部署では政策と事業と区別できないので混乱した（とくに北東北の県庁）．文部省は重要な政策のアイデアを「モデル事業」として示したので，義務教育の現場では事業単位で考えることが通常の思考だった．

このように事業評価，実績評価，総合評価が推奨される評価方式として提示され（強制ではない），各府省はそれぞれの官庁特性（政策官庁，制度官庁，調整官庁，事業官庁など）に応じた工夫を凝らして評価に取り組んだ．

各府省は政策評価法第6条，そして「政策評価に関する基本方針」（2005年12月16日閣議決定）に基づき，その政策評価を実施する「基本計画」を作成した．基本計画の内容は以下である．

- 基本計画の期間
- 政策評価の実施に関する方針（政策評価を行う狙いや留意点を考慮して「実施計画」を作成する）
- 政策評価の重点化（評価対象の選択方針）
- 政策評価の観点（必要性，有効性，効率性の観点など）
- 政策効果の把握方法
- 事前評価・事後評価の方法やスケジュール
- 学識経験などを有する有識者の活用場面，活用方法

- 政策評価結果の反映方法（予算要求，事業決定，機構定員の要求，法令・制度の新設や改廃に関わる情報）
- 評価結果の公表
- 政策評価課の役割，政策を所管する課室等の役割（評価対象・評価方式の決定，政策評価作業の実施，政策評価結果の施策等への反映状況の作成）
- 政策評価懇談会を置いていればその役割（政策評価とその方法・手法への助言[9]）

　この基本計画とは，各府省が政策評価を行う基本的なポリシーである．その具体的な実施内容は毎年度作成する実施計画に明記する．実施計画はそのためマニュアルのような内容になっている．また，各府省の政策評価結果は総務省に送付されるが，総務省はこれらの評価を閲覧し，意見を言うことがあり，場合によっては客観性担保評価の対象に取り上げることもある．各府省の政策評価結果は最後に国会へ送付される．この一連の流れでは，政策評価そのものにPlan（基本計画）〜 Do（実施計画による実施），See（総務省のメタ評価）のサイクルがある．また，国民から寄せられる意見が政策評価に反映されることもあり，したがって府省の政策評価課には広報機能が置かれていることがある（制度の設定当初は内閣府・総務省・経済産業省などは政策評価広報課）．さらに政策評価制度を所管するのが財務省ではなかった理由もここにある．

　政策評価が登場するまでの経緯で重要なポイントについて図3‐1をもとに説明しよう．行政機関が行う政策の評価に関する法律（2001年）が成立する前，すでに中央省庁等改革基本法（1998年）が中央省庁では政策評価という新しいツールを採用してガバナンスとアカウンタビリティの改善に貢献すると宣言していた．また内閣府設置法（1999年）は内閣が政策評価を行うこと，さらに政策評価制度の所管が旧・総務庁行政監察局だった総務省行政評価局が行うことを総務省設置法（1999年）で決めていた．

　政策評価を制度化する手順については短期間で進められたように思われるが，実は拙速ではなく，その枠組みは順次手続きを踏んで丁寧に検討，提示していったことが図3‐1で理解できる．なお，政策評価法は国会が衆議院参議院全会一致で可決した．

　政策評価の基本設計である政策評価法を運用するために，実施設計が必要になる．まず，各府省は2000年に政策評価担当組織を設置している．2001年1月

第3章 政策評価の実践と課題　37

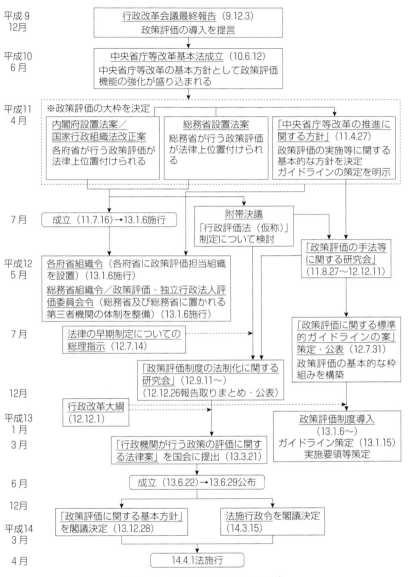

図3-1　政策評価に関する経緯

出典：総務省行政評価局［2016：146］．

には政策評価の手続き・ガイドラインを当時の総務庁行政監察局が公表し，それを政策評価各府省連絡会議が了承，その後2002年3月15日には政策評価法の施行令が閣議決定されて，実際に政策評価を使う場面を想定した細目の検討が行われた．同時に各府省の関係者には研修が始まった．

- 行政機関が行う政策の評価に関する法律施行令（2001年，政令）
- 政策評価に関する標準的ガイドライン（2001年1月政策評価各府省連絡会議了承）[10]
- 政策評価に関する基本方針（2001年12月28日閣議決定）．実務担当者が参考にしたが，この段階はまだ 'Plan Do See（PDS）' である（PDSは国際的に使用していた言葉）．

　評価方式の標準化については，さまざまな議論の結果「政策評価の方式は各府省基本的に自由で，事業評価方式，実績評価方式，総合評価法式を参考にして行う」(傍点山谷) と政策評価各府省連絡会議で合意していた．たとえば政策評価について早くから知見を蓄積していた国土交通省（旧建設省）は，3方式と似たようなスキームを使っているが，事業評価以外の2つの名称は異なる．政策チェックアップ（実績評価），政策レビュー（総合評価）である．このように法律や政令だけにとどまらず，規則，各府省の政策評価担当者の合意や了承など，入念な合意手続きによって政策評価体系が作られていたことがよく分かる．これら法律や政令，ガイドラインなどによって進められる政策評価の実際の概要は，図3-2である．

　日本政府内は毎年，実際にどのぐらいの数の政策を評価しているのか．これは当然の疑問である．大学の講義，道府県の研修，国際協力機構の外国政府向けの研修や外務省の現地大使館での講演，国内地方自治体向け研修などで日本の政策評価制度に関してレクチャーを行うと必ず質問される．政策評価の規模，場合によっては担当になる人が労力の負担を知りたいからである．これについては総務省が毎年公表している資料「政策評価等の実施状況及びこれらの結果の政策への反映状況に関する報告」がある．各府省の政策評価件数を年度ごとに並べてみると，政策評価の実施件数は表3-2である．

　各府省内で実施される評価件数は，制度が始まった2002〜2005年度は1万件前後で推移した．件数の多さが「評価疲れ」の原因の1つになり，各府省内で重点化を図り，政策評価の項目と予算・決算項目との調整（大括り化），評価対

第3章 政策評価の実践と課題

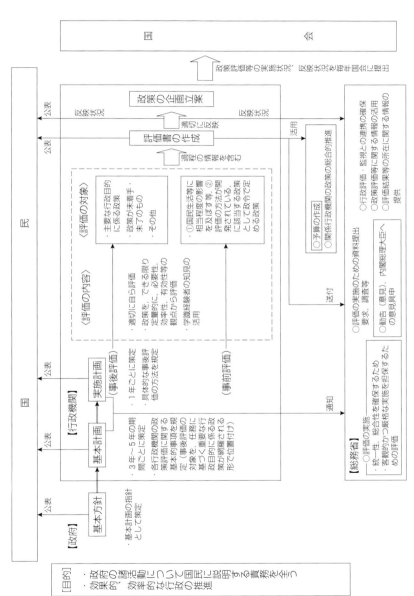

図3-2 政策評価制度の概要

出典：総務省行政評価局政策評価官室［2002：3］.

表 3-2　政策評価実施数

Year	total number	Year	total	ex ante	ex post
2002	10,930	2012	2,631	853	1,778
2003	11,177	2013	2,559	957	1,602
2004	9,428	2014	2,432	867	1,565
2005	9,796	2015	2,657	863	1,794
2006	3,940	2016	2,130	858	1,272
2007	3,709	2017	2,126	800	1,326
2008	7,088	2018	2,670	1,605	1,065
2009	2,645	2019	2,247	1,147	1,100
2010	2,922	2020	2,076	1,049	1,027
2011	2,748	2021	2,227	838	1,387
		2022	2,355	1,001	1,354
		2023	2,504	934	1,570

出典：総務省資料より筆者作成.

象事業の絞り込みに成功して大きく数を減らした［鎌田 2008：40］．また，2012年度から政府は予算に関わる事前評価と，事後的なアカウンタビリティ追及の事後評価の区別を強く意識してきた（表3-2では両者を分けて記載した）.

　なお，政策評価の講演や政策評価論のレクチャーでは，政策評価にどれほどのコスト，予算を毎年使っているのかという問いも出てくる．それは各府省の予算書・決算書を見ればわかる話だが，評価にはコストをかけていない．一般には担当官・係官を2〜3名置いているので，その人件費がコストということになる．他方，ODA 評価を担当する外務省は ODA 評価に2002年〜2003年にかけて数億円の費用を充てていた．ODA 評価と政策評価の大きな違いの1つはここにある．
11)
　国内のある省では，理論的に見ればオーソドックスな政策評価に対するニーズがあった．「補助金の有効性を確認したい」というニーズであったが，実はその省が長年作ってきた公式統計が政策評価に全く使えない．そこで政策評価課が自らデータを集め，それを参考に札幌から福岡まで置かれている地方出先機関を使って広くアンケートを行った．政策評価課員2人がこれらデータやアンケートを見て，さらに詳細に調査を進めるため直接現地に赴き関係者にヒアリングした．それら一連のデータ・調査結果を大学教授（統計学）に分析して
12)
もらった．政策評価課の担当者2人の出張旅費と大学教授への謝金で約100万円，これが補助金の有効性を確認する政策評価の費用だった．一件の事業に

100万円．これが多いか少ないかは判断に困るが，年間の政策評価実施件数が多い官庁であれば，評価コストだけで膨大な金額になってしまう[13]．もちろん，こうした「本来」の政策評価は日本では多くない．政策評価の枠組み，評価書の書式，評価の3方式を入念に作成した理由は，本来の政策評価を行わなくても，簡便で手間がかからない評価で「政策評価」はできると考えた努力の表れだと推測してよいだろう．

＋ 2. 政策評価制度の転機

政策評価制度には制度実施後に4つの追加が見られた．規制の事前評価，租税特別措置の評価，目標管理型の政策評価，行政事業レビューである．以下では規制の評価，租税特別措置の評価，目標管理型の評価についてその意味と意義，課題について論じたい．行政事業レビューについては，後の章で説明する．

（1）規制の評価

政府は健康と安全の確保，自然環境・生物資源の保護，経済の安定的な運営のために，国民生活にさまざまな規制をかけている．公害や薬害，交通運輸の大事故，さまざまな経済犯罪，市場をゆがめる独占などを考えると，社会で人びとが安心して暮らす上で規制は必要である．そして，この規制は政策目的を達成する手段として有力な方法であると同時に，予算措置を考える必要が少ないため，各府省で多用される傾向がある．ただし，第二次行革審「公的規制の緩和等に関する答申」（1988年）当時から，時代遅れの規制，特定業界の利権になって公正を欠く状態になっている許認可・参入規制・価格規制・設備規制が問題になった．規制によって国民生活の安全や健康を守り，自然環境を保護するはずが，逆に負担や被害になっている課題が行政学・行政法学，行政機関（代表は行政管理庁，後の総務庁）からも指摘されたからである［田中 1996：5章］．そして規制を問題視する動きは，国際的な「小さな政府」を目指す構造改革の潮流とも重なり，規制改革は経済学研究者も含めた大潮流になった．

とくに，「日本の政府規制が国際経済の大きな妨げになってきた」と，アメリカ政府は1980年代の日米構造協議時代から指摘してきた．そのため規制緩和，規制改革が大きな政治テーマになり（1973年の大規模小売店舗法が2000年に廃止されたのが代表），さらに政策評価制度へもこの規制・規制緩和を取り入れるべきだ

との声が経済界から出てきた．これが政策評価に規制が追加された背景にある．「規制の政策評価の実施に関するガイドライン」(2007年）で，規制の新設・改廃に際しては国民の権利を制限し義務を課すため，費用便益分析をはじめとする客観的な手法によって規制の効果を評価して，規制の意義と妥当性の有無を判断するように求めた．

　この規制の政策評価の実施に関するガイドラインは，2024年3月に改正されている．2024年の改正は，規制導入に際しての利害関係者等との調整状況が説明されていない，規制導入による効果・費用の定量化が進んでいない，などの課題が指摘されたため行われた．改正にあたって総務省は「規制の事前評価書様式」を示し，規制の必要性・有効性，規制の妥当性，効果の把握，負担の把握などを記述する文書作成要領文書案を示し，各府省の担当者はその文書に語句を記入するだけになっている．いわゆるテンプレートで，内容の書式は「○○○における政府方針を踏まえ，○○○事象の解消・未然防止を図るため，◇◇◇事業を行うためには△△△大臣への届出を義務付けるとともに，□□□設備の設置を義務付ける」である．政策評価書がテンプレート関連業務になって「文書を作成すればよい作業」になってしまった．[14] テンプレートの活用は，作成者の物理的心理的負担を削減するメリットがある一方で，定型化された書式なので多くの個別具体的な事例は省略され，また重要にもかかわらず記入者が些事だと判断した事項は記載されない，といった課題が出てくる．

　なお，評価理論から見れば，規制の評価は本来の政策評価と比べると，異質である．理由は，費用便益分析によるインパクト評価に見られるように，経済的な視点が強い方法なので，経済学や統計学の素養の無い市民が理解できる評価書を作成するのが難しいからである．アカウンタビリティの確保が一般市民には難しい，と言い換えてもよい．規制の評価においてもプログラム評価，インパクト評価，プロセス評価など，評価理論で使われる専門用語が使われるが，規制の評価が使う用語と評価理論の用語とはニュアンスが違う点に注意が必要である［行政管理研究センター 2004].

（2）租税特別措置等に係る政策評価

　租税特別措置は「政策減税」とも呼ばれ，政府が各種の租税負担について，特別なアクターの税負担を軽減する政策手段の一種である．政権与党の権力基盤づくりに貢献してきたが，政権から距離を置く人は透明性に欠けると非難し，

税の公平も損なうと批判した．このため，この租税特別措置の透明化を図り，国民への説明責任を果たすべきと考えた民主党は，政権与党になった時に租税特別措置等に係る政策評価の実施に関するガイドライン（2010年）を作成した．それが，自民党が政権に復帰して以降も政策評価の方式として毎年実施され続け，しかもその数は増えており，369項目に上るとの新聞報道もある（朝日新聞2024年4月19日）．

　数は増えたが，必要性，有効性，妥当性などで評価する「租税特別措置等に係る政策評価」によって，特別な措置が政策手段として成果を出しているかどうか判断するのは難しい．政策減税，たとえば住宅ローン減税，新型コロナ禍対策減税，経済成長力を高めるための優遇措置などは，その社会全体における[15]評価が1つの府省だけでは難しいことも，この評価の難問である．また，政権与党の政治判断に関わることも，政策減税の有効性判断を難しくしている．自民党の税制調査会幹部が政策減税制度を仕切っていると長年語られ，減税効果は企業が公開しないので分析できないと言い，国庫に入るべき歳入（2兆3015億円）が入らないと批判する新聞もある[16]．これらの言説をもとに考えれば，以下のように言うことができるだろう．「租税特別措置（政策減税）は重要であるが効果は疑わしく，だから評価が必要なのだが，客観的な評価はうまく行われず，仮に行われても政治（政権与党）に邪魔されて評価結果が使われないおそれがある」．そうであるとすれば，役に立たない作業を強制される「評価疲れ」が，ここでも発生することになる．

（3）目標管理型の政策評価

　「目標管理型の政策評価実施に関するガイドライン」（2013年政策評価各府省連絡会議了承）によれば，目標管理型の政策評価とは実績評価方式を用いた政策評価で，あらかじめ設定された目標の達成度合いについて評価する「施策」レベルの事後評価である．政策の目的，目標，達成手段等から成る政策体系を明確化した上で，目標の達成度合いについて各行政機関共通の標準的な表示方法を用いて行う．

　評価対象となる施策レベルの政策について，コスト，事前の想定を分かりやすく整理し（事前分析表の作成），これを公表し，事後に実績を踏まえて事前分析表を見ながら施策の成果を検証していくのが標準的スタイルである．このスタイルは外部検証の促進，各行政機関のマネジメントの強化に有効だと考え導

入された．書式を標準化したことによって各府省の政策評価担当者は使いやすくなり，また国民へのアカウンタビリティも向上すると考えられた．

2016年度には目標管理型政策評価を「施策の特性に応じた評価」，「目標を設定するまでのプロセス（因果関係）の明確化」，「測定指標の定量化等」（とくにアウトカム指標）において改善するよう政策評価審議会が求めた（「目標管理型の政策評価の改善方策」2017年3月）．

ただし目標管理型の政策評価は，伝統的な政策評価の観点でいえば評価（evaluation）ではなく，経営学で1950年代から議論されてきた Management by Objectives の管理手法に近い．政策ではなく，組織の効率的運営を心がけ，目的（object）に指標（indicator）をつけるプロセスで組織メンバーが目標を共有できることが大きなメリットである．しかしその反面，政策目的にどのような指標をつけるべきなのかとの悩み（評価担当者・実務担当者・国民），また多種多様な領域，たとえば防衛・貧困削減・障害者福祉・道路建設・災害復旧・経済運営などの政策領域に共通の評価書作成を求めることに無理があり，この政策評価そのものの「永遠の課題」を顕在化させた．ただ，それでも議論の場を作ったメリットは大きい．とくに大学での政策学関連の講義では非常に身近な教育素材になり，18歳選挙権後の高校のシチズンシップ教育にも，指標の議論を通じて活用できるはずである［山谷 2017］．

╂ 3．政策評価制度の課題

法律や政令，規則その他のガイドラインなどで整備された政策評価であるが，現場で実施する際にはいくつかの課題や問題に遭遇した[17]．それは，政策評価が目標管理型評価に接近し，予算への反映を強く求めた「行政管理型評価」（政策ではない活動も対象にする）のマネジメント支援の性格を強めたため，府省内でも管理目的で，管理スケジュールを重視するようになった．そのため，本来の政策評価のシンプルなミッションから遠ざかった．シンプルなミッションとは「政策を評価して成果が出ていない政策については修正か廃止を検討する，その検討材料を提供する」であり，場合によっては「政策を反省する[18]」というミッションもある．それはオーラル・ヒストリーの時もあり［柴田・林 2008；尾高・松島 2013］，研究書になることもある［柴田 2016］．しかし，日本の府省で行われている政策評価は書式や表示の標準化によって大きく変容した．理由は以

下の３点である.

- 行政事業レビューと共用化したことにより，行政管理型評価の性格を強めたため，行政内部の知識（実践知と経験知）が必要になった．そのため市民にとって政策評価の理解とは距離を置くことになるとともに，関心を持ちにくくなった.
- 外国にルーツがある評価（evaluation）の専門知識は，日本の行政管理型評価が前提にする行政内部の管理慣行と，整合性がとれなかった（とくに予算に関係する行政実務とは距離がある）．日本で政策評価が行政学者の研究テーマになるのはこのためである.
- この結果，評価そのものを行政管理に適合するパフォーマンス測定の実績評価に重点化し，評価の性格やねらいが変容した．場合によっては評価ではなく測定で終わる．それは他の評価（ODA 評価や教育評価など）とは別のもので，評価ではない.

　もちろん，政策評価は本来，行政の管理活動にとどまる活動ではなく，実際には行政組織の外にいる有権者である国民が主体である．国民が政策の結果を見て考える場を提供する装置が政策評価である．その意味ではいくつか課題がある．すなわち，対象の事業が多すぎるので国民の目が届かない，事前評価を重視して予算手続き化している，方法（KPI とロジックモデル）を偏重しすぎたのでわかりにくい，といった課題である．ただ，他にも一般国民が気づかない大きな問題もある.

（１）「事業」対象の評価による政策の断片化

　評価対象は事業が多い，という問題をはじめに指摘しなければならない．本来，政策評価のプロトタイプが欧米ではプログラム評価であったのとは違い［Vedung 1997］，日本の行政実務では事業を基本単位と考えている．特定課題を看板にしたテーマ，たとえば働き方改革，児童虐待防止，子供の貧困対策などは，そのテーマに対する予算があるわけでなく，予算はいまだにテーマを構成する各事業単位で付いている．日本では，府省の予算の単位は基本が事業だからであり，政策評価導入後，これに変更を試み政策評価体系，予算体系，行政事業レビューとの対応を考えたが［山谷 2012：150-52］，長年の事業単位の慣行修正は難しかった．行政事業レビューが実務で効いたのは事業を対象にしたか

らだが，レビューに関わる外部有識者には政策評価との区別が付かない委員も多く，混同は悪化した（政策評価を熟知した外部有識者がレビューの委員を兼ねればこの問題は解決する方向に進む）．政策学理論，評価理論では「政策課題＝プログラム課題」のはずだが，このプログラム課題そのものが官公庁間のセクショナリズムによって断片化されている日本の実態も，事業重視の背景にある．[19]

　本書は政策評価に当たっては，プログラムを重視することを薦めた．理由は，20世紀から伝統的に行われてきた呼び方，考え方，たとえば防衛政策，教育政策，経済政策のようなマクロの分類では，政策の実際が見えないからであり，また一方で，事業単位では個別の事業活動に細分化されて「木を見て森を見ず」になるからでもある．しかし，実際の政策では，事業が行政の基本活動単位になっている現実もある．さらに，伝統的な学問領域は政策をその領域内で考える．経済政策，農業政策，中小企業政策，教育政策，労働政策，刑事政策，文化政策，そして防衛政策である．この分類名は素人である市民をわかった気にさせる名前だが，現実をよりよく理解するためにはさらに詳しく事業に分けて説明する必要がある．結果として，古い時代から使われているこうした分類では，対象の政策の実際がよく見えない．

　そこで新たに政策課題を再定義して，再分類するアプローチが一般化した．被災地域振興政策，ODAのスキーム別政策，科学技術政策（さらに研究開発政策に再分類），国際原子力政策，宇宙開発政策，自然エネルギー政策，観光インバウンド政策，地域スポーツ振興政策，防災政策などで，これらは社会的課題を反映した下位の施策分類として発明されたが，ここでは専門的な文書が日々生産され続け，その難解さに素人は困惑する（そのためサイエンス・コミュニケーター制度はそうした難解さを解決する手段として考えられた）．その中で政府は，新しく細分化された政策課題を再統合し直して所管する官庁（観光庁・こども家庭庁・デジタル庁など）を新設してきが，これでは屋上屋を重ねるようで，新設後も残っている官庁のセクショナリズムを克服できないし，しかも各府省庁の視点，「めがね」に政策課題を固定化してしまう．そこでは相変らず事業評価が行なわれ，予算単位に断片化された膨大な量の事業評価が続けられる．

（2）事前評価の強調（必要だがそれは予算査定）
　政策評価法9条と施行令では限定的に使う予定だった事前評価が，目的管理型政策評価，行政事業レビューと並行して使用するようになったので，政策評

価に対するイメージは事前評価になってしまった．しかし，そもそも政策評価の本質は，回顧的評価（retrospective evaluation），総括的評価（summative evaluation）のはずだった．これが，事前評価の多用と目標管理型評価との併用によって形成的評価（formative evaluation）重視になる［山谷 2014］．そのため予算を取りたい官庁の希望や予算重視のバイアスが，客観性を重視するはずの政策評価に入り込むようになる．もちろん，予算の単位は事業なのでプログラムには関心が向かないが，成果（アウトカム）を強調された場合には，この事業の成果だけでプログラムの成果も語ることになる．その場合には，想像した仮の成果を行政事業レビューのシートに書き込んで作成し，関係者との調整が必要になる．調整にかかる膨大な作業負荷は，事後評価に向ける余力を消耗させる．事前評価が本来の評価だと錯覚して事後的な反省を忘れる場面は多いが，それを黙認したのは日本人の癖（過ぎたことは水に流す，人の噂も七十五日）から出る国民的健忘症からである．なお，防衛省政策評価有識者会議のように，研究開発の事前事業評価対象になった事業について，その後の事後報告を求めるところもある．

（3）実績評価中心主義への懸念

政策評価には3つの標準的方式が定められている．事業評価方式，実績評価方式，総合評価方式である．それぞれ国際的な評価の考え方である project evaluation（事前は analysis），performance evaluation（実際は測定 measurement），comprehensive evaluation に比定されている．事業評価はオランダやアメリカの公共事業分野で土木工学，そしてそれに関わるプロジェクト・ファイナンス[20]の分野で古くから存在し，日本でも戦後復興時代から使われてきた．また，実績評価のパフォーマンス測定も，経営学や会計学のマネジメント理論で一般化してきた方式である．事業評価も実績測定もよく知られた既知の方式だったが，政策評価によって改めて注目された．

ただし，20世紀末に注目された政策評価は，新しい視点を持っていた．その新しさの中心だった総合評価は，政策評価導入に向けた検討を行った研究会，総務庁時代の「政策評価の手法等に関する研究会」[21]（1999～2000年）において「政策体系評価」と呼ばれたのは既に述べた．そのイメージとしてプログラム評価が置かれていた．他方，事業評価は個々の公共事業プロジェクト担当課で，事業の採択を判断する場面では意味がある．また実績評価（パフォーマンス測定）

はトップが組織全体を見渡す際に便利なツールで，現場に出向く必要がないのでその手間は省ける．また，実績評価を前提に使う目標管理型評価は，施策対象とは言うものの実際は事業測定であり，施策プログラムの成果と想定される事業の数字を皆で議論する形になっており，事業を所管する組織内の協力関係構築には向いている．ただし，政策やプログラムではない．日本の官庁の組織編成の基本が予算事業・事業計画の単位だった伝統に理由の遠因がある．

　なお，行政組織を論じる行政学で古くから問題になっているのは，トップの執政（executive）と，現場事業の業務に通暁した専門家（specialist/professional）との物理的・精神的緊張関係である．日本官僚制と違って年功序列・終身雇用制をとっていない国，行政組織に自由な出入りが制度化されている国で開発されたパフォーマンス測定は，固定化されたピラミッド型閉鎖組織できあがってきた日本の官僚制（公務員制度）でうまく機能するかどうか心配が多い．「行政機構内のトップダウンのコントロールが，個別の行政活動の有効性をかえって減退させる可能性も指摘される」[打越 2004：16] からで，実績評価によって民間営利企業が使う生産現場タイプの PDCA が，日本官僚制でうまく機能すると考えるのは無邪気すぎる．

　また前述の事業評価制度自体の有効性も，こうした日本官僚制の特質を前提にして考えると，いささか不安になる．事業は「技術の王国」が差配しており，「各省・各局割拠性体制，官僚制権限の歯止めなき増殖，ポジションごとの責任の不透明さを所与の条件として，彼ら（キャリア組技術官僚—引用者）は巨大公共事業や専門技術性の高い行政分野において事務官（法政官僚—引用者）を翻弄させてもいる」[新藤 2002：32-35] からである．HIV 薬害事件はこの技術の王国で発生したし，無駄な行政投資と非難された農道空港（1988年に農林水産省が始めた事業）は止められなかった（仮に政策評価の事業事前評価を行ったとしても難しいだろう）．実績評価や事業評価の難しさを補い，現場の意思をくみ上げ，業務活動の実態を反映した評価によって政策をコントロールするためには，社会に現存する課題を解決するために考案されるプログラムの評価に注目する処方箋を評価理論で再び注目すべきだろう [山谷 2020]．

　ただし，日本ではプログラム評価を主流にする方向には進まなかった．欧米型のプログラム評価の実践では，たとえばアメリカ連邦政府のように複数官庁を横断するプログラムが多く，そのとき既存の官庁のセクショナリズムを回避するため複数官庁を統合するか，プログラムに適合する組織を新たに設置する

方法が採用される．その上でプログラムの評価を現場の課題を踏まえたリサーチや分析によって実施することが多い．

しかし日本の場合にはボトムアップ方式でプログラムを作成し，その実施体制を構築するのは手間がかかりすぎて費用面での負担が重く，プログラムが解決しようとする課題に関わる各課・各府省間の調整にも著しく時間がかかる．また法律で厳格に行政組織がコントロールされている日本では，組織の改廃・統廃合・新設は極めて難しく，もし新設してもこの組織メンバーは，既存の組織から連れてくるしかないので既存組織は抵抗する．仮にうまく連れてきても，それが新設された組織における課題と解決に貢献する専門家であるかどうかは疑わしい．また，一定期間が過ぎれば，元の官庁に戻っていく．日本では，人的にプログラム体制は保証されていないのである．

その上，日本ではプログラム評価自体にも難がある．プログラム評価は数年後に行うため，評価結果は原課の行政実務では使いづらい．組織のトップも現場も人が異動しており，プログラムを構成するプロジェクトにも国民の関心がなくなっている．ここに評価結果が出ても見る人は少ないし，マスコミも注目しない．そもそも，日本では政権交代がないので，前政権の政策（プログラム）を根本的に反省して文書で公表する機会が少ないという大きな問題がある．

なお，プログラム評価タイプに近いと考えられた総合評価方式は，総務省のHPによれば「特定のテーマ（狭義の政策・施策）について」，「一定期間経過後」に「問題点を把握その原因を分析など総合的に評価」，「政策効果の発現状況を様々な角度から掘り下げて分析」する方式である．このアイデアはまさにプログラム評価である．また，総務省が行う統一性確保評価や総合性確保評価，国土交通省の「政策レビュー」にも，プログラム評価に近いイメージが見られる．データの収集，正しいデータ分析方法の選択に時間をかけてうまく活用すれば，実績評価を補い，トップダウン・アプローチとボトムアップ・アプローチをうまくつなぐ仕組みとしてプログラム評価を活用できるだろう．

（4）政策評価の変容による負担増

政策評価が一定期間運用される中で，当初の仕組みに新しい試みが3つ加わったことは既に述べた．第1は規制の事前評価（規制の事前評価の実施に関するガイドライン2007年），第2は租税特別措置に対する政策評価（租税特別措置等に係る政策評価の実施に関するガイドライン2010年），第3が「目標管理型」の政策評価

（目標管理型の政策評価の実施に関するガイドライン，2013年政策評価各府省連絡会議了承）
である．

　こうして政策評価は「田舎の温泉旅館」と揶揄されるような姿に変容した．
本館（政策評価の3方式），別館（規制の評価），新館（租税特別措置の評価），アネックス館（本館の実績評価機能を目標管理型として新しい建物に移転）など，それぞれ別の建物（評価目的とその背景理論）が存在するので，宿泊者（市民）は自分が今どこにいるのかよくわからない．旅館全体について，経営者（大臣や副大臣をはじめとする府省の幹部）もよくわかっていないかもしれない．そうした中で，インバウンドが観光の仕事を増やしたように，新しい政策課題（新型コロナ禍や子育て支援，地方創生など）が政策とその評価の需要を増大させ，政策評価業界は拡大傾向にある．

　その事態をふまえて政策評価審議会提言「ポストコロナ時代における行政の評価への指針～政策か以前に役立つ，しなやかで，納得できる評価とするために～」（2021年3月）が出され，また「効果的な政策立案・改善に向けた政策評価のガイドライン」（2024年行政評価局長）が作られた．試みは続くが，その試みを支える資源（ヒト・モノ・カネ・スキル・ノウハウ）に不安がある．これもまた大きな悩みになるだろう．

4．評価制度の総括評価
——本質的機能の欠落——

　政策評価には，本来求められている必須機能があった．政策の評価によってアカウンタビリティを達成する機能，その場合，国民が説明に納得しない政策は修正・廃止する機能である．しかし，これらの必須機能は行政を指導する政治家の役割なので，政治家がこの機能を果たさない場合には使われない．その結果，政策の大きな問題は説明しないまま，廃止せず強行することになる．

　さらに長期に及ぶ大きな政策も効果を検証するべきであるが，4年単位で任期が来る政治家，2～3年で人事異動を繰り返す公務員にはそれは難しい．ジャーナリズムがこの役割を果たすことを期待しているが，「ジャーナリズムの政策批判機能こそが政策評価」だと認識されない日本社会の課題もある．批判を受け入れない体質が強まっている日本社会の状況，冷静さを欠き過激さを売りにするSNSなども，評価に対する逆風になっている．

第3章　政策評価の実践と課題　*51*

　このように，日本社会での政策評価は，欧米の実践や理論とは，いささか乖離した状態になった．その大きな原因の1つは「制度化」(institutionalisation) にある．評価は国際的には「制度化」されている［Stockman 2023］が，日本では制度化の内容が違うだけではなく，難問をもたらしているのではないか．以下，第4章でその難問について述べよう．

　注
　1）　ガバナンス改革は先進国が途上国に対して援助の際に求める条件（conditionality）でもある．国際社会では1980年代末に始まったが，日本では10年遅れて始まった．1993年の政権交代（自民党が野党になった）が大きな要因だったと考えられる．
　2）　スリム化・効率化のアイデアは，公共サービスを民間企業，ボランティア市民団体，NPOなどに委託し，政府・地方自治体の関与を減らす動きとして広がり，公務員数の削減による業務の遅滞や残業，官製ワーキングプアとやりがい搾取の増加などの副次効果をもたらした．
　3）　評価ポリシー（evaluation policy）とは，評価の実施機関が準拠する評価指針．5～10年の基本計画，毎年の実施計画，評価を方針通り進めるための指針になる評価ガイドライン，評価実務者が作業で頼る評価マニュアルから構成される［三上 2021：250］．
　4）　政策学が広辞苑にもある古いディシプリンであることは知られていない．そのため高等教育の現場では混乱が多い（「政策学　産業・労働・金融・交通・政治・教育・外交・軍事・植民などの政策を実践的見地から研究する学問」広辞苑第二版補訂版1976年）．
　5）　政策評価の根拠を定める法律は政策評価法の他に，総務省設置法，国家行政組織法，内閣府設置法，そしてデジタル庁設置法，復興庁設置法にもある．
　6）　政策評価の手法等に関する研究会（1999年8月～2000年12月）は村松岐夫（京都大学：行政学），奥野正寛（東京大学：経済学），金本良嗣（東京大学：経済学），久保惠一（監査法人トーマツ），田辺国昭（東京大学：行政学），星野芳昭（(株)日本能率協会），山谷清志（岩手県立大学：行政学）で構成．肩書きは当時のまま．
　7）　PDCAは管理会計手法，予算統制をマネジメント・サイクルに適用したアイデアに起源がある［加登 1999：17］．しかし英英辞典，英和辞典でも項目になかった（PDCAが一般に流布していた2024年現在もない）．経済財政諮問会の奥田議員発言によって2003年に政策評価の現場に持ち出されたが，企業の経営のマインドだった．評価に関係する国際会議では各国政府・国際機関の評価担当者は，日本人が言うPDCAを知らなかったと外務省やJICAの証言がある．
　8）　政策評価の手法等に関する研究会が当初「政策体系評価」と呼び，「プログラム評価」をイメージしていたのは研究に参加した行政学者たちが，プログラム評価に関す

るアメリカ連邦政府の事情を熟知していたという理由もある.

9) 外部有識者が評価対象について提案することもあり, 政策評価担当課は政策担当課と相談してその提案を採用するかどうか検討し, 有識者会議に諮る. たとえば防衛省は, 事前評価が行われた事業について, 事業終了後に有識者会議に報告することにした.

10) 各府省の政策評価を担当する実務者が一堂に会した連絡会議.

11) その省の政策評価担当者との約束で, 官庁の実名を明かせない. 2015年の話である.

12) この補助金の効果の評価結果は「補助金を受けても受けなくても差がない」の結論になった. 政策効果がない政策の評価を行うのはその省にとっては避けたいし, 実は評価の前にこの残念な評価結果は長年の経験から想像できた. ただし, この補助金は政治（与党議員・野党議員）すべてからの要請があって, 長年続いてきたが廃止できなかった.

13) それを予測して, アメリカ連邦政府ではプログラムに評価のための予算を組み込む制度を置いていたことがある（事業予算全体の比率で, 古くは 3 ％, 後に 1 ％）.

14) 行政機関や大学などで多くの評価が流行して事務作業量が増加した結果, さまざまな「テンプレート」が活用されるようになった. そのため, 評価は本来の反省, 教訓取得, コントロールなどの目的が失われ, 定型文書作成作業になった.

15) 防衛省では防衛や外交の文脈で租税特別措置を使う. 2023年度評価では自衛隊の船舶, 通信機械等の動力源に使う軽油の課税免除特例措置の恒久化, 物品役務相互提供協定 ACSA に基づく免税軽油の課税免除の特例措置の恒久化と拡充をもとめる事例がある. 政策減税の意味を, 外交政策や防衛政策などの別な観点から説明できる.

16) 朝日新聞2024年 4 月19日刊刊 1 面, および 2 面.

17) 当初遭遇した課題は用語の認識の不統一で, かなり混乱を招いた. 政策研究（policy studies）, 政策科学（policy sciences）, 政策分析（policy analysis）, 政策調査研究（policy research）, 評価研究（evaluation research）, 業績測定（performance measurement）などである.

18) 政策の反省が政策評価の 1 つのタイプである. したがってオーラル・ヒストリーや特定分野の研究もまた, 政策評価である.

19) 総務省が行っている「複数府省にまたがる政策の評価（統一性・総合性確保評価）」は, この課題を克服する努力である.

20) プロジェクト・ファイナンスの代表機関として国際協力銀行や世界銀行がある.

21) この研究会の最終報告書が「政策評価制度の在り方に関する最終報告」（2000年12月）で, これが日本の政策評価を実施する基本を決めた. この方針を決めたのは財務省や内閣府ではない.

22) 欧米の評価理論, アジア大洋州諸国の政策評価理論は Varone, et al.［2023］, Stockman, et. al.［2023］に詳しい.

第4章 評価システムと評価プロセス

――評価の「制度化」問題――

　日本の政府は評価をどのように制度化（institutionalisation）[1]したのか，それはどのような特徴があったのか．この政策評価の前提になる基本的な問いを，この第4章では考えてみたい．

╋ 1. 評価の制度化

　世界各国を対象にした最初の比較研究 [Furubo et al. 2002] によれば，日本の評価はその遅れが指摘されていた（調査対象国21ヵ国中で最下位）．その後20年以上経過した後のアジア大洋州の国々との比較研究 [Stockman et al. 2023] では，日本における独特の形式化が指摘される．この遅れと独特の形式化は，社会科学とその応用が進んでいない日本では，評価が社会科学的な厳密さを欠いたまま，日本の行政実務を前提にした制度化が始まり，一般市民には理解困難で複雑な政策実践を対象にしてきたことに原因があると考える．そのため，評価システムと評価プロセスの議論が十分でないまま政策評価の制度化をすすめ，独特な形で形式化したのである．

　制度化の第一歩はまずシステムの構築である．このシステムとは組織，制度，系統，体系（『広辞苑』第2版補訂版）と訳されることがある一方で，工学的に「極めて多数の構成要素からなる集合体で，各部分が有機的に連携して，全体としてひとつの目的を持った仕事をするもの」とも説明される（『新明解国語辞典』第7版）．繰り返される活動，活動を安定して行わせるルールもこのシステムに含まれる．後述するように，評価担当者が評価のシステムを作るとき，具体的なデータ収集，分析スキルを評価目的に合わせてデザインする必要があるが，これもシステムの中に備わっているはずである．評価のシステムを作り，調整し，機能させる作業は，設計図を書く作業だと言い換えてもよいだろう．

ここで，評価がシステム工学[2]に接近していくと考えることも可能で，たしかにデザインの議論は工学そのものである．政策工学，評価工学と言えるかもしれない．したがって，評価デザインの工程表的発想，プロセス思考は評価学を語るときに重要な研究対象になる．

ただし，日本では評価システム，評価デザインは実践の場では別な言葉で語られる．基本計画や実施計画である．その理由は評価システムや評価デザインが前提としている社会科学（Social Sciences）に問題が多かったためで，社会科学の発想が貧困だと「科学」的視点で調査研究が行われていないことは国際的に指摘されてきた（OECD 調査団報告「日本の社会科学を批判する」1976年）．また評価が前提とする「応用社会科学」（applied social sciences）の発想，社会科学それぞれの研究ツールを使って社会問題を分析する発想と，それを支える体制が日本には少ないこともあげられる（ただし「科学研究助成事業」で500万円・3 年程度の基盤 C タイプの研究であれば，応用社会科学を財政的に支えられる）[3]．さらに，応用社会科学の科学的手法を基礎教育の中で必修化している大学が少ないことも教育課題として指摘され，とくに政策系の学部・大学院においてはその弊害が指摘されてきた．その卒業生たち社会科学的素養の弱さが，実社会における政策学的思考を制約してきた．

そもそも，日本で社会科学が弱く，その応用を考えようとする努力が少ない理由は歴史を遡ればよく理解できる．古い時代には「社会科学」が唯物史観に代表される特定のイデオロギーの影響を受け，その「社会科学」が敬遠されたこともあげられる［石田 1984］．このイデオロギーが問題なのではなく，それをもつ政治勢力の独善性，冷戦下の国際政治における不毛な論争を一般の人びとが敬遠したのである．また，20世紀末まで日本の大学では必修化されていた一般教養科目群があり，ここでは社会科学入門，社会学，経済学，政治学などを履修させられたが，それらの講義の多くではマルクス主義系の社会科学科目が展開され，他方でそれを批判するウェーバー社会学を基礎にしていた科目もあり，あるいは社会科学の思想史や歴史といった祖述科目が見られた．仮にアメリカでの社会学の影響を受けた数理社会科学・統計学の科目があったとしても，大学入試で数学を忌避した文科系の学生たちは履修対象にしなかった．同時に先の社会科学イデオロギーがアメリカ的な発想を思想上の敵対者とみていたことも，状況を複雑にしていた．つまり，この傾向は長らく日本の社会科学の発展を制約したのである．評価学の基礎にある応用社会科学の発想は少な

かったのである．

　第4章では，こうした社会科学とその実践が弱い中で，評価システムと評価デザインを対象に，現状でいかに使われているのかについて言及しながら，システムとデザインの関係についての日本的評価実践，すなわち日本のパブリック・セクターにおける「評価の実践配備」(deploying evaluations in practice) 状況，制度化を説明したい．

┼ 2．評価システム

（1）システムとしての評価

　評価システム (the evaluation systems) とは，政府内で実施されているさまざまな評価群が構成する体系のことである．このシステムは，複数の主体（人・組織）が構成し，共通の目的を持って協働する体系で，その構成要素は，各主体が共通して持つ理念と目的，それを実現する組織，組織を維持する予算・人員などの資源，組織活動に必要な専門知識，組織に与えられた時間などである．もちろんシステムが存続するための環境も重要であり，この環境から組織が必要とする情報を獲得する方法を「評価」だと考える．環境が変化したときに，その変化に対応するために自己制御する情報を得るのが評価の目的である．つまり，評価はそれ自体がシステムを形成すると同時に，評価を使う組織の存続にも重要な機能でもある．このような評価システムの特徴は以下の4つである [Højlund 2014]．

　　① 評価システムの関係者は，評価目的とこの目的を達成する手段 (means) について，知識を共有している．
　　② 評価システムは，行政組織内において正式に制度化されており，一般の行政組織の運用構造とは分離される．制度化された単位を「評価ユニット」(evaluation unit) と呼ぶ．日本の中央府省は個々に政策評価「課（室）」として置いている．政府全体の評価ユニットは総務省行政評価局である．これらのユニットはそれぞれ評価の計画，実施，実施状況のモニターと運営サポート，評価方法の品質チェック，実施した評価の結果についてフォローアップの5つの機能を遂行する．なお，近年評価システムには新しい機能 EBPM (Evidence Based Policy Making)

が付け加えられた．この EBPM 機能を実施するために，評価とは別の
ユニットを立ち上げたのが内閣府である（2020年）．内閣府本府合理的
根拠政策立案（EBPM）推進チームであり，内閣府本府の所掌事務に関
して行う EBPM の推進に必要な事務を行う．推進チームの構成員は大
臣官房政策立案総括審議官が長であり，チーム員は大臣官房人事課長，
会計課長，企画調整課長，合理的根拠政策立案推進室長，政策評価広
報課長，経済社会総合研究所総務部長であった．
③ 政府は体系的な評価を恒常的に実施する．言い換えると，評価システ
ムで実施されている評価は，その時 1 回だけ行う特別（ad hoc）な活動
ではない．また，過去に実施した評価から，今後実施される政策の
「将来の評価」のあり方を展望することもあるので，事前・事後に拘泥
するわけではない．
④ 評価システムは，評価を評価対象である行政機関の活動サイクル（予算
サイクルや政策サイクルなど）と関連づけて計画し，実践する．ただ，日
本の政策評価は総務省行政評価局が所管しているので，政策サイクル
を重視している．予算サイクルを重視した評価システムならば財務省
が所管する．[5]

　政策評価は評価システムを構成する主要な評価の 1 つであり，この政策評価
においてもさらに 3 つの評価方式，すなわち事業評価（project analysis / project
evaluation），実績評価（performance measurement / performance management），総合
評価（comprehensive evaluation / summative evaluation）が存在し，評価のサブシ
ステムを形成している（表 4 - 1）．
　また，政策評価は独立行政法人評価，ODA 評価と複雑に関わっている．独
立行政法人は，法人を所管する府省大臣が独立行政法人に提示する中期目標が
政策評価の対象となる．また，ODA 評価の中で外務省が担当する10億円以上
の無償資金協力プロジェクト，150億円以上の有償資金協力プロジェクトにつ
いては，外務省の政策評価担当官（組織名称は時折変わる）が事前評価を行う
（ODA だけでなく，他の公共事業にもこの10億円と150億円のルールが適用される）．ODA
評価と公共事業評価について事後評価は共通して 2 つ，政策評価法が実施を求
めている評価がある（第 7 条）．すなわち「未着手案件」（政策決定後 5 年を経過し
た時点で事業実施に着手されていない案件），そして「未了案件」（政策決定後10年を経

表4-1　日本政府の評価システム

評価主システム名称	評価サブシステム	所　管
政策評価 2002年度から実施	事業評価 実績評価 総合評価	制度は総務省行政評価局 実施は各府省政策評価課
独立行政法人評価 1999年4月に57法人 2024年4月で87法人	行政執行法人評価[*1] 中期目標管理法人評価 国立研究開発法人評価[*2]	制度は総務省行政管理局 実施は法人を所管する府省官房と法人 の総務・財務・会計担当
行政事業レビュー 2013年度から	EBPMを実施するサブシステム	内閣官房と各府省大臣官房会計課
ODA評価[*3]	外務省事業評価 外務省国別評価 JICA事業評価	外務省国際協力局 国際協力機構評価部
科学技術政策評価[*4]	プログラム評価 プロジェクト評価	内閣府，経済産業省，文部科学省他

注：＊1　行政執行法人の職員は国家公務員の身分を有す．また防衛庁に防衛省（2007年）昇格で，駐留軍等労
　　　　務管理機構の所管は内閣府から防衛省に移行．
　　＊2　国立研究開発法人のうち物質・材料研究機構，理化学研究所，産業技術総合研究所は2016年に特定国
　　　　立研究開発法人による研究開発等の促進に関する特別措置法によって，特別扱い．
　　＊3　＊4　政策評価法の規定で事前評価が義務づけられている．評価方法が確立していると考えられたた
　　　　め．
出典：筆者作成．

過した時点で事業実施が終わっておらず未了である案件）の2つであり，これらについ
ては事後評価が求められる．

　このように，評価は個別に乱立しているのではなく，相互に連携していると
ころがあり，それをシステムと呼ぶ．

　政策評価を導入するとき，評価システムと評価サブシステム（表4-1）の総
合的な基盤整備は総務省行政評価局が行った．政策評価の基本方針（the evalu-
ation policy）と評価ガイドラインの策定について具体的な要領を定め，各府省
と協議して結果をとりまとめて公表した．また行政評価局は，各府省が政策評
価を客観的に行っているかどうか点検する客観性担保評価や，政府全体の視点
で行う統一性・総合性確保評価を実施している．年度ごとの政策評価サブシス
テムにある3方式の選択と実施は，政策評価を実施する各府省の政策評価担当
ユニットの権限（responsibility）に委ねられており，各府省の政策評価の実施計
画で公表されている．

　なお，評価システムは少しずつ変化し，バリエーションが出てきている．言

い換えると固定化されていないし，不変でもない．たとえば，府省では府省幹部や政策評価有識者会議からの要請，アドバイスで実施計画に対象を追加して評価を行う場合もある（2023年8月9日第46回 防衛省政策評価に関する有識者会議「装輪装甲車の事後評価実施後の状況についてのフォローアップ」）．もちろん，ODA 評価や研究開発評価は，政策領域ごと（たとえば政府開発援助政策，科学技術政策の領域）に評価を置いているが，行政事業レビューのように各行政領域（各府省の所掌領域）を横串的に横断する評価とその有識者委員会も存在する．さらに各府省縦割りで実施する政策評価だけでなく，政府全体の評価もあり，総務省の客観性担保評価，総合性・統一性確保評価のように政策システムを総合的に見る評価も存在する．逆に言えば，内閣府は政府の司令塔なので政府全体を見据えた総合的評価をしていると考えると間違いで，内閣府の所掌の範囲内でのみ政策評価（事業評価）を行っている．内閣府の司令塔機能は，政策評価に関して言えばセクショナリズムを尊重しており，消極的な機能の活動になっている．

（2）システマティックにデータを集める機能

　日本の現場では evaluation と measurement，monitor を区別しないが，英語を使う外国政府や国際機関では表4−2のように区別している．その結果が，いわゆる Measurement and Evaluation（M & E）である．M と E のいずれを採用するのかによって，システムの機能が異なってくる．

　とくに重要なデータ収集の機能では，どんなデータを，いつまでに，どのぐらい集めるのかという観点が必要である．その際に考えるべきなのは評価の目的であり，評価目的はアカウンタビリティの確保，マネジメントの支援，専門分野への知的貢献の3つだと評価専門家たちは説明してきた．欧米の評価の先進地では，この3目的は制度化が進み，すみ分けが確認され，調和がとれている．他方で，評価の後進地の担当者は，アカウンタビリティ確保と教訓獲得（learning）のいずれの目的を重視すべきかで悩む．

　評価専門家は，そうした悩みに答えるため，たとえば表4−2を踏まえながら解説するが，その根幹にあるのは政府で採用されている評価システムに関する基本認識である．評価で何をしたいのか，どのようにシステムを設計したいのかに関わる認識である．この認識を欠いたまま評価制度の設計に着手すると初期設定に失敗し，使えない評価になり，誤った目的のために無理な評価システムを構築することになる．多くの場合，単純にモニターをかけ，政策，プロ

表 4‐2　業績測定・モニター・評価の関係

方　法	業績測定	モニタリング	評　価
対　象	プログラム	プログラム	プログラム
目　的	外部への報告：アカウンタビリティ	プログラムのマネジメント	プログラムと政策の改善（learning）
担　当	会計課，人事課	原課〈事業担当課〉	政策課
時　期	事後が主で定期的	中間，短期	終了後の総括，長期
学　問	経営学，財務管理	会計学，管理会計	応用社会科学，統計学
視　点	財務管理のアカウンタビリティ	マネジメント，実施の改善	政策とプログラムの改善
評価結果の利用法	外部の利害関係者に，プログラムの業績をフィードバック	実施機関のマネージャーにプログラム運営情報をフィードバック	政策作成者にプログラムの結果（アウトカム）とインパクトの情報をフィードバック
課　題	業績基準の定義が困難	政策プログラムでなくてもできるので，対象は混乱ぎみ	プログラムの特定が困難

出典：Kettner, Moroney and Martin ［1999：217］を参考に筆者作成.

グラム，組織活動すべてを対象にした数字を集めることになる．この区別をしないで数字を並べる杜撰さを，逆に評価の使い勝手の良さだと誤解した人もいた．

　かつて2000年前後，業績測定・モニター・評価の本質を理解しないまま評価制度を導入したいとの要望する府省や地方自治体が出現した．そうした要望に応えるため，さまざまなコンサルタント，専門家と称する大学の教員，公認会計士の手を借りてこの要望に対応できるような汎用性はあるが政策課題に対応できない評価システムを作っていった．その後法律や条令ができて全面実施されるが，法律や条令のおかげでこうした汎用的な評価はやめるにやめられなくなった．結果，汎用評価システムは生き延び，しかし形骸化し，無理で過剰な作業が伴い「評価疲れ」が目立つようになった．

　また日本では，政策評価とは無関係に2016年頃から政府与党議員や経済学系の研究者の間でエビデンス・ベースの政策立案（EBPM）が注目され，それは政策評価システムへの応用が模索され，EBPM制度が採用された後には担当のポストが審議官クラスで置かれた．

このエビデンス・ベースで評価を考える方向は，諸外国の評価理論の分野で
もそれほど古い話ではなく，2002年頃に議論がはじまり［Pawson 2002］，2009
年にはブームになっていた［Hansen and Riper 2009］．ただしエビデンス・ベー
スでの政策作成には４つ障壁（バリア）があって，導入が難しいと指摘されて
いた［Stoker and Evans 2016：18］．仕組み上のバリア（仕組みを作って実施するメ
リットに理解がないばかりか無関心で，しかもリスクを避けたい文化が数字を出すことに躊
躇），置かれる環境のバリア（メディアの過剰な数字拘泥，政策領域の混雑，過剰な期
待，多層的な政府体系の問題），制度的なバリア（政策担当者に明確な権限がないので熱
心さがない，特別なアドバイザーがアジェンダセッティングを支配してしまう），システ
ム上のバリア（政治家の支援がない，短期的な予算とプランニング，行政上の負担，
EBPM をやっても得しない）などであった．これら４つの障壁を日本の行政が乗
り越えたかどうか，判断は分かれるところである．ただ，日本では行政事業レ
ビューの「強引さ」が障壁を緩くしている部分があり，また政府与党のイニシ
アチブで導入が進んだため，表面的に EBPM 化が進んで，日本の評価システ
ムのデータ収集は充実したように見える．
　なお，もともと客観的な数字の第一は業績測定で得られる数字データであり，
会計情報，予算の執行状況（金額・執行率の%）がその基本になる．予算とは行
政組織が活動するときの費用見込み計画で，この費用で賄う活動の実績がアウ
トプットなので，予算とアウトプットを並べてみれば，何を行っているのか，
どの程度実績があるのか，費用の割に実績が出ていないなどの状況把握が容易
である．わざわざ「エビデンス」を持ち出すまでもない．EBPM を主張する
声がでたことを，政策学・評価学の進歩と捉えるか，あるいは会計や財務に対
する信頼の後退と考えるのかについては難しい．
　管理や予算，EBPM などの業績に関わる数字を収集するのがモニターで，
ここで得られた数字を踏まえて評価に進むと考えるのが伝統的で，わたしたち
が熟知した方法であり，それが評価システムの正しい応用であろう．したがっ
て，このようなモニターの経験を無視して突然「成果（アウトカム）ベースで
EBPM を始めよう」と主張する議論は極めて乱暴にしか見えなかった．成果
を見るためには長期間のレビューが必要で，仮に成果が出ない場合でも行政機
関の責任ではないことも多いから，政策担当者は無邪気にエビデンスを求めら
れても困ることになる．もちろん，そうしたエビデンスを収集できる専門家も
少ないし，データ収集と分析に時間や手間をかけられず，日本の官公庁によく

見られるように外部の業者に対して発注し，あるいは自分たちで何とか「やり繰り」してエビデンスらしく見えるように整えていくことになるだろう．

╬ 3．評価デザイン

（1）評価デザインのプロセス

評価に取りかかるときに事前に考えておくべきプロセスがある．「評価デザイン」（evaluation design）を選択するプロセスである．そしてこの評価デザイン選択のプロセスは一定の方向，その道標が既に示されている．日本評価学会が，評価の方法，評価デザインの検討に関するハンドブックを作成したとき，評価デザインの作成プロセスを提示した［山谷監修 2020］．

このハンドブックを執筆した経験を踏まえて定義すれば，評価プロセスは，「評価をデザインするプロセス」である．どのような評価をデザインするのか，あるいは既存のデザインからどれを選択するのか，選んだデザインをどうやって運用するのか考えるプロセスである．欧米の評価研究においては，20世紀末までには評価導入の議論が終わり，21世紀には理論検討の段階が終わって，評価の実務書が評価デザインを紹介する機会が増えた（代表は Bamberger and Mabry［2020：188］）．デザインの内容は以下の①〜⑧に見られるように，マニュアルである．

① 評価対象の確認．政策，施策，事業，行政活動など．
② 評価対象に適した評価デザインを，複数のオプションの中から確認．
③ この確認に際しては評価能力，予算，人的資源，政治的制約の有無などを考慮．
④ 定量・定性などの評価のデザインの検討．無理な定量分析，根拠がない定性分析は避ける．
⑤ 評価を実施する社会環境の再検討．ランダム化比較実験（RCT）や社会実験ができない政治的状況がある．費用便益分析を良かれと思って始めたことがきっかけで，実施に反対が多かった事業が着手されてしまう感違いの場合もある．
⑥ 評価可能性の分析．質的手法と量的手法に使用するデータの存在確認，データ収集方法の決定．アンケートやヒアリングが可能かどうか調べ

る．政治的に実行できるかどうか（feasibility）の確認．評価可能性（evaluatability）の分析．なお，評価ができない場面は多い（想定外の天災，経済不況，外交問題など）．専門家が不在の時には評価の可能性は減少する（たとえば医療施策プログラムに医療の専門家は不可欠だが，評価の専門家も必要）．

⑦ 選択すべき評価デザインのオプションのリストを準備して，評価結果を見る人（顧客・関係者）に提示．あらかじめ，評価報告書や評価票の書式を決めておく．

⑧ その時点でのベストな評価デザインの選択・決定，そして実施．

こうした一連の流れは，実は社会科学における研究調査（リサーチ）の方法[7]と似ているため，実際の評価活動は評価専門家だけでなく，社会科学の専門家たちが評価を任されることもあり，したがってコンサルタントに加えて大学などの研究機関が担当する事例も多い（後述する外務省の国別評価ではコンサルタントや早稲田大学である）．要は，評価を担当する者がこの①〜⑧までよく理解していることが重要なので，評価や調査の専門家だけに限らない．

なお，専門家とは評価関連で博士の学位を取った研究者や日本評価学会が認定した上級評価士のレベルで，プロフェッショナル（つまり評価によって収入を得ている）の必要はないが，専門家の社会からはエキスパートだとリスペクトされているレベルである．なお，「畳の上の水練」，「机上の空論」では困るので評価に関する実務経験は不可欠である．

（2）評価デザインの実際

評価デザインのプロセスでは，評価に関わる作業工程がすすめられる．元来「プロセス」と言う言葉には工程・手順という意味があり，その評価に関わる実践活動である．作業工程で採用されるデザインの種類は評価の現場ごとに数が違うが，おおよそ10ある．この10のデザインから1つを選択して実施することになると説明する入門書もあり，そのタイトル（Real World Evaluation: Working Under Budget, Time, Data, and Political Constrains）に見られるように，便利さもあって版を重ねている［Bamberger and Mabry 2020：189］．

1．Experimental designs：実験デザインと呼ばれ，日本では近年 RCT（Randomized Controlled Trial）として知られる．もとは医療や製薬分野で使われてきた．

２．Quasi-experimental designs：準実験デザイン．実験デザインが物理
　　的に難しいときの代用．事前事後比較，with/without 比較がある．
３．Statistical designs 統計手法を使った評価．
４．Theory-based evaluations：セオリー評価．
５．Case-based evaluation-including qualitative comparative analysis：
　　事例研究で定性調査を使うが，比較分析を行うこともある．
６．Participatory and qualitative evaluations：参加型評価で定性調査を
　　行う．
７．Gender-responsive evaluations：ジェンダーに配慮し，ジェンダーを
　　分析視角の中心にした評価．「ジェンダー・レンズ」が知られている．
８．Complexity-responsive evaluations：政策をめぐる複雑な状況に対応
　　した評価．政策目的自体が複雑なときもあり（例：後発発展途上国におけ
　　る女性の社会的地位向上），逆に単純な目的でも対応する複数主体，その
　　主体それぞれが持つプロジェクトが複数の場合がある．OECD の
　　DAC が2019年にオリジナルの５項目，妥当性（relevance），有効性（ef-
　　fectiveness），インパクト（impact），効率性（efficiency），持続性（sustain-
　　ability）に加えて追加した評価規準である「整合性」（coherence）が重
　　要である．
９．Data science-based evaluations：データサイエンスを応用した評価．
10．Synthesis and review：総合的で総括的なレビュー．

　なお，この評価デザインの実際を実践的に紹介する試みは古くから行われて
いた．その代表は評価のツールキット・シリーズである（Program evaluation
kits, 1987, Sage）．入門書，いわゆるハウツー本を集めたシリーズで，当時の de-
sign や method の技術レベルだという留保があるが，それでも有用性は21世紀
の現在でも高い．理由は，各巻ごとに示している評価活動の分類が，今でも通
用するからである．

　　Evaluators Handbook：全体の入門書
　　How to focus an Evaluation：評価を行うための準備作業
　　How To Design a Program Evaluation：プログラム評価の代表的テキスト
　　How to Use Qualitative Methods in Evaluation：定性調査の難しい方法
　　の活用

How to Assess Program Implementation：プログラム実施を中間評価
How To Measure Attitudes：定性調査の前提
How To Measure Performance and Use Tests：業績指標，ベンチマーク
How to Analyze Data：定性・定量データの分析
How To Communicate Evaluation Findings：評価報告書の作成

　いまや古典になったこのツールキット（8巻）のテーマはそれぞれが大きな研究分野になっており，また長年の評価研究の成果は各国政府や国連機関においても実践されて，知見が蓄積されている．もちろん，この実践に貢献にしたのは政府開発援助（ODA）と社会福祉，さらには行政改革ツールとして評価を活用する担当者の評価経験であり，あるいは評価のグローバリゼーションと呼ばれる事態である[8]．

┼　4．比較から見た日本の制度化

　評価を学ぶ者の希望的な予測は以下である．
　評価システムと評価デザインの理解が進み，社会で実践されるようになれば，日常的に評価が行われるようになり，政策の成果の有無は明確になり，アカウンタビリティ能力が無い政策は減るはずである．同時に，評価活動が社会で理解されれば，市民の政策リテラシーも向上し，議会の行政監視活動や行政統制などをめぐる民主主義の諸制度は補強できるはずで，政府のガバナンスも向上するはずである．ただし，このような予測と展望は，評価を採用している国の政治文化，行政文化を前提にしなければ現実を見誤るのは明らかである．
　評価システムを比較して，その成熟度を比べた最初の試みは2002年の *International Atlas of Evaluation* [Furubo and Sandahl eds. 2002] であろう．ここでは評価を実践する範囲の広さ，評価の専門家の多寡，評価についてその国の社会が認知する程度，評価のプロフェッショナル組織の有無（評価学会や評価を行うシンクタンクなど），政府全体での制度化（この章で言う 'institutionalisation'），立法府が評価を制度化して実施する実態，評価者・評価機関が複数・多元的に存在するか否か，最高会計検査機関（会計検査院）が評価を実施する件数，アウトカム評価が多いか少ないか，などの9項目で評価が制度化されている21カ国について比較していた．各項目でイエスであれば1点で，日本は3点を得点，調査

した21カ国の最下位だった．順位は① アメリカ，② カナダ，③ オーストラリア，④ スウェーデン，⑤ オランダ，⑥ イギリス，⑦ ドイツ，⑧ デンマーク，⑨ 韓国，⑩ ノルウェイ，⑪ フランス，⑫ フィンランド，⑬ イェスラエル，⑭ スイス，⑮ ニュージーランド，⑯ アイルランド，⑰ イタリア，⑱ 中国，⑲ スペイン，⑳ ジンバブエ，そして㉑ 日本である．日本が最下位になった理由は専門家の供給不足，立法機関が評価をしない，国民が無関心（評価に対する国民的議論がない），専門家の組織（日本評価学会）のメンバーが少ないなどである．評価理論研究と社会実践との距離の大きさを反映して最下位になっていたと言うこともできるかもしれない．

それから20年後の日本の状況は複雑で，簡単に説明できない．ただし，日本の政策評価の特徴は，独特な発展を遂げてきたところにあると言ってもよい．

第1に，評価の認知度は高まっているが，それが政策評価に対する認知ではない．新聞報道に政策評価の文字が出ることはほとんど無い．また評価システムの混乱は続き「同床異夢」状態で，評価とは言いながら賞賛や価値判断のことを話していることがある．言い換えると，評価の制度化は進みそれなりの認知はあるが，正しい認知かどうかは不明である．その理由は，日本の政策評価が内部管理型になっているので，政策評価結果の活用も行政内部で行われ，各府省はそれをインターネットで公表しているが，一般市民が関心を持つ対象ではない．認知度が低い事実を物語っている例である．各地の政策系の大学学部では，カリキュラムに政策評価の講義がないことも多く，仮に講義があっても政策評価を受講する学生は少ないという事例もある．

第2に，政策評価は日本の場合，法律や基本計画，実施計画などによって具体的な実施要綱（ガイドライン）が定められており，これは日本の官庁における法律重視のジェネラリスト志向が影響している．ここでは評価とその背景にある社会科学的方法の能力の有無は問われていない．行政内部の経験知と実践知を持っているが，評価については「素人」の公務員ができる範囲での評価システムである．法令や内部規則を熟知し，あるいは公的文書を読み込んで理解できる能力と，それらを運用するスキルがあれば可能な評価制度なのである．逆に，こうした事情を知らない外部の市民にとって日本の政策評価システムは，法令や規則に拘泥する理解困難な「密教体系」になっている[9]．

それに関わる第3の特徴がある．すなわち，この章で評価システム，評価デザインを書き記したのは，それらがいかにもアメリカ的な丁寧さをうかがい知

ることができるからである．日本の実務，研究者向けの論文や文献には見られない，素人を前提にした懇切丁寧さがある．アメリカ的な丁寧さのもとでは，一定の教育・経験があれば，誰でも翌日から評価システムを理解し評価デザインを運用できるような仕組みになっている．これも「制度化」の特徴の一側面である．こうした丁寧さは日本の官庁の流儀とは全く違っている．終身雇用ではないアメリカの労働市場の特徴が現れていると言えるかもしれない．日本とは違い，国際社会の評価システムは「顕教体系」なのである．

この評価デザインや評価システムの作成や修正に関わる人にアドバイスするのは，評価の専門学会である．そして，この専門学会のイメージが日本では諸外国に比べると違っている．2000年に設立された日本評価学会は，日本政治学会（会員数1800人余）に比べると規模は小さく長年500人を前後する程度である．その会員は大学の研究者や大学院生，国の府省や地方自治体の研究機関，国立国会図書館，独立行政法人・研究開発機関などに本業がある．さらにNPO関係者は少ない．現職の公務員もメンバーにいるが，数は多くない．評価を使う[10]立場にある人が学会に参加して，経験知や実践知を研究者会員と共有することが望ましいが，それが可能になるレベルまで届いていないのが日本の現状である．

それに対して1986年に設立されたアメリカ評価学会（American Evaluation Association）は，設立当初は会員数が3000人，アメリカ50州のほか日本をはじめとして多くの国ぐにに会員を擁する（Encyclopedia of Evaluation 2005：17）．現在[11]（2024年5月8日）のホームページによると6000人以上のプロフェッショナルが参加している．そのプロフェッショナルが持つ学位の種類は政策学，評価学が多い．こうしたプロフェッショナルがアマチュアに評価デザインと評価システムの理論と実践知を提供するだけでなく，多くのプロ同士がその品質を高めあっている構図が見えるし，それが別の評価ポストへの転職のきっかけになっている．

日本の評価は，残念ながら本章で考えてきた「制度化」の観点から見れば，四半世紀たっても質と量の両面で制度化の途上にあると言わざるを得ない．社会科学のツールの応用が進んでいないため，社会科学研究になじまない評価の素人をベースにした制度化が「密教」化の様相を呈し，日本の評価システムの根幹になったからである．そこでEBPMのような新しいデザインを活用する場合，外部の有識者（大学教員やコンサルタント）の助言に頼ることになるが，そ

の助言が正しいのか間違っているのかを，一般行政職の公務員にとって判断するのは難しい．おそらくこの難しさを克服するためには，公務員の採用・研修方法・人事制度から再検討しなければ難しいだろう．

また，この現状に気づいた各地の政策系の大学学部・大学院は，2020年前後からカリキュラム内容を見直して応用社会科学にチャレンジし始めている．学部基礎教育での数量分析と統計分析を重視する方向である．もっとも，その成果が出るには長い年月が必要になるだけでなく，本気でカリキュラムを改正し，卒業要件を厳しくしなければならない．そのためには入学試験で数学を必須にすべきだとの無理な声も聞こえてくるが，この学部の学生募集ポリシーは，大学本体の経営ポリシーに抵触するので難しい．

こうしてさまざまな分野で評価システムと評価デザインをめぐる苦労は続き，大学教育や学問での混乱もあり，日本では評価の制度化はさらなる苦難の道を歩むだろう．

注

1）　制度化の実例として，経済学での説明がある［佐和 1982］．また制度化している場合にはエコノミストのようにその制度化された分野の知見・経験によって就職できたり，転職できたりするメリットがある．もちろんその知見や経験の品質保証する職業団体・学会の存在，学位保証が不可欠である．学部卒で一般事務職経験で制度化にのるのは難しい．

2）　システム工学とは社会問題を解決するためにシミュレーション，ゲーム理論，線形計画法，テクノロジーアセスメントなどの技法を使って対応する方法を考えるシステムの開発・デザイン．運用を研究と実践分野の総称［渡辺・須賀 1988］．

3）　たとえば，山谷清志・代表「ポストコロナ時代の公共サービスと政策評価——エッセンシャル・ワークの事例研究——」2021〜23年度がその例．新自由主義時代における公務員削減ポリシーの課題が，新型コロナによって明らかになった．

4）　政府（government）は広義では立法・司法・行政，地方政府（地方自治体）をふくむが，ここでは行政，とくに中央府省の意味で使う．

5）　アメリカの評価研究で政策サイクルと予算サイクル，評価サイクルを一致させている文献が多いのは，アメリカの連邦議会が予算作成の権限を持ち，議会機関である議会予算局がこの任務を担っている事が背景にある［Joyce 2011］．予算を作るのが行政内部で行われている日本とはこの点，システムの前提が違う．評価の制度化を検討する場面においてこうした背景事情の知識は重要で，外国政府の比較研究の知識がないと，評価の導入に失敗する．

6）　日本の府省における政策評価の実施計画とは，これら評価デザイン，評価ステップ

の概説書であることが多いが，実施計画の運用実態は，外部からはうかがい知れない．したがって評価の実施計画を対象にした研究はない．

7）　マルクス・レーニン主義を背景にした社会科学，思想や哲学などの重厚な社会科学ではない．これを理解しないと評価の本質を見失い迷子になるが，日本では迷子が多い．

8）　たとえば2024年3月7日にカンボジア政府と日本大使館の共催で政策評価セミナーがプノンペンで開催された．西欧流の民主主義ではない政府においても評価は必要になっており，しかもカンボジア政府のトップはODA評価と政策評価の区別を明確に認識していた．

9）　日本の官僚制には，外部の市民には見えない慣行がある．それはある省庁の専門的知見を有するポストが他省からの出向者で占められている慣行である．技術的な経験知と実践知，専門的ノウハウが必要だからである．たとえば防衛省の装備関係，外務省の国際協力での専門分野にそれが見られる．日本官僚制の別の一面であるが，これも一般市民には分かりづらい．

10）　日本評価学会メンバーに占める公務員会員の所属は総務省，防衛省，地方自治体，そしてこれらに関係する独立行政法人や研究開発法人などである．

11）　ここでプロフェッショナルというのは，評価によって生計を成り立たせているという意味である．また，弁護士や公認会計士のような国家資格ではないが，学会が定めた客観的標準により資質が認められていることも条件である．日本評価学会は上級評価士認定制度を持っているが，この資格要件に近い．経験，教育実績，研究業績などである．なお筆者もこの上級評価士の資格を制度開始時に取得した（2012年1月）．

第5章 評価システムの実際

　政策評価の制度化（institutionalisation）について言及した第4章に引き続き，第5章では政策評価に関連する他の評価制度について，政策評価との関係に言及しながら説明する．ここで明らかにしたいのは，それぞれの評価が，その得意な機能を果たしながら，複数存在する政府のアカウンタビリティ（accountabil-ities）の諸価値（規準）達成に貢献し，政府のガバナンスを健全化する努力をしている姿である．

　第5章では，日本の評価システムが貢献するアカウンタビリティの特徴を明らかにしたい．その中心は，独立行政法人制度と行政事業レビューである．

┼ 1．現在の評価システムが登場した背景

　これまで言及してきたように日本の政策評価は，橋本龍太郎総理大臣が指導した「橋本行革」とよばれる中央省庁改革（1996〜1997年）の中で生まれ，中央省庁等改革基本法（1998年）でその内容と方向が制度化された[1]．次の条文に政策評価に関する記述がある．

　　第四条六　国民的視点に立ち，かつ，内外の社会経済情勢の変化を踏まえた客観的な政策評価機能を強化するとともに，評価の結果が政策に適切に反映されるようにすること．
　　第二十九条　政府は，第四条第六号の基本方針に従い，次に掲げるところにより，政策評価機能の充実強化を図るための措置を講ずるものとする．
　　　一　府省において，それぞれ，その政策について厳正かつ客観的な評価を行うための明確な位置付けを与えられた評価部門を確立すること．
　　　二　政策評価の総合性及び一層厳格な客観性を担保するため，府省の枠

を超えて政策評価を行う機能を強化すること.

三　政策評価に関する情報の公開を進めるとともに,政策の企画立案を
行う部門が評価結果の政策への反映について国民に説明する責任を
明確にすること.

また独立行政法人については,その背景にある基本的なコンセプト,重要な
考え方関して,中央省庁等改革基本法は次のように言及していた.

第四条四　国の行政機関における政策の企画立案に関する機能とその実施
に関する機能とを分離することを基本 (以下略)

長年行政学者が政策形成,政策実施と分けて考えてきた理論が,この条文で
巧く説明され,法律によって制度として定着させられている.その意味で中央
省庁改革は日本政府のガバナンスの改革にとって大きな意味を持っていた.

この法律をうけて,1999年には独立行政法人通則法が制定され,また21世紀
に入って行政機関が行う政策の評価に関する法律 (いわゆる「政策評価法」2001
年) を,さらに長年懸案であった特殊法人の改革について着手する特殊法人等
改革基本法 (2001年) が制定された.この特殊法人改革は独立行政法人制度の
構築と密接に関わっている.

法律で特別に設置される法人である特殊法人は,行政改革推進事務局によれ
ば163存在した (2001年12月18日段階).名称は公団 (住宅・道路・水資源),事業団
(国際協力・鉄道建設),公庫 (国民金融・中小企業金融・農林漁業・北海道東北開発),
銀行 (国際金融・政策金融),営団 (地下鉄),公営競技 (競馬・競輪・モータボート)
などに分かれ,各省庁行政の外縁部にあって政策実施活動と関連業務活動を担
わせるため,多様な形態で存在していた.これらを政権が組織目的を確認し,
その組織実態が目的に対して合理的に存在していなければ廃止・縮減する,類
似の目的を持つ組織は合併という操作を続けた.これを「整理合理化」とよび,
2024年には34法人まで縮減した.

整理合理化には,法律の文言に見られるように,共通した目的があった.膨
大な領域の活動が国民からは複雑で見えにくいので,それを可視化して,コン
トロールしたいという目的である.可視化手段が政策を企画立案する組織と,
実施する組織の分離であり,それぞれをコントロールする手法が「評価」である.

ただ,この目的には当時グローバルに流行していた時代精神,のちに「新自

由主義」と呼ぶ経済学を使った政治を志向した精神が加味されていた．この精神が具体的に現れていたのが，公共部門を見直す視点を示した「行政関与の在り方に関する基準」（行政改革委員会1996年12月）である．「行政の関与は，市場原理が有効に機能しない「市場の失敗」がある場合に限り，関与も必要最小限にとどめる」と主張するこの基準の宣言は，その後行われた行政の活動領域やその関与の在り方を再整理する活動の方向を決めた．

この基準に基づき整理された後の行政が関与する領域とは，公共財的性格を持つ財・サービスの供給，経済安全保障，市場の整備，文化的価値がある領域，外部性（外部不経済）に関わる領域，市場取引が存在しない領域，市場の不完全性が出る領域，不確実性や情報の非対称性がある領域，市場参加者の独占力が強くなる領域，電力・ガス・交通のように自然（地域）独占が見られる領域，価格規制や助成措置が許容される領域，公平の確保・機会の均等が必要な領域（ただし弱者対策には要説明，金銭助成を優先，地域間・世代間・産業間で考える）などである．基準が示されれば，その基準にもとづき評価する活動が続く．こうして日本の20世紀末は，次に来る「評価の時代」を準備していた．

╈ 2．独立行政法人とその評価

独立行政法人とは，国や地方自治体の行政から独立して，公的な機能を担う法人のことである（ここでは国の独立行政法人を中心に議論する）．政策学的に言えば，中央省庁等改革基本法の第四条四にあるように，政策の企画立案は政府省庁の中枢（本省の官房総務部門や各局の執行部）が実施，しかしその政策実施は必ずしも省庁が直接担当しなくてもよく，外局や実施を担う庁が担うこともある．公共事業や義務教育のように，地方自治体が国の監督下で実施することもあり，場合によっては民間企業が委託で行うこともある．そして，ここで取り上げる独立行政法人が行うこともある．

行政改革会議「最終報告」（1997年12月3日）の29ページには「政策の企画立案機能と実施機能の分離」の考え方が明記され，新しい行政組織の編成に当たっては，「政策立案機能と実施機能の分離を基本とし，それぞれの機能の高度化を図ることとすべき」と言う．具体的には「政策立案部門と実施部門の責任分担の明確化」，「政策立案部門の実施上の責任の負担を軽減し，政策立案に専念できるようにする」，その上で「政策の企画立案機能は主として本省に，

表5-1 独立行政法人制度の歴史

1997年	『行政改革会議最終報告』 独立行政法人制度導入検討指示.
1998年	中央省庁等改革基本法 独立行政法人制度の導入明示.
1999年	独立行政法人通則法制定，89の事業・事務を法人化する「基本方針」
2001年	独立行政法人通則法施行 第1次独立行政法人化（「先行独法」，57の試験研究機関）
2003年	第2次独立行政法人化，「特殊法人等整理合理化計画」の30法人を独立行政法人化，国立大学法人法（国立大学法人89や大学共同利用機関4法人）も独立行政法人化. 同年，地方独立行政法人法も制定（公立病院・公立大学・公立研究機関）.
2004年	国立大学法人，発足.
2013年	独立行政法人改革等に関する基本的な方針，閣議決定（12月）. 100→87法人.
2014年	特定国立研究開発法人の対象法人として「理化学研究所」「産業技術総合研究所」が浮上するも「STAP細胞問題」で頓挫（4月）.
2014年	独立行政法人通則法改正：3類型化を指示.
2015年	中期目標管理法人，国立研究開発法人，行政執行法人の3類型発足.
2016年	特定国立研究開発法人による研究開発等の促進に関する特別措置法，制定.
2016年	同法第2条の「世界最高水準の研究開発の成果の創出が相当程度見込まれるもの」として，「物質・材料研究機構」「理化学研究所」「産業技術総合研究所」の3法人を，特定国立研究開発法人に指定.

出典：筆者作成.

実施機能については可能な限り外局，独立行政法人等の組織に分離する」．さらに企画立案部門には政策評価が重要だと宣言するのである．

独立行政法人が，一般の行政組織と違う点は，4点ある．まず第1に，会計原則制度を改革して複式簿記と発生主義会計を使う独立行政法人会計採用し，また運営費交付金制度（「渡し切りの交付金」制度）を使っているところである．運営交付金を使って行う業務とその人件費には効率化（節約）の圧力がある．

第2に，法人の定員を原則で総定員法（行政機関の職員の定員に関する法律，1969年）の枠外にしたことで，外見上は国家公務員の数が大幅に削減された．

第3は目標管理手法を徹底した点で，中期目標を主務大臣が定め，この目標を達成するための中期計画・年度計画を独立行政法人自らが作成し，主務官庁に「認可」を得る仕組みをとった．

第4に一般行政組織よりは遙かに強く透明化を求めた点で，透明化はとくに会計面で実施された．独立行政法人の財務諸表，中期計画・年度計画，評価委員会の評価結果，監査結果，給与支給基準等はすべて公表する．

日本の独立行政法人制度の歴史を振り返れば，1997年『行政改革会議最終報告』によって始まり，その後の中央省庁等改革基本法を経て，さまざまな経緯をたどったことがよくわかる（以下表5-1）．ただし，20世紀末の改革理念は大

幅に修正され，あるいは後退している．

公的文書に明確な記述はないが，日本の独立行政法人は，制度そのものはイ
ギリス政府がサッチャー改革で採用した「エージェンシー」とは違うとの指摘
が早くからあった［浜川他 1999］．しかし，そのコントロール方法（業績評価）に
関しては，イギリスの「エージェンシー」制度に着想を得ている［山谷 1990a；
山谷 1990b；岡本 2001］．エージェンシーは準自立的な組織，つまり行政から自
立しているが，完全な自立ではない組織として位置づけられるからである［Pol-
litt et al. 2004：8-9］．

たとえばエージェンシー制度は，それを採用していたフィンランド，オラン
ダ，スウェーデンなど，国ごとにバリエーションがあるが，エージェンシー制
度を大幅に導入したイギリスでは，省庁から直接に指示を受ける上下関係の下
請け機関としての立場にあるわけではなく，一定程度の自由がある．エージェ
ンシーのトップ（the Chief Executive）は公募で選任し，大臣との契約によって
その任務に当たる．業績が良い場合にはボーナスが出る．それでも民間企業で
はない「公的な」組織なので，営利獲得を主目的としていない．当時この制度
を採用した国の想定では，刑務所の運営，森林資源の保護，福祉サービスなど，
政策の実施をになう専門的な組織がこのエージェンシーと考えられている．

日本の独立行政法人も，公行政ではないが（したがって職員は公務員ではない場
合が大半なので国家公務員数の削減に貢献），所管の府省の指揮下に入るので「準」
政府機関である．「準」政府機関については Quasi-Autonomous National Gov-
ernmental Organizations（QUANGOs）という呼称もあるが，エージェンシー
とは違う使い方である．なお，日本語で「準」という意味は，法人の会計・財
務は民間企業に準じた複式簿記方式だということであり，また発生主義会計を
採用し，財務諸表を作成しその監査が行われるからである．つまり，官庁の公
会計ではなく，民間企業の組織運営形態に準じているからに他ならない．

独立行政法人化するメリットはいくつかある．業務の効率性・質の向上を常
に求めることができること，法人側は自律的な業務運営を確保できること，そ
して業務の透明性の確保（情報の公開）が行政組織より容易であることなどがメ
リットである．他方，行政組織はその基本において，治安維持・個人情報・公正
の確保・政治判断の関係などの理由で，すべて情報を公開できるわけではない．

各府省にとっては法人を遠隔操作的なコントロール下に置くことがまずメ
リットで，中期目標を府省大臣が提示すること，その目標達成の有無の検証に

独立行政法人がアカウンタビリティを負わされる．したがって目標達成できないときの責任は独立行政法人側にあることも各府省にとってのメリットである．目標達成にあたっては効率化が強く求められ，目標を達成できない法人は廃止の可能性があるので，法人は目標達成の業務に最大のエネルギーを注ぐが，その業務においても予算と人員の効率化を絶えず求められる．

　これは法人にとっては厳しい仕組みであったが，厳しくせざるをえない歴史的経緯が当時の日本政府，とくに独立行政法人の前身の特殊法人などにあった．代表例をあげよう．戦後から高度経済成長期に設立された特殊法人（公社・公団・事業団）の数が多すぎて統制できなくなったこと，それらの業務が専門化されると同時に細分化されて国民・国会の目からは見えづらかったこと，特別な会計制度が煩雑なので財政統制の網をすり抜けていたことである．さらに，組織が時代遅れになって「存在することだけが目的」になり，しかしその実態は各省庁官僚の天下り先と裏資金源になっていたこともあった．見えないところで不正が重ねられたこともあり（たとえば官製談合），それが隠蔽されていた事件も多かった．ここに国際潮流になった新自由主義型のガバナンス改革を日本政府が採用し（M. サッチャーが言う Value for Money 改革），府省庁と特殊法人関係者は独立行政法人制度の導入に抵抗できなかったというのが当時の状況であろう[4]．

　独立行政法人については独立行政法人通則法（1999年）第2条が，その業務形態について定義する．すなわち，この組織が行う業務・事業とは，① 確実に実施されることが必要な事務・事業だが，② 国が自ら直接に実施する必要のないもので，③ しかし民間主体に委ねた場合には採算上実施されないおそれが多い業務である（民営化・民間委託が難しい事業・業務）．④ したがって，法人に独占して行わせることが必要であるもの，と言う論理である．独立行政法人の組織形態を前提にして理屈を後付けした印象が強い．

　とくに④の特定法人に業務を独占的に任せる点が，競争メカニズムを機能させなくしている点で，本来のエージェンシー制度の特徴がない独立行政法人制度にしている．もし別の組織が同じ業務を，より良い品質で，より低コストで行う組織があればそちらに任せる，そのような選択肢がなくなっている．結局は特定の府省が特定の独立行政法人抱え込み，この法人を対象に永続的にコントロールする体制になっている．もちろん，組織の存在が前提であれば，指示に従ったか否かが組織を評価する判断規準になり，また節約が判断規準（重要

価値）になる．節約を判断基準に採用すれば，組織と業務の存続・継続が認められたことになる．また効率は他の組織との比較ができなければ評価規準としては弱い．

2014年に独立行政法人通則法の改正で3つに類型化された独立行政法人の性格（中期目標管理法人，国立研究開発法人，行政執行法人）は，そうした独立行政法人法の組織の特徴を詳しく説明しながら，日本における行政文化の伝統，「官」の慣習の中で独立行政法人制度を再定義していくことになる．中期目標管理法人（2024年度で53法人）は，中期的（3〜5年）な目標・計画に基づき，国民の需要に的確に対応した多様で良質なサービスの提供を通じて公共の利益を増進することを目的とする法人である．また，研究開発法人は研究開発の長期性，不確実性，予見不可能性，専門性という特徴を持ち，業務内容については自由度が高い．さらに行政執行法人とは府省の業務を代行して執行する法人で，確実に府省の業務を執行することを求められるので自由裁量は少ない．なお，行政執行法人の役員と職員は国家公務員である．

ところで，独立行政法人の評価制度に関しては1つ大きな特徴がある．イギリスのエージェンシー評価を参考に，新自由主義思想の影響を受け，民間企業経営思考を取り入れた独立行政法人の評価制度は，民間との競争を意識したはずの「エージェンシー」モデルから逸脱しているところである．こうした独立行政法人の日本的展開をここでは「ガラパゴス化」と呼ぶ．ガラパゴス化とは，かつて2008年頃日本の携帯電話についてその独自の発展を説明して出てきた言葉で，日本の携帯電話が国際市場のグローバル・スタンダードから逸脱している有様を巧く表現していた（「ガラケー」）．日本の独立行政法人評価もガラパゴス化の道をたどった．ガラパゴス化と呼ぶ理由は，日本官僚制の特徴の1つである，文書による細かなコントロール重視にある．年度評価，中期目標計画期間の評価の作業では，財務・会計関連文書以外の評価文書作成で，「微に入り細を穿つ」作業が膨大に発生する．公文書として公表される以前の段階で，内部で発生する資料作成業務は，法人の末端職員から幹部に上がっていくプロセスで大量に発生し，資料は無駄に消費され，死蔵される［山谷・張替・南島編 2020］．その文書や資料の作成作業が「評価疲れ」の最大の原因になっている．

なお，独立行政法人評価は独立行政法人制度のはじまりから行政評価局が担当していたが，2011年に行政管理局に移管した．行政管理局が所管してきた「機構・定員管理」が，2011年に内閣人事局に移管されたからである．独立行

政法人の評価が，行政評価局から行政管理局に移管され，評価が管理の性格を強めて位置づけられるようになった．こうして独立行政法人評価においては，評価（evaluation）がマネジメント・コントロールとして行われる．評価と測定との融合も日本のガラパゴス化の１つであり，日本の評価全般に言える評価目的のマネジメントへの偏重がここにも現われている．

このように2020年代に明らかになったのは，国立大学も含めた日本の独立行政法人が，管理型評価によって府省に従属した下請け機関の様相を強めた姿である．府省との関係は評価を通じて細かく規定され，複雑に入り組んだ関係になっている．府省から出される改革や人員削減，費用の効率化などの圧力に対応せざるを得ない姿は，その典型である．

また法人数の削減圧力が，法人に無理をさせることもある．たとえば国立研究開発法人の宇宙航空研究開発機構（JAXA）は，組織風土が違う宇宙科学研究所，航空宇宙技術研究所（1955年設置），宇宙開発事業団（旧科学技術庁所管で1969年設立）が統合させられ，2003年に誕生した．そうした経緯があって，所管する府省が内閣府，文部科学省，総務省，経済産業省と４府省の「共管」になっており，したがってJAXAは評価関連文書を４つすべてに提出することになる．各府省は評価をコントロールの道具として使うため，JAXAでは本来の業務（宇宙関連の研究と技術の向上）に十分な時間をかけることが難しくなり，組織の基本的ミッションが阻害される状態が発生している．アカウンタビリティのジレンマ問題である．この点も「ガラパゴス化」と言って良いだろう．

このガラパゴス化は，独立行政法人評価だけでなく政策評価にも見られていたが，その傾向をさらに強めさせたのが，行政事業レビューである．

3．行政事業レビュー

行政事業レビューは，独立行政法人評価や政策評価のアイデアが諸外国にルーツを持つのとは違い，「国産品」である（民間シンクタンクの「構想日本」のアイデア）．その前身は2009年に自由民主党から民主党に政権交代した後に行われた「事業仕分け」である．日本政府での取り組みは「民主党行政刷新会議」が無駄な事業削減のために行った政治的な活動であった［枝野 2010］．その事業仕分けが形を変えて，内閣官房行政改革推進本部事務局が所管する行政事業レビューになった．

行政事業レビューの大きな特徴は，政策評価と組み合わせされて行われているところにあり，これが政策評価の姿を変えた．すなわち予算編成前に行うので事前評価への重点が移行（事業の事前分析表の採用），実績評価を重視したので業績測定が評価だと誤解する人を増やし，手法も目標管理スタイルを強調する．その中でEBPMが重視された．行政事業レビューはこのような形で政策評価の姿を変えた．もちろん，外部からの統制ではなく内部統制なのでアカウンタビリティは問えない．

行政事業レビューは対象を選ばないので，政策活動だけではなく，独立行政法人が行う業務活動，特殊法人の事業（たとえば沖縄科学技術大学院大学の施設建設など）もレビュー対象に含まれる（選ぶのは各府省の官房，とくに会計課）．この汎用性がある一方で，アカウンタビリティの追及にも 'learning' にも特化していないレビューが，どうして制度化されたのであろうか．以下でその経緯を説明したい．

（1）事業仕分け

事業仕分けは，民主党が政権についた直後の鳩山由紀夫内閣のもと，2009年秋に公開で行われた．事業仕分けの「仕分け人」（質問を行った後に評価や判定を行う人）[7] は，行政刷新会議議長が民主党の国会議員や民間有識者を指名し，会議は担当府省の副大臣・政務官からなるメンバーで構成された．仕分けの方法は，事業を担当する各府省職員が対象事業の概要を説明した後，仕分け人が質問し，この質問に事業担当者に応えてもらう方法で実施された．会議はそのすべてを公開したが，直接会場に行って観覧することも可能であり，あるいはネット中継も行われたので全世界から視聴が可能であった．限られた時間での説明をもとにその場で廃止や予算縮減の判断を下すので，対象になった事業の担当者には厳しく，「公開処刑」と呼ばれたこともある．

事業仕分けのねらいは，無駄な事業を廃止して，その予算で民主党が選挙マニフェストで掲げた事業の予算に転用しようとしたところにあった．ただし，事業関係者への過剰な負担，予算編成プロセスでの業務増大，評価体系と予算体系の不一致が原因の混乱［山谷 2012：152］，特別会計の複雑さ，対象になった独立行政法人事業の実務との齟齬などをきたし，混乱を招き，「仕分け」当初のやり方では難しくなった．担当者に説明をさせてカットや削減を判断する「仕分け」が思ったよりも難しかったこと，担当者ですらわかりにくい政府会

計実務が仕分け業務を難しくしていた．そもそも「仕分け」で疑問視される事業は「仕込み」の段階に問題があって，はじめから杜撰だったことが判明している．この杜撰さを発見できたことが事業仕分けの収穫だったかもしれない．そこで，民主党政権は監視のアプローチを絞り込んだ．

　たとえば，2010年に内閣官房の国家戦略室が定めた「予算監視・効率化チームに関する指針」（2010年3月31日）に基づき，予算監視・効率化チームが立ち上げられた．事業仕分けから行政事業レビューに移行する段階の方式である．チームリーダーは各府省の副大臣，サブリーダーが政務官，事務局長は大臣官房長という体制で，実務に当たるのは官房3課長の官房会計課長，官房総務課長，官房人事課長で，ここに企画調整や政策評価に関わる課長が加わる体制であった．もちろん，この体制に外部有識者も参加することになるが，内閣府の場合は内閣府本府入札等監視委員会委員長，政策評価有識者会議座長，官民競争入札等監理委員会専門委員などが参加した．ここでの方法が，行政事業レビューでも踏襲されているが，実務の便宜から，かなり簡便化されている．

　さまざまな理由のために，事業仕分けは関係者全員の物理的・精神的負担を軽減したマイルドな形で行政事業レビューに変化（後退）した．政権交代時の政治的ショーは，実務の世界に引き戻された中で，再度政権交代が起きた．

（2）行政事業レビューへの移行

　行政事業レビューについては，2013年に設置された行政改革推進本部（内閣総理大臣が本部長で全閣僚が参加）のホームページの説明が，簡略でわかりやすい．

　　各府省庁自らが，自律的に，原則全ての事業について，EBPM（エビデンス（根拠）に基づく政策立案）の手法等を用いて，事業の進捗や効果について成果目標に照らした点検を行い，事業の改善，見直しにつなげるとともに，予算が最終的にどこに渡り，何に使われたかといった実態を把握し，外部の視点も活用しながら，過程を公開しつつ事業の内容や効果の点検を行い，その結果を予算の概算要求や執行等に反映させ，また行政事業レビューシートを予算編成過程で積極的に活用することで，事業の効果的，効率的な実施を通じ，無駄のない，質の高い行政を実現するものです．

　自由民主党が政権復帰した2012年の後も，自由民主党政権下で民主党政権時代の行政事業レビューは継続された．行政事業レビューは内閣官房の行政改革

推進本部が制度を所管している．対象事業の選定は所管するすべての事業の中から各府省幹部が指示し，それをその府省の会計課が中心になってとりまとめ，個々の事業選定はレビュー・チームが行う．各府省が選定した外部有識者と行政改革推進本部が選んだ外部有識者が書面（レビューシートと説明資料のポンチ絵）をみて，また各事業担当者の説明を聞きながら公開の場で点検しているが，その際に有識者は事業がベースにしたデータ（EBPM）と事業を構成するロジックの流れを重視し，事業の成果（アウトカム）を確認している．インターネットでのオンラインを使用した公開や資料保存も行われており，透明性と追跡可能性という点で，かつての事業仕分けの長所を引き継いでいる．

　一言で言えば，行政事業レビューによって，日本において国民が政府（行政）を監視する方法は容易になった．全府省共通のレビューシートを採用し，公開しているからである．また，このシートに記載する内容，事項は共通して決まっている．すなわち政策評価とレビューとで共通化した事業名と事業番号，事業の目的，開始年，終了予定年，現在の担当者，事業概要とその参照先や資料入手先（URLなので一般国民にとって便利である），事業の下請け実施機関名（コンサルタントや独立行政法人・国立大学法人・民間企業・NPOなど），入札時の経緯（随意契約の場合にはその理由），予算の種類（一般会計・補正予算・基金），過去の予算の執行状況（予算執行率の年度変化）などが記載されている．シートの総覧性・一覧性は高い．

　行政事業レビューによって政府活動の透明性（transparency），活動の過去の経緯を遡ってたどる遡及性（traceability），つまりアカウンタビリティは格段に向上したと言って良いだろう．とくに予算の流れをインプット―活動（アクティビティ）―アウトプットとしてレビューシート上で確認できるようにしたことが，大きなメリットになっている．毎年5月から7月に行われる春のレビュー，秋のレビューと共にこの行政事業レビューは予算編成スケジュールに合わせて行われる恒例行事になっている．

　しかし，この行政事業レビューには課題がある．

　第1に事業と政策の区別である．たとえば予算が事業単位で付いているように，行政の実務の実際は事業なので，レビュー対象は事業である．ここではpolicy-program-projectの政策体系上の整理が国民には分からないまま，レビューは進んでいる．かつて内閣府で政策評価と行政事業レビューとの関係を整理したこともあったが，いまはその整理の説明がないまま，政策評価と融合

させて実施されているのが実情である．言い換えれば，国民から見れば政策評価は事業評価に矮小化されている．レビューの運営実態として見れば事実上，事業レベルでの実績評価方式であるが，この点については説明がない．政策評価の総合評価方式（プログラム評価），実績評価方式（performance measurement）との区別は曖昧にされ，その中での事業評価方式（project evaluation）の業績測定なので，レビューと政策評価との役割の違いの説明はみられない．

第2の課題は，行政事業レビューが次年度の予算業務と関係しているため，レビューとよばれる評価は事前評価の話，将来指向になってしまうことである．この行政事業レビューは「回顧の反省」（retrospective review）ではないので，政策評価の重要な機能，総括的評価（summative review）は少なくなる．政策評価の本来の役割だった効果が出ない政策の廃止，中止は，見られなくなっている．

第3に，事業とその予算に重点化したため，事業所管課の存在が大きくなっている．ボトムアップ型の政策対応なのであるが，そのため社会に生起する政策課題を，課・室の枠だけで対応する状況（課題や問題の細分化による部分対応）を助長することになる．いわゆる「セクショナリズム」の弊害である．内閣や府省幹部の交代に加えて公務員の宿命である人事異動（2～3年で移動）も相まって，政策課題への対応の責任，アカウンタビリティは組織的にも時間的にも断片化する．過去の経緯を踏まえて行う，政策課題に対する長期的展望は弱くなる．長期的展望には本来，政策評価の総合評価方式が重要であったはずだが，あまりみられない．総務省が行う総合性担保評価，統一性担保評価だけでは手が回らないはずである．

このような課題が見られる行政事業レビューであるが，地味で目立たなかった政策評価を補強するメリットがあり，予算に敏感な公務員に対する影響力も強いという長所を持っている．ただし，行政事業レビュー自身を長期的にレビューする研究が必要であることは間違いない．評価の評価，メタ評価は行政事業レビューにも必要である．

┼ 4．その他の評価
──総務省の行政評価・監視と行政相談制度──

日本政府内には「行政評価・監視」と呼ばれる機能が存在する．行政評価局がかつて行政監察局だった頃には（2001年まで），行政監察（administrative inspection）として実施されていた業務である.

　行政評価・監視は現在，総務省行政評価局が行う機能であり，同じく行政評価局が所管する「政策評価」と並んで政府全体を対象に評価し，監視する機能である. 政策評価が政策の評価であるのに対し，そのねらいは行政運営の改善・適正化であり，主に合規性，適正性，効率性等の観点から行政機関の業務の実施状況について評価・監視を実施する. 行政評価・監視の実施体制は，全国計画調査と地域計画調査とに分かれる.

　全国計画調査とは東京にある本省の行政評価局が計画を策定し，地方に置かれた6つの管区行政評価局，四国行政評価支局，府県に置かれた行政評価事務所，行政監視行政相談センターを活用して全国的な調査を行い，その結果に基づき改善策を取りまとめ，関係府省に勧告等をする. 勧告の実効性を確保するため，勧告に基づき行政機関が講じた措置について報告を求め，必要に応じフォローアップ調査を実施している. また，地域計画調査も行っており，地方の管区行政評価局が独自に地域住民の生活に密着した行政上の問題を取り上げ，独立行政法人や特殊法人等とその出先機関，国立大学法人を対象に地域的な調査を実施し，必要な改善を図っている. この際，「行政相談」は重要な情報源になっている.

　総務省の行政相談制度は，総務省の前身（行政管理庁）が，1955年2月に「苦情相談暫定処理要領」を策定し，国民の行政に関する苦情等を聞いてその解決を促進するための相談窓口を開設したことに始まる［総務庁史編集委員会 2001：299-315］. 1960年5月に行政管理庁設置法の改正が行われ，行政相談制度は，法律上行政管理庁の所掌事務として規定された. あわせて，地域の民間有識者に国民の苦情を聴いてもらう制度，「行政苦情相談協力員」が1961年に行政管理庁長官の委嘱を受けて全国の主要市町村に配置され，これが1962年「行政相談委員」に名称変更，1964年には全国の市町村に配置される. 1966年には行政相談委員法として成立する.

　行政相談制度は，苦情救済の簡易な方法で，国民からは使い勝手が良く，身近かな存在である. 制度の中心で活動する行政相談員がその鍵で，「多面的な役割」を演じている［山谷清秀 2017］. 行政相談委員は，行政相談委員法に基づき総務大臣から委嘱された民間有識者で全国に約5000人が配置されている. 無報酬で，国・地方自治体の行政全般・生活に関する苦情や困りごと，行政の仕組みや手続に関する問い合わせなどの相談を受け付け，相談者への助言や関係

行政機関に対する通知などを行っている．国，地方の官公庁の枠にとらわれず，どのような苦情でも受け付けるところに特徴がある．なお，この行政相談の中で国民生活全体に重要なものは中央の行政苦情救済推進会議で議論することになっている（1987年から）．また，地方はそれに先立ち管区の行政苦情推進会議（1981年度から北海道・九州管区行政監察局（現・管区行政評価局），1982年度から近畿管区行政監察局において開催）を持っており，同じように地域にとって重要な問題について議論し，解決までの道筋を付け，総務省はじめ関係行政機関に繋いでいくところに特徴，メリットがある．

─┼ 5．さまざまな評価

政策評価は単体で存在する制度ではなく，さまざまな諸制度，多くの評価の仕組みと共に評価体系を形成し，その体系の中でシステマティックに，同時に並行して，重なり合って運用されている（表5-2）．その一端をこの第5章では明らかにした．

政策評価と重要な関係にある他の評価として「実施庁評価」を指摘しておきたい．中央省庁等改革基本法に基づき，主に政策の実施機能を担う組織として，2001年1月の省庁再編時に7省庁に9実施庁が設置された．その後，防衛施設庁（当時の防衛庁）と社会保険庁（厚生労働省）は不祥事などの理由で廃止された．郵政事業庁は民営化され株式会社になっている．国土交通省の海難審判庁は海難審判所と運輸安全委員会に移管された．この結果，現在は4省5実施庁となっている．公安調査庁（法務省），国税庁（財務省），特許庁（経済産業省），気象庁・海上保安庁（国土交通省）である．いずれも，各省の重要な政策の実施組織であり，中央省庁改革の重要な考え方だった「政策の企画立案と実施の区分」に従った実施機関で，その実施状況の定点観測が政策評価にとって重要な情報源になっている．この情報とは，現状を数字で表す基礎データに近く，その基礎データを見て政策評価の判断を行っている．

たとえば実施庁である特許庁が重要な役割を演じている経済産業省では，具体的な目標を設定し，その達成状況を見ている．すなわち，① 特許・意匠・商標の審査期間の短縮を目標．これらについては一次審査通知までの期間と，権利化までの審査期間との短縮を目標としてかかげ，その短縮の達成目標を維持する．② 商標の拒絶査定不服審判の審理期間についても目標を掲げ，達成

第5章　評価システムの実際　*83*

表5‐2　評価の種類

	名　称	主たる方法	ポイント
政策評価	総合評価	政策体系評価 プログラム評価	システムの綿密な調査
	実績評価	実績測定	汎用性がある目標管理型評価で EBPM
	事業評価	事前評価 事後評価	公共事業，ODA，研究開発では事前評価が義務づけ
	規制の評価	費用便益分析など	事前中心だが事後もある
	租税特別措置の評価	概算要求前にチェック	新規は認められない事が多いが，継続はある
行政事業レビュー		実績評価と組合わせ	ロジック　デザイン　EBPM
独立行政法人評価		実績測定	中期目標期間評価，年度評価，法人独自事業の評価の整理
実施庁評価		実績評価	特許庁・海上保安庁・国税庁・気象庁・公安調査庁で目標管理型測定
ODA 評価 (外務省と JICA)		すべてある	本書第10章で説明
研究開発評価		総合評価に近い	複雑で混乱している

出典：筆者作成.

　に努力する．③中小企業支援に係る施策策目標を掲げる，である．担当するのは経済産業省大臣官房業務改革課政策評価担当である．これらの目標数値の動きについては日本の産業政策，経済政策のグローバル展開にとって極めて重要なので365日，24時間詳細にチェックしている．なお，英語だけでなく，中国語などの外国語に堪能な職員も多数雇用している．

　政策評価だけで日本政府のすべての「健康診断」が可能になるわけではないので，以上のようなさまざまな評価制度が採用されている．しかし，重要な問題が残されている．現場の評価実務担当者の資質問題である．たとえば，評価と測定の意味の違いを意識していないことである．評価と測定が別々に生まれてきた経緯は，実務にとってそれほど重要ではないかもしれないし，その知識は実務上必要ないからであろう．また，国民も政府における評価と測定，評定，等級付けなどがそれぞれ違うとは考えていない．もちろん，評価体系全体を見るシステマチックな対応も，国民サイド，あるいは報道機関で見られない．各府省の各課が，担当する評価や測定のためにデータ収集，分析と整理に追われ，他の部署で行われている測定や評定に関心はない事態も少なくない．評価のセクショナリズム化は行政組織のセクショナリズムを悪化させる．

この結果は，評価それぞれが違った機能と役割を持つ事実を忘れ，測定に困った働き（トップダウンによる現場事情無視）と限界があることに気づかず，霞ヶ関の視点を地域に押しつける，地方分権に逆行する事態を招く．現場の警報を見逃していることもありうる．

さまざまな評価の報告書が毎年公表され続けてきたが，「恭しく神棚に供えられているが，誰も中身を見ていない」問題が発生する．このような状況を招いた背景は何か．この点に関して，次章では過去の歴史に遡り，経緯を明らかにする．

注
1) 橋本行革の内容，各省庁と官僚たちの反応について，橋本氏自身へのインタビューも含めた記録の分析を行っている岡田［2024］が詳しい.
2) 基準（standard）は重量，距離，回数，時間などの客観的数字で表すものさし．他方，規準（criterion/criteria）は一定の規範（norm）にもとづく価値判断のものさし.
3) 「総定員法」の解説については岡田［2024］，第1章補論が詳しく分析している．ここでは独立行政法人制度と評価の関係についても触れている［岡田 2024：179-200］.
4) 筆者は2001年1月から10年あまり総務省の政策評価・独立行政法人評価委員会の専門委員，臨時委員を務め，多くの法人の業務内容，業務現場をみたが，初期の独立行政法人評価委員会の議事録に見られるように，不正や無駄を削減するためのさまざまな新しいガバナンス関連の仕事，慣れない評価書作成業務が増えて現場は忙しかった.
5) 評価を行う目的にはアカウンタビリティの確保，評価対象分野に関する専門的知見の確保，そしてマネジメントの支援の3つがある.
6) 事業仕分けが登場し，行政事業レビューに変わっていく経緯，政策評価との違いについては，すべてに仕分け人，外部民間有識者として関わった山谷［2012：146-52］の記述が詳しい.
7) 筆者もこの民間有識者に選任された．政策評価の外部有識者として内閣府，経済産業省，防衛省の委員を務めていたからだろうと推測できるが，選任された経緯は本人にも不明.
8) 所管とは，組織が法令で決められたその「責任と権限」（＝responsibility）で事務を管理することを意味する.
9) 総務省行政評価局の定員は発足時（2001年頃）1100人強，2024年では1200人余り.
10) 筆者はかつて1999年，盛岡市立桜城小学校が指定した通学路に横断歩道がないことで困り，電話で岩手の行政相談制度を頼り，教頭と一緒に現場に行って当時の岩手行政監察事務所職員に説明し，その後1カ月ほどで解決した．国の機関が盛岡市教育委員会，岩手県教育委員会，岩手県警などに働きかけた事例である.

第6章 政策評価と政策科学の時代

　21世紀の日本では，行政機関内でさまざまな評価が実施されている．政策評価はその中の1つであることは既に第4章，第5章において明らかにした．現状では，複雑に絡み合った評価システムの一部が日本の政策評価なのである．

　こうしたシステムを形成している評価（複数形）の定義は難しいが，その基本を説明すると，評価とは複数の社会科学（Social Sciences）で開発されてきた調査や研究手法の応用であり，さまざまな対象に，いろいろな手法が使われる．その実践にあたっては辞書で言うような「価値を定め判断する」機能は留保し，情報・データを収集し，それらを分析・比較して報告する機能が求められている．そのため，これら評価では共通して客観的であることが求められる．ここでの客観性とは，思い込みを排除し，先入観や偏見とは距離を置くことであり，また可能であれば関係者全員が納得できる表現（数字の場合もあれば文章のこともある）で事実（evidence）を説明し，評価結果を変に加工せずに公表する態度が求められる．そのため，評価担当者が誰であっても，同じ方法でデータを収集し，同じ分析手法を使えば，何度でも同じ結果が出る科学的な方法が求められる．別の人が評価したら，全く別な評価結果が出てくるのは何か間違いがあるからだろう．間違わないためには科学的方法を目指す努力が必要で，それが評価の第一歩である．

　第6章では，この科学，サイエンスに注目し，政策評価のルーツの1つである政策科学（Policy Sciences）の登場，発展，定着の歴史をたどり，政策科学が現在の政策評価にどのような形で影響を及ぼし，それがいかなる痕跡を残しているのかについて明らかにしたい．

┼ 1. 評価の潮流

　評価とは，現実を知るために情報を収集し，この集めた情報を分析する活動
である．したがって，さまざまな研究分野の手法を応用した実践活動である．
　この評価は，'evaluation' として注目される前の1950年代から多くの研究分
野において存在し，実務の異なる背景で使われてきた．しかし日本では，とく
にその経緯や歴史を確認しないまま評価に採用したために，混乱した．混乱を
治めるため，行政実務の一部では実績評価（パフォーマンス測定）を標準的手法
として採用したが，実績情報だけで政策の課題を理解し，解決に結びつけるの
は難しい．実績測定では拾いきれない情報や現実が多いという限界がある．そ
こで政策評価をはじめとする諸評価方法では，さまざまな方法を使って政策の
リアルな現実に接近する努力を重ねるが，その「さまざま」な方法の評価が多
数存在するために，混乱している印象を評価の素人に与えている．
　この混乱のもつれた糸を解きほぐし，それぞれの評価や測定を分類するため
に，ここではスウェーデンの評価研究者 Vedung［2010］の整理をもとに，
2020年代の国際動向も加えつつ，評価の歴史を紹介したい．すなわち，評価理
論とその実践は以下の4つの時期に登場し，波及・拡大していったのである．

　　第Ⅰの波　サイエンスの時代：1960年代〜1970年代，政策科学とシステム
　　　　　　　分析，PPBS
　　第Ⅱの波　参加と対話の時代：1970年代，住民参加・討議デモクラシー，
　　　　　　　プログラム評価
　　第Ⅲの波　市場志向の新公共経営（NPM）：1980年代〜1990年代末，「小さ
　　　　　　　な政府」運動と組織経営実績への accountability
　　第Ⅳの波　再びサイエンスへの接近，Evidence の波

　第6章ではこの4つの波の最初，「サイエンス志向」が政策に接近した状況
を説明しつつ，その科学を重視する政策学（政策科学）がなぜ政策研究の表舞
台から一時期退場したのか，そして半世紀後にどのような理由で再登場したの
かについて考察したい．もちろん，かつての「サイエンス思考」の様式や方法
論が，いかなる形で現在の政策評価に遺産として受け継がれているのか，この
点は重要である．仮に政策評価に課題が存在するならば，このサイエンスに原

第6章 政策評価と政策科学の時代

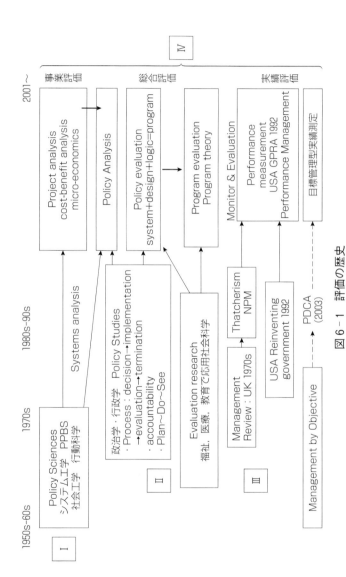

図6-1 評価の歴史

出典：筆者作成．

因がある.

＋2. 政策科学 (Policy Sciences) の登場

政策科学 (Policy Sciences) の名が歴史に登場したのは1951年である[1]. 政策科学をタイトルにつけた初めての文献 *The Policy Sciences* が Lerner と Lasswell によって Stanford University Press から刊行されたのが, この1951年だからである. この本は, 当時のヨーロッパとアジアの国際環境の危機を前提に, 国際社会と各国の安全保障, 民主主義を政策的に考えようとする努力の１つだった.

ふり返ってみるとこの1951年とは, さまざまな意味で重要である. 日本がサンフランシスコ平和条約によって国際社会に復帰した年だが, 冷戦時代の東西両陣営の一方の旧ソ連とは平和条約・友好条約を締結しないまま西側陣営に参加することを日本は選択し, またインドをはじめとする第三世界の国ぐに (言い換えると旧植民地だった開発途上国) はサンフランシスコ平和条約に関わっていない. さらに, 当時のドイツは東西に分断されたまま, 各国の軍隊が駐留していた. 日本政府がアメリカと日米安全保障条約を締結して, アメリカ軍の駐留継続と日本国内での基地使用を認めたのも1951年だった. それは, 1950年に朝鮮戦争が始まり, 北朝鮮を支援する中華人民共和国義勇軍・ソ連と, 韓国を支援する国連軍 (アメリカ中心) が朝鮮半島で戦っていたからである (休戦協定は1953年だが, 和平ではない).

この1951年に, ラスウェルが中心になり開催した国際社会とアメリカの進路を考えるシンポジウムの成果が, Policy Sciences の名前を付けて公表されたのである. この報告書の内容は, 政策を考える意味と意義 (Policy Orientation), サイエンスを使うことの重要性, 社会科学の方法を重視して確実に使うこと, 社会科学における定性研究方法の重視, 数理分析を使う心理学の方法への関心, 政策形成に自然科学の方法を活用することなど, 21世紀の現在政策学が持つ学際性と呼ばれる思考の先駆であり, 実際の政治や政策への応用を意図していた. ただし, その後の政策科学の歴史で既に明らかなように, ラスウェルたちの志は高かったものの, 議論は持続せず, 政策科学が表立って活躍する機会はすくなかった.

それから20年後の1971年, Elsevier 社が Policy Science Book Series の刊行

を開始したことで政策科学は一部復活した．ラスウェルはこのシリーズの１巻として *A Pre-View of Policy Sciences*（1971）を執筆している．それまでは，政府内のごく一部の政策専門家（官僚・議員・シンクタンクアナリスト）の仕事であった政策分析・政策評価関連業務は，社会で広く認知され，実践が容易なレベルになった．

実践可能だという具体的証拠は多いが，1970年代から1980年代にかけて日本で刊行された代表的基本文献を，以下に提示しておこう．

- ドロア［1975］『政策科学のデザイン』（宮川公男訳），丸善．ドロアは長年政策科学の発展に貢献し，日本（そして京都）をたびたび訪れて，政策科学・政策学の研究者にさまざまな刺激を与え，政策研究の発展に大きな影響をもたらした．
- 吉村融編［1980］『政策科学 活力ある行政への挑戦』旺文社．ラジオ大学講座のテキストであり，当時のラジオ関東で８月26日から12月２日まで放送された．内容は政策科学と政策形成（吉村融），政策過程と行政（綿貫譲治），経済政策の目的・経済政策の手段（野口悠紀雄），医療と政策科学（藤正厳），科学技術政策と政策科学（児玉文雄）．全15回の講義は大学院で行うレベルであり，これをラジオの通信教育で行っていたことはある意味で驚きである．
- 自治大学校・地方自治研究資料センター『自治研修』，特集「政策科学の現状と展望」，1986年９月号，No. 319．内容は阿部統「政策科学とは何か」，渡辺浩「政策科学の課題」，伊藤大一「政策科学の政策形成への貢献」，井川博「地方公務員のための政策科学の学習法」である．市町村の自治体職員向けの研修機関である自治大学校の定期刊行物は，自治体職員の研究成果の発表の場であり，また行政に関する最新の研究を広報する場でもあった．もちろん，実践志向が高く，政策科学は1980年代になって研究と共に行政実務においても注目され，公務員の研修材料にもなっていたことの一端がわかるだろう．もちろん，政策科学のメリットが認識されていたからである．政策関連知識の体系化，政策体系に従って構造化された合理性，行政内部で組織化されたノウハウの創造性を政策決定の改善に貢献させる，といったメリットである．もちろんそのためには，既存の学問の領域を越える強いエネルギーが必要だった．

政策科学はここから行動科学に接近する．政策科学と行動科学の関係について社会心理学者の南博は，その『行動理論史』(1976) の第 5 章「人間行動学の成立と展開」において明快に述べている．南の主張を要約すると次のようになる．アメリカのプラグマティズムから発生した「機能主義」が中心になった行動理論が社会学・心理学を中心に広がり，国民が非常事態における課題を政策的に解決する態度につながり (政策対応)，その方法を見いだすツールが「政策科学」(policy sciences) である．

　この行動科学に接近した政策科学は，理論と実践の両面でさまざまな隣接領域の専門家たちとの協力が必要となるが，その協力は「チームによる学際研究」(interdisciplinary team research) を促し，この学際研究は各研究領域でバラバラに使われている諸概念の統一を要求する．そのためには，どの領域にも共通する科学言語として数字あるいは記号による説明と記述が求められる．こうした説明に用いるデータは実験と測定を介して収集されるので，サイエンスの専門家たちが自然科学とその研究方法を社会科学の方法に応用するようになる．これが政策科学がサイエンスの方法を使う理由である．

　サイエンスの方法は，当時の言葉で表現すれば，情報理論，サイバネティックス，生物工学を応用した行動工学などにみられ，ここから政策科学は技術面，エンジニアリングを強調する．したがって，この部分では政策科学は「政策工学」と言い換えることも可能であろう [上野 2004]．この技術主義が当時のアメリカの国家に貢献するとアメリカの研究者が考えたわけで，それはきわめて濃厚なイデオロギー的性格を帯びていた．反社会主義，共産主義批判 (反共主義) のイデオロギーである．それは，先に述べたような政策科学が誕生した当時の時代状況，国際政治を想い出せば理解できるだろう．旧社会主義国家にない自由な思考，実験が可能な政策，社会主義の計画経済とは違う民主的「計画」を政策科学は求めていたのである．そして，その鍵は行動科学にあった．

┼ 3．行動科学 (Behavioral Science)

　行動科学とは，自然科学と社会科学の結合を大前提にして，心理学 (psycho-metrics)・人類学・社会学を応用し，数量主義と実験的方法を重視した新しい研究分野・専門領域，つまりディシプリンだった．そしてこのディシプリンを作るために必要な研究費を得ようとしたシカゴ大学は，1940年代後半から50

年代に吹き荒れたマッカーシズムの名残が強く残った上院への政治的配慮で「行動科学」という名称を使った．この名称であれば中立的で，社会主義と混乱されないだろうと選んだという［南 1976：215］．

その研究動機が生まれ，行動科学のディシプリンを必要とした理由は，当時のアメリカ社会に見られたソビエトとの冷戦での核戦争危機，自由主義陣営にとどまろうとする途上国への支援，労働者のモチベーション維持，精神疾患の増大，人種差別，少年非行など，アメリカ国民も政治家も認識した社会ニーズにあった．古典的な政治学，経済学，歴史学などに見られない研究スタイルは，アカデミズムに大きな変化をもたらしたので，「行動論革命」（Behavioral Revolution）ともよばれた．

行動科学が持つ発想の特徴は，3点指摘された［武者小路 1972］．

- 実体概念の排除．社会現象の総体を全体的に描写・説明するのではなく，各研究者は互いに協力し合うことで社会現象の各側面に光を当てる．社会体系の全体を説明し尽くす理論体系を作るのではない．ただし，極度に専門化するので，局部的な問題の解明か，抽象度の高い理論モデルに全力を注ぐ恐れがある．そうならないために，「操作化」（operationalization）の手続によって自分の使う概念が現実の社会現象のどの部分に対応するか厳密に明示する努力が必要．操作化の例は，「権力」を誰が，何を，何時，いかに使うのかという問いに分解することである．
- 没価値性．数学における「公理」のような「基礎的な仮定」の上に理論体系を組み立てる．この基礎的な仮定については，研究者のイデオロギー的立場は問われない．左派・右派，保守・革新の立場は問題にされないので，主義主張が違う人とも議論可能．
- 予測可能性重視．一定の命題で仮説を立てて将来予測（とくにシミュレーション）．

行動科学の特徴は，行動科学が誕生することにつながった研究のテーマに表れる．すなわち，フォード財団が支援してスタンフォード大学に作られた「行動科学高等研究所」の「行動科学計画」（Behavioral Science Program）に具体的に示されている［関・犬田・吉村 1970］．

(1) 政治行動の研究．政治参加，政治的価値，政治指導者の特性．

⑵コミュニケーションの研究.

⑶価値と信条の研究. 表面に現れない価値, 価値の変化.

⑷個人の成長と発展の適応の研究. 生物的, 文化的, 心理的な要因.

⑸「一次集団」とフォーマルな組織(「二次集団」)の間での行動の研究. 個人の意思決定に集団が及ぼす価値, 大規模組織運営の効果的な形の研究.

⑹経済システムの行動的側面の研究. 労働者の生産性と心理的要因, 大企業の大量生産の心理的・社会的な効果などの研究.

⑺社会階級と少数者集団の研究. 階級構造の中での個人の移動と政治行動への特性, 民族間関係のよい関係を保つ方法.

⑻行動に及ぼす社会的抑制の研究. コントロール, 合法的な規則が実際の行動に及ぼす効果, 国際緊張がある時期での社会的コントロールと個人の自由の関係などの問題.

⑼社会的・文化的な変化の研究. 低開発国の経済発展の社会的・心理的な影響に関する問題.

　これらの研究テーマに対して, 人類学, 社会学, 歴史学, 経済学, 政治学, 法学, 心理学, 教育学をベースに, 情報処理, サイバネティクス, 言語学, ゲーム理論, 決定理論, 価値理論, 一般システム理論を活用して, 行動科学はアプローチしていた. したがって「行動科学は, 自然科学的な方法を意識的に活用しながら, 人間行動を経験的に取り扱う, 科学的研究である」[関・犬田・吉村 1974：26]. 忘れてはいけないのは, コンピュータの出現と発達がプラスの影響を与えていることである(多変量解析や情報検索が可能になったと言われる).

　あらためて行動科学が行う研究の特質を, 提示したい.

① 行動科学は人間行動を中心的な対象とする学際的(inter-disciplinary)な研究である. 行動論的アプローチとも呼ばれた.

② 科学的方法を採用する. この結果, 行動科学は操作的で経験的な特徴を持つ. 科学的とは手続きが公開され, 定義が精密で, データ収集方法が客観的, 研究や調査によって得られた諸事実は再現可能, という特徴を備えることになる. さらに, 研究・調査のアプローチは組織的で集積的であって, その活動は研究テーマに見る中核概念によって統一され, 一般化されている. この一連の活動の目的は説明・理解であり, 可能であれば予測することも目的になる.

第6章　政策評価と政策科学の時代　93

③ 'inter-disciplinary'．学際性のアプローチは，経済学や社会学，政治学，行政学などの社会科学間の連携だけでなく，数理科学との連携も行われた（例：ゲーム理論）．

④ したがって研究や調査では数量化が使われる．仮説のモデルを立てた後，このモデルを操作化（operationalization）する．さまざまな側面で，できる限り数量化・計量化し，これによって現実を正しく認識する．その際の情報処理にコンピュータを活用．

⑤ 行動科学研究は巨大化したビッグ・プロジェクトになる．当然，理科系，工学系の研究に見られるプロジェクト・マネジメント的な能力，この能力を使ったアプローチが実践されるようになる（この点に関しては，21世紀，日本の科学研究費助成事業，とくに文科系の研究事業にまで色濃く表れる事実を想起すれば理解できるだろう）．

⑥ 社会へプラスの大きなインパクトを持つことを期待したので，経済政策や都市計画の研究者だけではなく，企業経営者や科学者が国家の政策決定に参加する．

　この一連の特徴の中で，とくに⑤と⑥を通じて行動科学は次第に政策科学へとその活動の場を移していく．結果として当時のマルクス主義や歴史学，哲学や思想からのアプローチよりも，現実政治に関心を持つ政治学者や国際政治学者が影響を受けた．

　とくに政治学は，19世紀的な国家学（Staats-wissenscaften）の影響を脱して，現代政治をテーマに数量分析を使用した方法論に視点を移し，モダン・ポリティカル・サイエンスと呼ばれるようになった．このことは1970年代の当時を知る研究者には周知の事実である．日本では国際政治学においてこうした研究手法が増え始めた一方で，国家学の影響を脱して国家ではなく市民を中心に政治にアプローチする政治学が模索され，当時の時代状況の影響もあって政策プロセスにおける市民参加論・住民運動論が研究テーマとして浮上した（その代表は松下圭一『市民自治の憲法理論』1975年）．天下国家を論じ，国際動向をフォローするマクロな国家論的政治から，日々の市民生活における現実課題について考える政策の研究（policy studies）への窓を開いたのである．それは問題解決的な性格の行動科学から，「社会の制御・管理・設計科学としての政策科学・政策研究」へと変貌したことを意味する［犬田 2001：90］．

┼ 4．行動科学の応用

　行動科学は現実社会で実践される中で，さまざまに変貌した．そしてこの変貌は理数系の研究が，基礎科学（サイエンス）から応用指向を強め，応用をめざす中でテクノロジーに姿を変え，実践の中でエンジニアリングが活躍する姿に似ている．以下ではそうした行動科学が「科学」から，「工学」に変貌した姿を紹介して，この変貌が政策研究にどのような影響を及ぼしたのかについて指摘する．とくに重要なのは，忘れ去られた PPBS，すなわち Planning-Programming-Budgeting-System である．サイエンスをテクノロジーに変え，それがエンジニアリングとして政策研究の分野で活用された実例が PPBS なのである．

（1）社会工学と社会科学の工学的アプローチ
　社会を見る研究において，研究視点がサイエンスから工学へ移行した代表は，社会工学であろう．1960年代から70年代にかけて日本でも注目され，多くの研究者が生まれた．
　社会工学とは，工学に類似した方法によって社会問題を解決する志向である．それが工学分野における情報の理論，システムの理論に支えられた社会研究の動きになった［林・片方 1971］．この場合のシステムとは，互いに関連している事柄の有機的なつながりの体系である．システムには秩序の意味があり，その反対語はカオスである．システムにはカオスをコントロールし，秩序を求めるために環境を整備し，全体を最適化しようとする意図がある．この最適化のためには情報収集，処理が不可欠で，数字を使う研究や調査スタイルには大きな意味を持つ．また，そのシステムの仕組みを数字で理解することも重要になる．コンピュータの発展は，その意味で，社会工学に大きな貢献をなした．
　システムとはその原義［Bertalanffy 1968：邦訳 190］によれば，数多くの異なった部分から構成される複雑な統一体で，互いに規則的な相互作用，あるいは相互依存によって結合された事物の集積であり，また事物あるいはその属性が互いに関係を持つ事象のセットである．ビジネスや行政や国際政治に現れる諸問題に対して，システムの理論をシステム分析とかシステム工学という形で実際に適用することが行われた．システムの理解の鍵は，図6‒2にある「システ

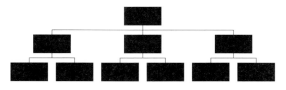

図6-2 システムのヒエラルキー
出典：筆者作成.

ムにおけるヒエラルキー」である．もちろん，これは政策システムに応用されている．

このシステム理論を実践で応用した手法が，システム分析（Systems analysis）である[3]．その分析手続きは，①目標の設定，②目標達成のための手段群の設定，③手段設定を合理的に説明するモデルを設定する，④各手段についてモデルの合理性を事前評価し，その中から最適なものを選択するという4段階からなる（なお，後述するPPBSではシステム分析が，予算編成過程と重ねられて①〜④と同じことをする）．

社会工学における具体的技法にはシミュレーションがある．シミュレーションとは現実に似せて作られたモデルを操作して，モデルの中で何が起きるか調べることで，英語の 'simulate' とは「似せて作る」という意味があり，その実践がモデル作成である．モデルを作成し，現実がどのように変化するのかを予測する手法としてシミュレーション以外にも，社会工学では線形計画法，ゲーム理論も使われる．モデルが現実にどこまで接近できるのか，モデルは現実に近いのかという問いに対しては，さまざまな数字やデータをできる限り多く採用し，それらを使って現実課題に接近していく手法が使われる．このような工学的手法を社会科学に応用しようとした分野が都市工学，交通工学，経営工学であり，大学では理科系の学部（工学部）に置かれている．

（2）システム工学とその技

社会工学を社会問題の解決に特化して活用したいと考えたとき，その具体的な「技」がシステム工学である．この技に注目すれば，システム工学とはシステムを使った「総合化の科学」と言い換えることもできる［渡辺・須賀 1987］．この場合のシステムとは，多くの要素から成る複雑な体系であるが，その一方で各要素は互いに定められた機能や役割を果たすことを予定されている．した

がって，予定された機能や役割が逸脱しないようにするコントロールが必要に
なり，そのために評価が使われる．有人月着陸プロジェクトのアポロ計画でシ
ステム工学は有名になったが，宇宙から地上に関心が向いたとき，環境問題や
都市計画，地域の産業発展問題などでもシステム工学が活躍する場面は増えた．

　もちろん，システムは全体として目的を持っており，それは具体的で定量的
に測定できる目的であり，しかもこの目的は時間的な流れ（スケジュール）を
持っており，このスケジュールにしたがってシステムの目的を達成する活動は
フローチャートの形で「手順化」されている．こうした手順は，対象とするプ
ロジェクトが大きくなり，また精緻化されるにつれて複雑さを増したが，コン
ピュータの進化がシステム分析の発展を支えてきた．システム工学は産業・経
済，生活・社会などで応用できる分野が無限に伸びると考えられ，実際に国や
地方の情報システム，国土情報，防災情報，これらのデータベース化において
多くの貢献をしてきた［渡辺・須賀 1987］．

　システム工学の基本的な方法としてシミュレーション，線形計画法，ゲーム
の理論があるが，それを発展させた形で1970年代になってテクノロジー・アセ
スメント，スケジューリング（PERT: Program Evaluation and Review Technique）
が開発された．21世紀でもこれらの「技」は，基本的な有用性を維持しながら，
技術の発達，コンピュータの発展（京から富岳）によって，さまざまな分野で活
躍している．

　システム工学の応用分野は非常に多かった．産業連関分析や Office Auto-
mation（OA），コンピュータ・グラフィックス，人工知能，産業用ロボット，
銀行のオンライン，生活・社会では交通や運輸のシステム，防災システム，医
療で使われる「クリニカル・パス・メソッド」，原子力発電所の稼働状態の予
測，地域の天候予測などがあった．かつて1960年代にシステム工学を使った実
践技法として未来予測の方法，トレンド法，デルファイ法，シミュレーション，
システム・ダイナミクスなどが宣伝されたが，それらを上回る多くの「技」が
使われていた．あまりにも巧く使われたので，政策評価が導入された初めにも
入り込んできたが，多くの人びとはこのシステム工学の出自，社会工学との関
係を理解していなかったので，無防備に政策評価に受容した後に反省したこと
もある．

（3）サイバネティクスと自己制御

サイバネティクス cybernetics とはギリシャ語に由来する言葉で，ここでのコントロールには制御のイメージがある．さらに自動制御による管理の意味があり，この概念に注目する研究は生理学者の協力で「フィードバック」概念を得た［池田 1971］．

自動制御のアイデアを反映した社会科学（ソーシャル・サイエンス）で「統制」とは，伝統的な法律学や伝統的政治学の統制とは違った意味になり，工学で使われる「制御」の理解に近づいた．これが1960年代から1970年代はじめで，たとえばモダン・ポリティカル・サイエンスで開発された「input → black box → output」のモデルは，情報科学やサイバネティクスの制御の理解に多くを負っている［Easton 1971：邦訳（訳者あとがき）393］．

行動を制御（コントロール）する際に情報を使う機能は，生物であれ，機械であれ，社会組織・政府であれ，基本は似ていると発想することが，サイバネティックスの前提である．「国家権力による統制」，「法制官僚による権力支配」，三権分立や権力分立による「均衡と抑制（チェック・アンド・バランス）」などの古い言説を離れた「制御」という一見中立的な概念は，市民に向けた政府の政策活動の理解を円滑に進めるメリットがある．たとえば，権力と言えば必ず「反権力」があるが，そうした対立構造をうまく回避して，社会問題の実態に素直に接近できるようになると考えられた．そのため興味深いことであるが，サイバネティクスからの行動科学研究は1950年代末，社会主義イデオロギーを採用していた旧ソ連，社会主義時代のポーランドにおいても，「行動学の社会主義的形態」として政策科学になったと言われる［南 1976：235-42］．あるいは，独裁国家のテクノクラートがアメリカで修士や博士の学位を政策科学で獲得したことも，似たような背景であろう．サイバネティクスを使った工学の発想は，古い政治権力につきまとう恐怖と緊張を隠蔽する効能があるが，その一方で権力政治の「毒」を隠蔽する役割もあることに注意が必要だと1970年代の日本では注意喚起されていた．

こうしたサイバネティクスの考えの中心は，「コミュニケーション」回路，言い換えるとフィードバック回路の重視であり，この点は政治学，とくにアメリカのモンダン・ポリティックスにおいて大きな貢献をしている［Deutsh 1966］．政策対象の市民に対する情報提供，意思確認，コミュニケーションの適切な運営において，政策運営を円滑化する役割は政治体制に関係なく不可欠

であり，またガバナンスの改善と効率的運営には不可欠である[4]．もちろん，こうした事情は，21世紀の政策科学，政策学，そして政策評価理論の進展，発展にプラスの意味があったことは否定できない．

なお，社会工学，システム工学，サイバネティクスは，アメリカの研究分野では「管理科学」(management science) と呼ばれる分野を生み出した．同志社大学大学院，総合政策科学研究科 (1995年設立) の英文名が Graduate School of Policy and Management であり，当初所属した教員に当時の工学部所属の教員もいたことを考えると，管理科学の流れを意識していたと言えるだろう．

(4) PPBS とシステム分析

行動科学が政府内で影響を持った中で，その実践ツールとして社会工学，システム工学，そしてシスエム分析が，サイバネティックスの発想を入れながら導入された．こうして導入された成果の代表が PPBS であり，この PPBS はアメリカや日本だけでなく，国連をはじめとした国際社会で一時期大流行した［山谷 2012：32］．もともと PPBS は，J. F. ケネディ大統領の要請で1961年に国防長官に就任した R. マクナマラが，国防総省に持ち込んだ予算編成手法で，ねらいは合理的な分析手法により国防予算膨張に歯止めをかけることであった．マクナマラのねらいはシビリアン・コントロールを大前提に，国家戦略に合わせて国防省の予算編成プロセスを改革し，その成果を政府全体に拡大することであった［McNamara 1995：邦訳 32-50］．

政策科学で PPBS を取り上げるのは，マクナマラが国防総省に関わったときに外交政策と国防予算を一体化しようと考えたからである．すなわち「アメリカの外交政策の目標を述べ，その次にこうした目標を追求するうえでアメリカが直面することになる脅威の分析，こうした脅威に対してとるべき軍事戦略，その戦略を達成するのに必要な兵力構成，これを支えるのに要する予算を説明」するのである［マクナマラ 1997：46］．「組織について，明確な目標を設定する，ついでその目標を達成するための計画を作成する，そして計画の進行状況を組織的に観察する」，「もし進展に欠陥があれば，計画自体を調整するか，進展を促進するような修正行動を導入する」［マクナマラ 1997：46］．政策評価が持つ基本的なアイデアと同じことがここで語られているが，違うのは，政策評価が事後で行うのに対して，PPBS は事前で行うところである．

この工学テクニックを応用した PPBS は，1960年代の科学の時代にアメリ

カで登場し，システム分析（systems analysis）と結合し［McKean 1958］，実践に向けて進んでいった．その後次第に複雑化した PPBS であるが，その複雑さを理解するポイントは，やはりシステム分析にある．

システム分析の手続きは，6 段階から成る［宮川編 1973］．

① 目標の設定：意思決定者の目的とその達成程度を指標化した目標数字の設定
② 代替案：目標達成のために可能な手段群の設定
③ モデル：解決したい問題と，それに関連する諸要因，諸要因間の関係を表したものを合理的に説明する
④ 費用：直接の費用（予算金額），間接的な費用，将来の費用，機会費用も含める
⑤ 効果：各代替案が目標を達成する度合い
⑥ 評価規準：代替案を望ましさの順に格付けする規準．効率などで，費用と効果を対比して各代替案を評価する手段を提供する

各手段について事前評価し，その中から最適なものを選択する作業はエコノミスト的な知識を持つ担当者（時にエコノミストそのもの）である．日本でも国防分野だけでなく水資源開発，港湾建設などの民生部門にも拡大する PPBS の試みは，政府の予算をサイエンスの思考（数字）で客観化し，予算の作成プロセスを数理モデルでの分析技術で再編する努力として行われた．記憶に残るのは，費用便益分析に代表されるミクロ経済学の分析手法を，事前の政策分析を予算編成と結合した試みである．とくに PPBS とシステム分析とを政策評価の文脈で説明すれば，PPBS の大前提は政策システムの概念に重なる．Planning（上位戦略で政策レベル），Programming（メゾ・レベルのプログラムで代替案を作成），Budgeting（個別のプロジェクトに対する予算の分配の決定），この三層のシステム思考が重なるのである．

もっとも，アメリカで PPBS を推進した状況と日本の状況には違う点が 2点ある．第一は，日本では官庁にエコノミストは少ないため，全府省でこうした PPBS の作業ができる人が限られていたこと．第二は，日本の社会科学の中での経済学がアメリカとは重要性，存在感が違っていて，アメリカのように経済学が「制度化」されていなかったことである［佐和 1982：48-49］．制度化された経済学ではとくに数理経済学，エコノメトリックスを学び実践に応用しよ

うとした人びとが活躍し，政策手段（プログラム＝代替案）の選択に際して重要な役割を演じたが，日本ではそれほどうまくいかなかった．むしろ，ノンキャリアの庶務担当と官房会計課の担当者がボトムアップで予算を積み上げる伝統が強く，PPBS のトップダウンとは予算実務の根本が違っている．

こうした PPBS の登場，日本での顛末については加藤［2008］が詳しいが，合理的に計画をつくり，それを実施する有力なツールとして，PPBS が期待されていた事実は明らかである．とくに，当時の大蔵省（現・財務省）が注目していたことは記憶するべきであろう．たとえば大蔵省主計局主計官（金子太郎）と同主計局調査課長（加登隆司）が中心になってまとめた『PPBS の理論と実際』（1970年）には，大蔵省の主計局長だった鳩山威一郎（後の大蔵事務次官・参議院議員・外務大臣）が序文を寄せ，「予算によって資源の最適配分を行うための画期的な手法」，「制度，慣習を異にするわが国にそのまま持ち込むことができないが，PPBS の考え方や手法から学ぶべき事は多い」と述べている．

さまざまな紹介・翻訳，研究，そして試行された例も多く残っている．経済企画庁でシステム分析調査室長をつとめた宮川公男の『PPBS の原理と分析──計画と管理の予算システム』では，運輸省，建設省，日本国有鉄道，通商産業省，労働省，大蔵省などに所属する人びとが共同執筆者になっており，また同じ宮川が編者になった『システム分析概論』（1973年）では上記の官庁だけでなく，農林省や日本電信電話公社の関係者も参加し，システム分析がこのPPBS の手法として研究された［宮川編 1973］．PPBS とシステム分析は，日本の公共部門で大流行したのである．

結論から言えば，この PPBS の試みは結果的に失敗，挫折する．その「死亡宣告」はアメリカ連邦政府の大統領府にある行政管理予算局（The Office of Management and Budget）が，1971年 6 月21日に出した文書の Circular A-11 である［Schick 1973：146］．それ以前にも，事前評価のアナリシスから，事後評価のエバルエーションに後退する動きは存在した［Schick 1971］．PPBS の予算編成機能なしでプログラムを評価する動きである．

PPBS 挫折の理由は多い．現場で行われている原課の仕事を見ないでプログラムの現実はわからないという構造上の問題がまず出てきた．また連邦議会が予算を作るアメリカでは，議会の意思や協力の有無が省庁のトップの意思決定を制約したこともある．技術的な問題も多かった．PPBS にはプログラム体系の作成が不可欠だが，それが膨大な量になり，その作業で現場が疲れたことは

致命的な原因である．専門家の問題もある．連邦政府がパフォーマンスを重視
した時には政府で関わる専門家は経営学者や会計学者が多かったが，PPBS で
はミクロ経済学者，計量経済学者が登場し，細かいサブプログラムやプロジェ
クトについて細かい分析を指示，強制した．経済インデックスの取り方や分析
の方法を知らない公務員に，抽象的でよくわからない指示が繰り返され，さら
に複雑な数式の関係式を求める，統計を求める，これで文書作成負荷がさらに
大きくなる［加藤 2008：148］．この点に注目して言えば，PPBS に求められる計
量分析への違和感とその膨大な作業量が，行政の現場を圧迫し，反発を招いた
のである．PPBS とは全く関係ないように見えるベトナム戦争の苦戦も，合理
的な予算システム，計画システムを標榜して PPBS を導入した当時の連邦政
府に対するアメリカ国民の信頼をなくしていた．

　日本独自の挫折理由は，プログラム概念の理解が少なかったので機能しな
かったこと，予算編成の実務は PPBS になじまないこと，アメリカと日本で
は立法府と行政府の統治制度が違い，行政文化が異なり，財政システムとその
運用哲学が全く違っていた事実に気づかなかったことなどが挙げられる．また，
PPBS を進めた経済学者が，日本の行政実務を知らなかったことも興味深い反
省点として指摘される．

　日本でもいつの間にかブームが去り，PPBS の動きは沈静化する．高度経済
成長の時代が終わり，1973年と1978年のオイルショックは経済成長の減速を印
象づけ，財政が心配になり，未来志向で将来展望に熱心だった「科学」の時代
ブームも終わった．低成長時代には，足下を見て日々の暮らし，医療や福祉に
国民の関心が向くようになる．他方で，公害とその被害や自然破壊に対しては，
ナイーブなサイエンス志向は対処できないこと明らかになった．

　ここで出てきたのが，プログラム評価に代表される，現場主義的な回顧評価，
総括評価だった．

╂ 5．ポスト行動論革命（Post 'Behavioral Revolution'）

　行動科学はその隆盛を誇った時期に，既に批判が出てきていた．D. イース
トンのアメリカ政治学会会長演説（1969年）における行動科学批判である．「行
動論の基本的欠陥は，その方法や技術にあるのではなく，これらを使用してい
る研究者たちの明示的あるいは非公然のイデオロギー的前提である」［Easton

1971：邦訳（日本語版への序文）iv］．別の政治科学の研究者からも批判がある．
「行動理論は（中略），究極的に何を価値とすべきかについて語ることはできな
い」，「第1次的な『べき』の問題は，行動理論の彼岸に存在するのである」
［Sibley 1967：邦訳97］．こうして「脱」行動論革命の主張が出てくる［藤原 1991：
188-189］．その「脱」行動論革命の主張の概略は以下である［Easton 1971：邦訳
333-335］．

① 実体（サブスタンス）が技術（テクニック）に優先すべき．
② 行動科学は経験的保守主義のイデオロギーを隠している．
③ 行動主義的研究の核心は抽象と分析であり，政治の非情な現実を覆い
　　隠す．
④ 価値の研究とその構成的展開は，政治研究の不可欠の部分である．科
　　学は，それとは反対の表現にもかかわらず，価値的に中立的ではあり
　　えないし，あったこともない．われわれは知識がよって立っている価
　　値前提とこの知識が用いられる選択肢を自覚していかなければならな
　　い．
⑤ 学問分野のメンバーはすべての知識人が引き受けねばならない責任を
　　負っている．この知識人の歴史的役割は，文明の人間的価値を守るこ
　　とであらねばならない．これなしには彼らはたんなる技術者，社会を
　　いじくりまわす機械工になってしまう．
⑥ 知ることは行為に対して責任を負うことであり，行為することは社会
　　の改造に参加することである．科学者としての知識人は自らの知識を
　　社会改造に役立たせる特別の義務を負っている．
⑦ 知識人が自らの知識を実践していく義務を負っているとしたならば，
　　知識人よりなる組織（職業団体や大学）はその時代の闘争から離れている
　　ことはできない．知識職業の政治化は望ましいだけでなく不可避でも
　　ある．

　脱行動論，ポスト行動科学の影響はいくつか見られるが［Fischer 1980：159］，
その主な影響は次の2点である．第1に，分析レベルの変化である．ミクロの
レベルからより上位のレベルが重視されるようになる．たとえば経済指標から
社会指標に関心が移る．第2に研究や学問での変化である．人権問題や貧困，
共産主義対自由主義的資本主義のイデオロギー対立，反公害闘争などで社会が

大きく揺れ動き，そのため政策の価値として，経済効率（efficiency）から社会的妥当性（social relevance），社会的公正（social justice）に注目点がうつった．

　社会の変化に対応して，政策科学も大きく様変わりする．素朴に科学を主張するナイーブさだけでは学問としての責任を果たすことができない，したがって社会問題に積極的に関与し，問題に苦悩する人びとに寄りそう必要があるとの主張が政策科学にでてくる．次の第7章で示すアメリカにおける「新しい行政学」の運動，国際開発援助における Basic human needs の重視はその表れである．それらは政策科学が政策学に姿を変え，政策評価をプログラム評価へと誘うモーメントになる．

　日本でも反公害，原子力発電所建設反対，地域開発反対などの住民運動，反戦反核，ウーマンリブなどの市民運動の議論が，与野党間で政策プログラムを議論するアジェンダに上るようになった．そして与党の自由民主党は，野党の主張を無視するのではなく，政策として積極的に取り入れるポーズを取り始める．政策とその評価は，価値中立的な科学の言説よりも政策の内容をめぐる政治的思想の言葉が多くなってくる．そうした言葉をどうやって政策に反映するのか．その方法は，プログラムとその評価にあることに一部の行政学者が気づくのである．

　注
　1）　政策科学の登場背景については Dror［1968：邦訳 341-43］，山谷［2012：13-14］に
　　　詳しい．
　2）　共和党右派のジョセフ・マッカーシー上院議員の名を取って名づけられた反共主義
　　　の「赤狩り」運動．多くの文化人，俳優，外交官，科学者が偽証や事実歪曲の密告で
　　　犠牲になった［Rovere 1959］．
　3）　「システム分析」という用語は1947年，アメリカのシンクタンク，ランド・コーポ
　　　レーションのエンジニア，エド・バクソンが思いついた［Abella 2008：邦訳 81-82］．
　　　Operations Research（OR）から派生したが，OR は既存システムの研究を意味し，実
　　　データに基づく具体的な任務を実行する効果的な方法を発見するための道具であるが，
　　　システム分析は代替可能な複数並べたプログラムのどれを選択するか，という OR よ
　　　りも複雑な問題を扱う．システム分析は，既に存在する現実に制約されることを拒ん
　　　だのである［Abella 2008：邦訳 83］．
　4）　2010年代からベトナムやカンボジアなどの東南アジア諸国が，日本の行政相談制度
　　　（総務省行政評価局が所管）に関心を示すのは，こういった背景であろう．
　5）　プログラム体系とは，①連邦政府が出す指針にあるプログラム・テゴリー（目的と

活動規模を検討する枠組み），② プログラム・サブカテゴリー（アウトプットを作る活動のプログラム・エレメントをまとめたもの），③ プログラム・エレメント（アウトプットを作り出す省庁の活動単位，プロジェクトのこともある），から構成される [Hinrichs and Taylor eds. 1969：邦訳 4-5]．

6）　政策評価におけるアウトカムの事前予測，2016年頃からの EBPM と統計の強調が PPBS と同じ轍を踏まないようにするため，再度 PPBS を思い出す努力が，必要であろう．

第7章	プログラム評価としての政策評価

　政策は価値中立的な存在ではなく，政策を作る人の価値観を反映するのは当然である．しかし，この当然の認識が科学，サイエンスを標榜する政策科学や行動科学では弱かった．サイエンスの時代であった1950年代から1960年代には，社会全体でサイエンスに対する信頼や期待が高く，サイエンスが社会の問題を解決できると無邪気に信頼していた時代だったからでもあった[1]．もちろん，そうした無邪気な時代に政策は「明るい未来」志向になり，価値中立的で客観的なサイエンスを使う政策が社会を良い方向に導くと信じた人びとが，政策科学や行動科学に期待したのである．

　しかし，当たり前の話ではあるが，予測や想定をこえた事故は発生するし，無邪気に信じていた明るい未来にならない場面は多い．時代が大きく変化して人心が変わることもある．科学の時代が福祉の時代に変わる1970年代，こうした変化に評価は直面し，政策とその評価をめぐる議論は，その性格を大きく変えたのである．

＋ 1．プログラム評価とアカウンタビリティ

　評価には長い前史がある［山谷 2012：3章］．そのはじまりは1930年代のアメリカである．プラグマティズムの思考から社会問題に社会科学を応用（Applied Social Sciences）しようと試みた時期が1930年代であり，当時の心理学，教育学，社会福祉学にその萌芽が見られる．本格的に評価の理論と実践が展開されたのは1950年代から1960年代のことで，アメリカ連邦政府が社会科学研究や研究機関を政策リサーチに活用しようとした時期である［Nathan 1988］．それは政府が評価（evaluation）を意識して社会プログラムの実態調査に適用した時期である[2]．当時は，時代の精神が福祉・人権擁護の拡大を求めた時期だったため，

human service program を対象にした定性的な応用社会科学リサーチが多かった．他方，この1960年代は，第6章で述べたようにアメリカ連邦政府が国防やインフラ整備プログラムを中心に，PPBS（Planning Programming Budgeting System）に注目し，大いに活用した時期でもあり，こちらでは定量分析としてのシステム分析や費用便益分析が試みられた．もちろん2020年代の日本とは違い，アメリカの政策現場では定性調査，定量分析の区別には拘泥せず，手法や方法の有用性が重要なので，両者は併用されていく．

　なお，福祉の時代であったアメリカの1960年代から1970年代は，人種差別，スラムにすむ貧困者の困窮，都市暴動，莫大な戦費と人員を投入しつつも解決の兆しが見えないベトナム戦争への拒否感，その戦争のために徴兵される若者の徴兵反対運動などが相まって，アメリカ社会は混乱の時代でもあった．しかも，この混乱は科学的手法で解決できる性質の問題ではなかった．人権問題は人権被害を受けた人の人数や比率ではなく人権差別があること自体が問題なのであり，また費用便益分析によってベトナム戦争の状況が良くなるわけでなかったからである．

　この時期のアメリカでは，人権問題や福祉を重視する「大きな政府」につながる政策が多数登場したが，その中で，拡大する連邦政府プログラムを監視する目的で，プログラム評価が注目された．アメリカ連邦議会の補佐機関であるGAO，すなわち General Accounting Office（1921設立で2004年からは名称を変えて Government Accountability Office）が，その行政監視（watch-dog）機能において行政のアカウンタビリティを追及するためにプログラム評価を採用したのは，この1970年代である[3]．社会福祉関係の実践の場だけにとどまらず，議会による行政統制，アカウンタビリティの追及でもプログラム評価が注目され，実践されたことは重要である［Mosher 1979］．また，このプログラム評価が国際的な波になって Vedung が言う「第3の波」になる．アメリカや欧米，そして経済開発協力機構（OECD）では，プログラム評価の目的がアカウンタビリティ確保になり，プログラム評価は行政機関のアカウンタビリティを議会と最高会計検査機関（アメリカやイギリスの会計検査院は議会のために活動する）が追及する重要な手段になった．

　アカウンタビリティの追及では，伝統的な合法性・合規性・効率と節約を追及する監査（audit）機能に加えて，有効性を調べるプログラム評価が重宝される．これをふまえて行政学はこのプログラム・アカウンタビリティに注目し，

行政責任論の中でプログラム評価を議論するようになった。他方，政策学の文脈では，イギリス労働党のヒース内閣が1971年に設置した Central Policy Review Staff が Program Analysis & Review を始めた経緯が重要である。政権中枢部分での政策形成，政策決定に資するためにプログラム評価を活用する意図があったからである。政策評価もプログラム評価も行政に丸投げしている日本の国会とは大きく違う伝統があったことを，日本の政策研究者は記憶するべきであろう。

　ただし，アメリカでもイギリスでも調査研究を行うスタッフの供給が政府では追いつかないため，政府の外に public policy research，policy analysis，program evaluation を外注に出すようになり，その受け皿になるシンクタンクが注目されたのである。その中でプログラム評価に関しては，アメリカの非営利組織の Brookings Institution（1916年設立）や Urban Institute（1968年設立）が有名である。なお，外注に出した政策リサーチや政策分析，プログラム評価の品質を政府内の担当者がチェックできるかどうかが重要な課題になるが，政府の内外での人事交流やリボルビングドアが盛んな英米であれば，政府内にチェックできる人材を置くことは難しくない。

┼ 2．評価研究（evaluation research）とその時代

　評価の専門的エンサイクロペディアによると，評価とは「応用的な調査研究の一つであり，プログラム，生産物，人，政策，提案，あるいは計画について，その現状，価値（value），メリット，金銭上の価値（worth），意義，品質に関する事実を集め，取りまとめるプロセス」である［Encyclopedia of Evaluation 2005：139］。また，評価の最初の体系的テキスト *Evaluation: A Systematic Approach*［1979］は，評価活動がシステマティックな調査活動であると宣言した［Rossi et al. 1979：30-31］。

　さらに評価の理論と理論の進化を反映した教科書 *Evaluation: Methods for Studying Programs and Policies* を刊行した Weiss（1926-2013）によれば Evaluation は次のように定義される。「評価とはプログラムや政策の改善に貢献する手段として，プログラムや政策の活動（operation）やアウトカムを，一群の明示的・暗示的基準（standards）と比較して，体系的にアセスメントすることである」［Weiss 1998：4］。評価の草創期の第1世代を引き継ぎ，評価の実践と

理論の発展に努めた第2世代の代表であったワイスの経験からの言葉である．

　なお，ワイスによると評価概念を構成する重要な要素が5つある．第1の要素は，体系的なアセスメントである．この場合のアセスメントとは，日本で使用される「事前評価」の意味ではなく，事後評価・中間評価の意味も含めた定量評価・定性評価の両方の意味がある．第2と第3の要素は調査の対象に関するもので，評価対象はプログラム活動のプロセス，およびそのアウトカムである．第4の要素は比較の基準（standard）である．プロセスとアウトカムに関する事実（evidence）を収集した後，期待した成果と実際に出た成果とを比較してプログラムのメリットをアセスする作業が評価だからで，比較するモノサシ（measure）として基準が重要な要素になる．ベースになる基礎的なモノサシを基準という一方で，一定の価値規範（criteria）をモノサシとする事例もあるが，この場合「規準」である．規範的なモノサシだからである．

　第5の重要な要素は，プログラムや政策の改善に貢献するのが評価目的だということである［Weiss 1998：4-5］．この目的を持つ評価を育てたのは，アメリカの行政機関における教育や医療，保健，福祉，雇用分野のプログラムを担当した「ライン部門」であり，それが政策評価の目的の1つ，政策の内容に関わる専門領域の質的改善への貢献という目的を担ってきた（他の2つの目的はaccountability の追及，マネジメントの支援である）．

　さて，こうした評価はどのように進めるべきなのか．これを考える手がかりがアメリカ連邦政府において評価を行うポリシーを明確にした報告書 Federal Evaluation Policy である．ここでの主たる評価方針は以下の3つである［Wholey et al. 1970：23］．

- 実施中のプログラムがその目的を達成する有効性をアセスする．
- プログラムの効果を他の影響から区別する．
- 現在の作業（operations）を修正してプログラムの改善を目指す．

　なお，ここではプログラムの効率の問題よりはプログラムの効果の問題に関心を持つと強調している．

　政府のプログラムの効率性ではなく有効性を見る方針，計画段階ではなく実施段階以降のプログラム活動を対象にする方針は，1970年代にはアメリカで広く共有され，共有された認識が行政機関のアカウンタビリティを追及する機関の主要な任務になってきた．その代表が GAO だった．GAO は連邦議会補佐

機関としての立場を背景に，行政のアカウンタビリティ追及のために，行政が実施しているプログラムの評価を実施してきた．このGAOの経験が，アカウンタビリティ追求を目的とした評価の国際的な実践を導き，またプログラム評価の理論を構成してきたのである．

　この時期に登場した評価の理論と実践を考える上で，３つの特徴に注目することが必要である．第１の特徴は，政府のライン系組織（教育・医療・保健・職業訓練・福祉）が，教育学や医学・保健学・福祉学などと連携して'evaluation research'として評価の仕組みを考え，その研究を実践活動に応用してきた特徴である．日本でもこの種の研究は「教育評価」［永野 1984；梶田 1983］，「社会福祉評価」（『社会福祉研究』1983年）としてみられる．

　第２の評価の特徴では，議会や中央政府のスタッフ機関（日本で言えば官房や総務部総務課）が監視しコントロールする対象をプログラムと定め，アカウンタビリティを追及するためにプログラムを評価すると共通認識とした点が重要である．プログラムに効果がない，すなわち有効性を欠くと判断された場合に修了の対象になる．もっとも２つの特徴に共通しているのは，その手法が「応用社会科学（applied social sciences）」であり，定量的手法も定性的手法も同じように使おうと考えるところである［Nathan 2000］．国際的な評価の学際的専門誌である *Evaluation: The International Journal of Theory, Research, and Practice*，そしてアメリカ評価学会の紀要 *The American Journal of Evaluation* はまさにこの視点に立っており，応用社会科学的視点からの評価研究とプログラム評価の論文が多い専門誌である．

　第３の特徴は，評価の規準に，従来の能率（経済学では効率）に，「社会的公平（social equity）」のような規範的「規準（criterion）」を加えようとしたところである．たとえば当時の社会状況を反映した行政活動の方向を提示した「新しい行政学（New Public Administration）」運動がある［Frederickson 1980：邦訳8-9］．

　こうした評価を実施する基本的手順は，一般的には以下の通りである［Daponte 2008：3-7］.

　　①いつ評価を行うのか，決定する．「形成的評価（formative evaluation）」は政策形成から実施に至る段階で評価を行い，見直しや修正に使う．政策終了後に全体レビューとしての「総括的評価（summative evaluation）」を行うこともある．

② 評価の質問．評価で使う情報を得るため，現場で利害関係者にインタビューする．

③ プログラムについて記述する．プログラムのロジックをまとめ，その流れを明確に説明する．すなわち，ⅰ．予算・人員の投入である input，ⅱ．input を使って行う activities，ⅲ．政策資源の活用によって生産される産出物の output，ⅳ．成果 outcome，ⅴ．社会的影響 impact の流れで，これを理論的に考える「プログラム・セオリー」とこのセオリーを因果関係的に明確にした「プログラム・ロジックモデル」を使用する．

④ 評価項目の再検討・限定．効率でよいのか，有効性は見ないのか，持続可能性は問題ないのか，公平性の視点で見たとき瑕疵がないか，などを考える．これによって，評価の性格も決まってくる．政策実施過程において現在生産されているアウトプットの状況を見るプロセス評価をするのか，それとも政策実施が一段落してから成果の有無を見るアウトカム評価をするのか，さらに，5年から20年間にわたる中長期的なインパクト評価を行うのか，の選択が行われる．

⑤ 評価計画の策定．

⑥ データ収集計画案の作成（データの範囲と収集方法など）．

⑦ データ分析方法の決定．

ただし，この手順に限定される訳ではなく，評価にはそのときの使い勝手がよい調査の方法を選ぶような柔軟性が必要である．つまりプログラムの性質に合わせた「オーダーメイド」がプログラム評価の優れた点なのである．研究者が研究対象に合わせて自由に調査方法を考案し，データ収集方法を選ぶのと同じように，評価も出来合いの既成物ではない．もし統一的方法を強制するとプログラムの実態に合わない調査手法を無理に使って失敗するか，現実に会わない評価で必要な情報を入手できない危険がある．評価の素人の行政官にプロの評価を考えさせる難しさがここにある．もし官公庁がプログラム評価を実施するならば，外務省の ODA・国別評価のように，外部のコンサルタントに依頼する方法しかない．もし評価を外部のシンクタンクやコンサルタントに委託するならば，そのときの入札では契約条件（terms of reference: TOR）を提示するので，TOR を作成する能力を持つ担当者が求められる．TOR では，評価に要

する全体費用，評価担当者の資格（上級評価士など），スケジュールと提出期限，報告の形式と内容の難易度，評価の方法（定量評価・定性評価・経済評価）などが事前に決められている．コンサルタントやシンクタンクは TOR の内容を見ながら評価ができるかどうかの評価可能性（evaluatability）を事前に検討して，「この TOR では無理だ」と業務を辞退することもある．

　ところで，伝統的にこれら 'evaluation research' 'program evaluation' では「政策評価（policy evaluation）」という言葉はあまり使われていない．それでは，理論上「政策評価」とは何であろうか．この問いに答えるためには，次の「評価学」からのアプローチが有効であろう．

╋ 3．「学」としての評価

　1つのディシプリンとして「評価学」を考える時に，日本では政策学を説明する時と似たような困難な実態が存在する．それは日常用語としての「評価」に「学」が付いたため，わかったような気がしているだけで，実は何の学問か分からず意味不明になっている実態である．たしかに，人びとの日々の生活ではいたるところに評価が存在し，実践されている．教育や医療，福祉，企業，学校，大学，病院，ホテル，レストランで毎日のように評価が行われ，評価についてはよく知っている気になっている．

　日本で ODA 評価が始まったのが1982年，日本評価学会が設立されたのは2000年なので，「団塊の世代」（昭和20年代生まれ）の人びとには身近に感じる評価とその研究であるが，令和の時代になっても，この評価が学問として一般に認知されているわけではない．他方，アメリカにおいて評価に関する研究は，数十年の歴史があり，日本で想像する以上に大きなビジネスになっている．たとえば1986年に2つの学会，Evaluation Network と Evaluation Research Society が合併して誕生した専門学会 The American Evaluation Association は，2024年現在60カ国以上で6000人以上のメンバーを数えている．学会機関誌 *The American Journal of Evaluation* は1980年から刊行されているが，学会メンバーが大学教員，行政官，シンクタンク研究員，国際機関職員（世界銀行や IMF），Government Accountability Office に代表される連邦機関の職員など多様性であることを反映して，また前身の雑誌名 Evaluation Practice 時代の名残りもあって，単なる理論研究の雑誌ではなく，実務上のエキスパタイズ

を磨くことを意識した論文が多い．さらに，1986年以前の Evaluation Network と Evaluation Research Society が共同で，理論研究色がより強い雑誌として *New Directions of Evaluation* を1977年から刊行している（ちなみに1995年夏号まで *New Directions of Program Evaluation* であった）．ここでは，毎号評価理論の最先端の争点，野心的なアイデアとその実践例が示されている．

　また評価関係の国際的な雑誌として *Evaluation: The International Journal of Theory, Research and Practice* が1995年から出版され，評価学の国際的普及に貢献している．イギリス，デンマーク，ドイツ，オランダ，カナダ，EU をはじめとする評価研究者・実務家の共通の関心・経験を比較し，意見交換の場にすることがこの雑誌の目的である．また，1978年から刊行されている *Evaluation and Program Planning* 誌は評価の方法やテクニックを重視した雑誌で，その評価結果をプランニングにフィードバックして反映させようとする意図を持っている．*Journal of Multi Disciplinary Evaluation* もまた専門家同士の意見交換の意図で2004年から刊行された新しい「雑誌」であるが，Open Access policy のもと，紙媒体ではなくインターネットでの公開を重視している．

　このように，評価学は実務と理論研究の両方において，われわれが日本で想像する以上に広がりを持ち始めていたのである．そして，学として成立する条件の１つとして，教科書の存在が指摘される．早い時期の教科書としては Weiss [1972]，Dolbeare [1975]，Rossi, Freeman and Write [1979] などがあるが，標準的な教科書が出始めたのは1990年代の半ばから10年ほどのことである．教科書の項目はこの時期になって共通するトピックやテーマが現れ，標準化されている．すなわち，政策手段（policy instruments），評価の活用問題（utilization），プログラムの概念（program definition / program theory），メタ評価（meta-evaluation），日本の政策評価制度にあるような評価の基本計画・年度計画・実施計画とメタ評価のチェックリストを組み合わせたような評価の枠組み（evaluation framework），評価に関わる倫理問題（ethical issues），定量評価手法（quantitative methods），定性評価手法（qualitative methods），評価と業績測定との関連（performance measurement）などである．

　つまり，学として評価学が制度化されたのは，この1990年代から2000年代である．

╬ 4．評価学の歴史

　ところで，評価を専門とする実務家や研究者が購読する評価専門誌に共通しているのは諸学問の重層性，学際性（inter-disciplinary / multi-disciplinary），そして争点に基づいた（issue-based）志向の3特徴である．とくに研究と実務双方の交わるところでこれらの特徴を持った研究として評価学は発達してきた．その理由はアメリカの20世紀初頭にまで遡って論じられる，評価の「専門分野への知的貢献」への要請である．

　およそあらゆる学問分野がそうであるように，評価学にもその発展に貢献した人びとが多数おり，その人びとの足跡を追うことも評価理論の確認には重要である．これに関してはアメリカ評価学会にはその発展に寄与した人びとのオーラルヒストリーがあり[4]，あるいは学説史的研究があり，それらによれば①1960年前後，②1960年代はじめから70年代，③1980年代から1990年代［Shadish et.al. 1991］，④最後に1990年代から21世紀初頭までと4段階の世代に評価学発展の歴史を整理できる．

　第1世代が登場したのは1960年前後であり，この時期アメリカ連邦政府が教育や公衆衛生，社会福祉，慈善活動の領域でさまざまなプロフェッショナル向けの教育，実践の訓練を施していたが，この教育や訓練をいかに効率的に実施すべきかが問題になっていた．社会問題の解決に客観的な事実を提供する際に，科学的に厳密で，因果関係的に見て妥当な知識が必要であると考えられ，これが「評価」の考えに結び付いていく．もともとこの種の考えは既に1930年代のニューディール期に，政府が実施する社会福祉プログラムの効果を知るための評価活動に，厳格な社会科学的手法を使用する試みとして登場していた．具体的には，主に社会学での社会調査手法や心理学で開発された分析手法，あるいは統計手法であった．その動きはまた第2次世界大戦後，帰還兵や傷痍軍人のための職業再訓練，技能研修，住宅供給，それにともなう都市再開発，健康・精神衛生維持活動の効果に関する情報を求める声に後押しされて拡大・普及した．ここにそれぞれの専門分野のエキスパート，すなわち教育学，心理学，公衆衛生，都市計画などの専門家が動員され，学問的知見の応用としての評価「学」が誕生し，その実践活動としての 'evaluation research' につながったのである．この意味で 'evaluation research' には，評価の実践に用いる 'art'（技

能・技法）と，理論を支える 'science'（サイエンスの知識体系）との両方を含んだ
意味合いがある［山谷 2012：3 章］．

　第 2 世代．1960年代から70年代にかけて活躍した代表は，Carol H. Weiss，
Joseph S. Wholey，そして Robert E. Stake である．政策評価のプロトタイプ
のイメージは，この時代に形成された．理念的思弁的哲学的であった第 1 世代
よりもさらに実践に近づき，評価を行う現場で生じる諸問題，たとえば利害関
係者たちによって生じる評価の混乱，評価そのものの政治化（自己の政治的立場
を正当化するために評価を使う），評価を進めたい側に反対する組織的抵抗，「評価
可能性（evaluatability）」など，その後の評価実践において大きな問題になった
議論が登場する．こうした議論ができるようになった背景は上記 3 人が評価の
現場にいたからである．

　そのひとり Carol H. Weiss（1927-2013）は，1960年代にコロンビア大学の応
用社会調査研究所の調査員として働いた頃から評価に関わる．その後，ニュー
ヨーク市，連邦機関の保健教育福祉省（Department of Health, Education and Wel-
fare），経済機会局（Office of Economic Opportunity）などで働き，「貧困に対する
戦争」プログラムの評価に関与した．Weiss は1978年からはハーバード大学大
学院（教育学）で教授を務めるなど，実務と実践の両方で働いた理論家・コン
サルタントとして有名である．その政府プログラムの評価に関する報告書がほ
とんど無視された経験から，Weiss は現場での実行可能性がない評価の無意味
さを訴え，また同時に評価といえども実際の政策論から無縁ではあり得ないこ
とを重視し，政策研究（policy research）に評価を近づけた論考を多く発表，評
価の理論と後の政策評価においては大きな影響力を持った．

　Joseph S. Wholey（1935-2023）は1962年，ハーバード大学において数学の学
位（博士）を取得したが，その後の経歴は政府（ワシントン）の周辺に限定され
る．すなわち，ケネディ政権時代の1962年から66年まで国防省でオペレーショ
ンズ・リサーチの分析者として働き，ジョンソン政権時の1966年に保健教育福
祉省でプログラム分析を担当，1968年から78年までアーバンインスティチュー
トでプログラム評価のディレクター，1978年から1980年までは保健教育福祉省
で評価担当の副次官補を務め，それ以降南カリフォルニア大学のワシントン
D. C. 校で教授も務めていた．このように実務における仕事が多かった Wholey
であるが，彼の理論的貢献は評価における 'result-oriented management' 'per-
formance-oriented evaluation' 'performance monitoring' の提唱など，評価方

法論の導入において大きなものがある.

Robert E. Stake（1927年生）はプリンストン大学で 'psychometrics' に関する博士の学位を取得，アメリカ教育研究学会（American Educational Research Association）では教育評価とカリキュラム評価の世界で著名であるため，Weiss や Wholey とは多少異なる経歴である．彼は社会プログラムの評価に際して定性的手法（qualitative methods）を重視した 'responsive evaluation' の導入を提唱したことで知られる．この 'responsive evaluation' とは，評価対象のプログラム実施状況に応じた評価を重視し，あるいはプログラムの顧客を評価において心がける（顧客のニーズに応答'response'する）意味に近い．とくに教育の分野では，事前にアウトカムを評価対象として設定していても実際にはそのアウトカムが出ていないことが多いため，またプログラムのスポンサーが必要としている情報を入手するのが難しいため，代わりに，プログラム活動の実態に即して観察する柔軟なケーススタディ的手法を提唱したのである．この評価の目的は現場での業務・プログラム実施改善にある．経済分析や費用便益分析をはじめとする「定量的手法万能主義」に，一石を投じたのが Stake である.

次の評価第3世代が，日本の政策評価にとって大きな意味がある．強く影響を及ぼしたからである．第3世代の代表が Lee J. Cronbach と Peter H. Rossi である．Lee J. Cronbach（1916-2001）は，教育心理学でシカゴ大学において Ph. D を取得している教育学者，心理学者である．彼の関心は教育の心理学的測定（measurement）にあったが，後にプログラム評価に進出し，プログラム改善のための形成的評価に力を入れた．とくに小研究の積み重ねによってプログラムの構成要素を調べ，政策やプログラムを必要とする社会の背景要因と，そこに介入することの質的意味を確認し，確認結果を政策プロセスにフィードバックするよう提唱している．たとえば児童虐待はなぜ起きるのか，虐待をどうすれば予防できるのかという議論をするときに有効なのである.

他方 Peter H. Rossi（1921-2006）は社会学博士の学位をコロンビア大学で取得し，1950年代から60年代にかけて教育や福祉関連の社会調査研究書を刊行しているので，その専門領域は社会学者として分類できる．1979年に刊行した Howard E. Freeman, Sonia R. Wright との共著 *Evaluation: A Systematic Approach* によって有名である．読者に社会調査や政策プランニングの専門家，福祉・教育・保健・医療・都市再開発の実務家，行政官を想定して書かれたこの本は，評価調査（evaluation research）の理論と実務を包括的かつ体系的に記

述しており，評価の計画を立て，実施しようとする人びとにとっては必読文献になっている．もちろん，一国内部だけでなく国際社会，とくに政府開発援助 (ODA) の分野の専門家にも重宝されている．

Rossi の評価理論は 3 つのポイントからなる．1 つはプログラムの効果を探り，その後に実施過程をモニターしてプログラム自体の有用性を総合的に見る 'comprehensive evaluation'，2 つめは時間的制約の中で限られた評価資源を有効に使うため，プログラムの進捗状況に合わせて評価手法を選択する 'tailored evaluation'，そして 3 つめが 'theory-driven evaluation' である．この 'theory-driven evaluation' は，評価がプログラム活動とその活動環境に対する理論を展開せず，「応用的ではあるが（不幸にも）非論理的な多様な学問分野の集合体である」との批判に対する答えであり，後に「'program theory' に導かれた評価」として一般化する．

さて，評価の第 4 世代は，理論と実務に経験ある人材がアメリカ評価学会で活躍する時代に重なる．たとえば William R. Shadish, Jr. (1949年生) は臨床心理学の博士の学位を Purdue 大学で取得（測定と統計学が専門），評価手法の中の実験的手法と準実験的手法の洗練化に貢献した．また Ray Rist (1944年生) はワシントン大学で Ph. D. を取得，はじめの専門は心理学と社会学であったが，彼は世界銀行の評価担当の上級職員，アメリカ会計検査院 (GAO)，保健教育福祉省等の実務経験を経てガバナンス理論，政策実施，政策手段，行政管理などの研究分野にもその専門を広げている．なお Rist は国際的に著名な評価の専門書をはじめて編纂しており [Rist 1995]，日本でもよく知られている．

Eleanor Chelimsky (1926-2022) は，1980年代にアメリカ行政学会の刊行物や機関誌 *Public Administration Review* でもその名前を知られていように なった評価のコンサルタントである．NATO の経済分析ミッションに携わり，また GAO においては連邦議会のために評価実務の支援・アドバイスをしていた．1990年代にかけてはカナダ，中国，コロンビア，フランス，ドイツ，マレーシア，ポーランド，スウェーデン，イギリスなどで評価に関する学会組織の設立も支援してきた．

Michael Quinn Patton (1945年生) はウィスコンシン大学で社会学の PH. D を取得し，当初は途上国の農村コミュニティ開発に携わった経験から国際的に評価の分野で活躍し，アフリカとヨーロッパにおいて評価学会立ち上げに関わっている．彼の理論的貢献は，「意図したユーザーに，意図したように使わ

れる評価」をデザインするべきであると言う 'Utilization-focused evaluation' の提唱である［Patton 1997］．日本も含めて世界各国300以上の大学で使われていると言われる彼の本は［Patton 1997］，1970年代からさまざまな評価を使ってきた彼の経験から書かれたもので，評価の本質に迫っている．すなわち，

> 「プログラム評価とはプログラムの活動，特徴，成果に関する情報を体系的に集めることであり，それはプログラムに関して判断するとき，プログラムの有効性を改善するとき，あるいはまた将来のプログラム作成について判断するときに，この評価情報は使われる」［Patton 1997：邦訳23］．

このように，彼が主張する評価はプログラム評価一般と違って，特定されたユーザーを意図して使われる実践的評価である．日本では政策評価が「役に立たないのにコストがかかりすぎる」といろいろな現場で批判され，問題になっているが，こうしたパットンの意見は，評価の有用性を高め，無駄な評価コストを出さないように見直しするときの参考になる．

╬ 5. 評価のディシプリン

以上のような多種多様な人びとの経歴から特徴づけられる評価（evaluation）のディシプリン（研究分野・研究者を育成する評価学の基礎知識体系）がもつ性格とは，いかなるものであろうか．

まず第1に，実務への応用である．関係者の多くが研究者としてのスタートを切っていたが，その後研究だけでなく，政府機関や国際機関において実務に関わってきた．ここから評価学の大きな特徴である「応用（applied）」を重視する評価学のイメージが浮かんでくる．

第2の性格は，評価対象との密接な関係性である．評価対象に関わる研究の多くが心理学や教育学，そして社会学の比較的新しい専門分野なので，経済学・法律学・政治学のような伝統的な社会科学のディシプリンが関わることはない．しかも各専門分野で行われている調査（research）活動が関わってくる．この調査は，いわゆる定性調査（qualitative research）と定量分析（quantitative analysis）とを混合したリサーチ・デザインの場合が多い．したがって，少なくともアメリカにおける評価学においては，日本ですぐイメージされる費用便益分析は，重要なツールではあっても主流ではない．

第3の性格はグローバリゼーションである．評価活動はアメリカ国内の活動にとどまらず，海外にも広がった．とくに国際開発援助の分野で評価が重要なテーマになり，1970年代半ばに初の体系的評価のテキストを刊行した Freeman と Rossi が OECD に招かれ政府開発援助の評価理論に貢献したこともあり [Stokke 1991：52]，また Rist や Datta のように国際機関に所属したり国際的に活動したりする人びとの影響も多い．評価と評価学は国際的な営みであり，21世紀初頭にはアメリカ，カナダ，イギリス，オーストラリア，ニュージーランド，スイス，フランス，フィンランド，韓国，ノルウェー，南アフリカ，スリランカ，地域単位ではアフリカ，ヨーロッパ，北米，アジア・パシフィック等に評価学会を確認できる．もちろん，政府開発援助のドナー国と受け入れ国，そして国際開発援助機関のそれぞれに援助の評価を行う組織があり，その専門家がいる状況では，評価はグローバルなプロフェッションになっている[5]．

　第4の性格は，時代状況の影響を評価も受けるという意味での特徴である．アメリカで評価関係者が活動を始めた時期が1960年代の終わり頃から70年代であり，この時代はアメリカ政治が「貧困との闘い」「偉大な社会」をスローガンに社会民主主義的な「大きな政府」，福祉国家の方向に進んでいた時代であった．その時代精神は，連邦機関や地方政府自治体の職員であった彼らが共通に持つ精神でもあったと思われる．ただし，Shadish はそのオーラルヒストリーのインタビューにおいて，1980年代以降世の中（world）が変わり，社会問題を政府が解決するべきだという理想主義が終わった後，このオプチミスチックな気分は失われたと述べ，評価学のディシプリンとして発展を支えた時代精神が変わったと考えている [Shadish 2003：261-72]．これに替わって，新自由主義を思想的背景にするレーガン政権やサッチャー政権が現れた．NPM（イギリス）や 're-inventing government'（アメリカ）がもつ思想が，新しい評価手法，すなわちパフォーマンス測定の重視を促したのであるが，これは今まで述べた評価学，アメリカで誕生し成長してきた評価のディシプリンとは別のものである．

　注意が必要なのは，日本では20世紀末から21世紀初頭，さまざまな背景にルーツをもつ評価が奔流のように登場したことである．そこでは，これまでの日本国内での社会学や社会福祉学，教育学，心理学の研究の遺産を重視しないままで，NPM 型のパフォーマンス測定も採用されたのである．こうした評価学の学説史と比べ，われわれが日本で見る評価の実際は，いかなるものであろうか．

2000年9月25日に日本評価学会は設立された．その設立趣意書は言う．

　　「これまで我が国には透明性や客観性を重視した評価の慣行があまり定
　着していなかったことから，そのための評価手法や技術に関する経験や研
　究の蓄積も十分とは言い難い．（中略）このような背景のもと，我が国にお
　いても，国際社会に通用する評価活動の定着と評価活動に関わる人材の育
　成を推進するために，評価に関する研究の必要性が高まってきている．そ
　こで，評価に関する研究者や評価を実践していく実務家の研究と交流の場
　として，新たな学会の設立を提唱するものである．また，評価は，高度な
　専門的知識が要求されるような分野を含め，様々な分野における活動を対
　象として行われる活動であることから，本学会は，対外的に開かれた学会
　とし，既存あるいは新規の他の学会などとも協力関係を深めることにより，
　その研究と実践の質の向上を目指すものである．」（『日本評価学会設立趣意
　書』，2000年9月25日）．

　ここには日本評価学会の特徴が現れている．すなわち，学（ディシプリン）と
実務（プロフェッション）の融合，国際主義，学際主義である．諸外国の評価学
会と連携しつつ，また行政，国際機関，シンクタンク，NPO・NGO，市民と
協働で評価の実務を考え，理論を洗練させようとも考えている．

　2001年2月に第1回全国大会が開催され（東京工業大学），2001年7月に学会
紀要『日本評価研究』が発刊，さらにこの日本評価学会の主要メンバーが執筆
したテキスト『評価論を学ぶ人のために』［三好編 2007］が刊行されているので，
実質的なディシプリンとしての評価学の活動とは21世紀になってからであると
考えられる．それまで日本ではごく一部例外を除き，たとえばインタビュー調
査，参与観察法，映像データ分析，ドキュメント分析，フィールドワークなど
が各学問分野で個別に，無関係に論じられ，それらが評価に関係すると意識さ
れてこなかった．この『評価論を学ぶ人のために』が刊行され初めて評価とい
うキィワードで統合された．[6)]

　日本評価学会自体は多様な研究者や実務家が参加し，政策評価，行政評価，
ODA評価，地方自治体の各種評価，ジェンダー政策の評価，各府省の評価実
務，総務省行政評価局が行う各種評価，独立行政法人評価，学校評価，大学評
価，保健医療プログラム評価など多くの分野に積極的に取り組んでいる［山谷
編 2010］．その意味では研究者と実務家の交流の場としても，理論と実務の洗

練の場としても十分に機能している．こうした日本評価学会の努力の成果は
『プログラム評価ハンドブック──社会課題解決に向けた評価方法の基礎・応
用』として2020年に刊行されている．

　なお，日本評価学会は NPO として単なる学会ではなく評価コンサルタント
業務も行っているが，こうした性格を拡大充実していく場合，どうしても評価
業務に携わる専門家が不足になる．この点を克服するために日本評価学会は
2007年から「評価士」養成講座を設け，年に 2 〜 3 回研修会を行い，毎回30人
前後の評価士資格を認定してきた．第 1 回の認定は2008年 3 月で，合格者の所
属は県庁，市教育委員会，国際 NGO，国際開発コンサルタント，教育 NPO，
国際開発銀行，国際交流基金，県立高等学校，コミュニティ・シンクタンク，
国の省庁（法務省・防衛省・海上保安庁等）など多岐にわたっている．

　ただし，日本評価学会に問題がないわけではない．第 1 に認知度が低いこと
である．会員はほぼ毎年500人前後で推移しており，増えない．日本社会で評
価に苦しみ悩む人の多くが評価学会とは無縁の世界にいるのである．評価学会
の存在すら知らない人もいる．第 2 の課題は日本人が評価に対して抱くイメー
ジがよくないことであり，日本社会に存在する負の宿痾「マイナス評価」を危
惧して評価を敬遠する人が多く，さらに評価が役に立たないと揶揄する人，自
己保身・自己弁護に評価を使いたがる人，安易に評価を乱発して無意味な評価
作業を増やしている人も多い．こうした人びとに対する説得力ある説明，啓蒙
に日本評価学会はさらに取り組む必要がある．

　日本評価学会が取り組むべき課題は，他にもある．評価の現場で起きる経年
劣化・制度疲労である．その原因は明確である．さまざまな評価の現場では，
担当者が人事異動で入れ替わるたびに内容の質が後退し，おざなりな記述スタ
イルの作文「こうなっています」になってしまった例も少なくない（経年劣化）．
あるいは評価制度が導入されて評価マインドが定着した直後は意識改革に一時
は貢献したものの，政策の質的改善に期待したほどの成果がなく期待はずれに
終わり，毎年繰り返すたびに徒労感が増し，やがて評価そのものへの熱意が失
われ，単なる年中行事になったとも言われる（制度疲労）．

　2020年代になり，新たな課題も登場した．代表は新型コロナ禍での評価業務
に見られる．評価作業や評価準備のデータ収集にオンラインを活用する IT 化
が進み，それを外部のコンサルタントが受注するようになった．こうしたコン
サルタントは評価の専門家ではないし，日本評価学会のメンバーでもないので，

評価に関する「相場感」の感覚がない．そこで IT 技術で精緻化した評価書のデザイン作業，細かな情報収集ツール，それらをとりまとめたパワーポイントが大量に作成される．「パワーポイント職人」がアカウンタビリティを向上させると考えているのだろうと推測するが，一般市民の多くはわざわざパワーポイントを見ないので，作業に対して反応は乏しく，空しく，さらに疲労する．

　他方，地方自治体は評価関連業務を入札に出すことがある．たとえば，参加型評価のためにワークショップを開催して，それによって地域住民の定性情報を得る業務の場合，入札の仕様書にある方法については記述，指定がない場合が多い．住民の属性（災害避難・高齢者・幼児の保護者・障害者）に配慮する評価[7]データ収集，分析は業務量・難易度の点で自治体の職員の手に余るから（「疲れる」から），外部に業務委託したのだろう．ただし，その報酬金額は，大学院で博士や修士の学位を取得した評価専門家に対する金額ではなく，安過ぎる．こうした課題も存在する．

　評価の経年劣化や制度疲労，コストをかけたがらない行政の悪習は日本評価学会設立時から予測はされていた．会員拡大が進まず，評価に対するイメージの転換もうまくいかないまま，評価実務の中で繰り返される評価の誤用，安直な利用が進んでいる．こうした日本の「評価文化」の改革は，日本評価学会と大学・大学院，さまざまな官公庁の評価担当者，NPO が連携して取り組むべ[8]き「永遠の革命」である．その鍵になるのは人材の育成である．

　この人材育成に際して必要なのは，評価技術以前の価値規準の議論である．代表例として，同じ efficiency という英語でありながら日本語訳にすると解釈が違うことを再度想い起こすべきである．国家公務員法，地方公務員法，国家行政組織法などの法律では「能率」であるが，経済学では「効率」を使う．両者の区別の議論が評価では必要なのである．しかし，評価の技術論やテクニックに偏ればこれらは失念される．しかし，やはり能率は単なる技術論ではない［辻 1966：50-57］．

　新型コロナ禍や大災害の経験はその失念の事実を思い起こさせ，新しい政策課題にどのような評価を適用させるべきかを考える手がかりを提供する．たとえば，さまざまな障害をもつ人びとが共生できる社会づくりのための評価［北川 2018］，LGBTQ のような新しい動きへの公正な対応，貧富の格差を拡大した政策理念に対する反省，地球温暖化対策，開発途上国（LDC）における女性の暮らし改善などには，規範的な取り組み（プログラム）とその評価が必要にな

るだろう．プログラム評価が活躍する場面である．そして，規範的なプログラム評価と数量分析とはどのように接点を持つのであろうか．それについては，第8章で明らかにしたい．

注
1) テレビや漫画では鉄腕アトムに代表されるサイエンス・フィクションが流行していた．
2) この時期の英語 social には「福祉」の意味が入っている．
3) GAO は program evaluation に関するさまざまな入門的な文書を公表してきた．また，現在もインターネットで追加公表している［US. GAO 2021］．
4) アメリカ評価学会のオーラルヒストリーは The Oral History Project Team によって学会の機関誌 *American Journal of Evaluation* において The Oral History Project Team［2003：261-72；2004：243-53；2005：378-88；2006：475-84；2007：102-14］のように公表されてきた．
5) アメリカ評価学会の国際開発援助の評価論文は多くない．しかしそれは ODA 評価に関心がないというのではなく，国内の政策と ODA 政策とを区別する意味が無いからである［Picciotto and Rist 1995］．
6) アメリカでは早くから評価の具体的手法としてさまざまな手法の解説が見られた．たとえば Sage 社の‘Program Evaluation Kit’ は1978年に最初のシリーズが刊行され，1987年に第2版が刊行されている．その中に King, J. A., Morris, L. L., Fritz-Gibbon C. T., *How to Assess Program Implementation*, および Morris, L. L., Fritz-gibbon, C. T., Lindheim, E., *How to measure Performance and Use Test* の2巻があり，ともにプログラム実施過程の performance のモニターについて，具体的な方法を論じている．そして，これは「組織活動」を対象にした業績測定（performance measurement）ではないことを，日本の研究者も実務家も理解していない．
7) 自らも障害者であった北川雄也氏は「障害者」の言葉にこだわる．この場合の「害」は社会が障害者に強制する害だと北川氏は考えたからである［北川 2018：6-7］．
8) NPO は行政の下請けとして力仕事をする業者ではない．行政の家庭教師として頭脳を使うこともある．たとえば政策評価の NPO があり（「政策21」），2002年から活動している．その活躍は『協働型評価と NPO』［山谷・岩渕編 2022］に詳しい．

第8章 NPM と業績測定の強調

　評価が登場し普及してきた歴史には，大きく4つの波があることは既に紹介した [Vedung 2010]．第1のサイエンスの波は1960年代から1970年代はじめ，第2は福祉や人権を大事にする1970年代の波で，規範的評価，価値の検討も重要であると考えていた時代の波である．この第8章では第3の波について紹介する．それは1980年代から1990年代末にかけて登場した新公共経営（New Public Management: NPM）運動のアイデアを背景にしており，この第8章では NPM が導いた業績測定（performance measurement）について説明したい（表8-1）．すなわち「小さな政府」と民間の経営スタイルを重視した改革運動が，測定を評価と呼んできた状況である．

　ここでは2つの点を認識すべきである．まず，測定（measurement）は，評価（evaluation）ではない．また政策評価の評価が政策，プログラム，プロジェクトを対象とするのに対し，この測定は組織とその活動を対象にするため，人事管理や財務管理，組織管理の分野に進出する．しかし，多くの人はそれに気づ

表8-1　評価登場の3段階

	第1の波	第2の波	第3の波
活動の特徴	analysis	evaluation	measurement
対　象	計画と予算	対人サービス	すべての政府活動
ねらい	未来予測の計画策定	プログラムの質改善	アカウンタビリティ確保
背景学問	行動科学・政策科学	応用社会科学	経営学，行政学，会計学
事前／事後	事　前	事　後	中間監理（monitor）
対　象	プロジェクト	プログラム	全政策システム
政策評価での方式	事業評価方式	総合評価方式	実績評価方式

出典：筆者作成.

かずに，評価と測定が同じ物だと誤解して使っている．第8章の目的は，この2つの区別である．

日本でわたしたちが評価と呼ぶ活動は，それぞれ異なる背景と違うねらいを持つ方法の集合体である．もちろんそれぞれ背景の学問は異なり，実践での活用方法も違っていた．ただし，20世紀末に政策評価導入が日本で議論されたとき，行政学の研究者が最初にイメージした政策評価のプロトタイプはプログラム評価だった（総務庁行政監察局「政策評価の手法等に関する研究会」）．他方で，中央省庁で独立行政法人制度の導入も始まっており，ここで使われたのがパフォーマンス測定であった．なお，独立行政法人制度を所管する予定だった当時の総務庁が，研究機関に委託してイギリスの行政改革「サッチャー行革」について研究していたように，パフォーマンス測定に付いての予備知識は日本でも多かった［総務庁長官官房企画課 1989］．評価と測定の違いは一部で共有されていたのである．

ただし，独立行政法人評価と政策評価は同じ総務庁行政監察局が担当し，2001年に行政監察局が総務省行政評価局と名称を変えても，2つの評価システムはそのまま総務省に引き継がれた．他府省の原課や大臣官房の評価担当者から見ればいずれも同じ「総務省」なので，政策評価であろうが独立行政法人評価であろうが同じ組織の，同じ「評価」業務であった．

そのような状況で，経済財政諮問会議をはじめとする政権与党から日本の政策評価制度には修正が加えられた．修正には，予算編成に関わらせるため事後評価よりも事前評価を重視したいという思惑，政策評価を外部統制のアカウンタビリティではなくマネジメントのツールとして使いたい現場の意向，評価でKPI（Key Performance Indicator）などの指標を使って客観性を高めたい官僚と評価を専門としない研究者の要請があった．さらに日本独自の政治文化と行政慣行に影響を受けて，独自の展開を見せるようになった．「ガラパゴス化」（第5章）と呼んでもよい．

その大きな理由が，日本とは行政の制度も公務員文化も違うアングロサクソン（イギリス）流の NPM（New Public Management）改革に，日本の改革を導いた人たちが過大な期待を抱いたからではないかとここでは推測する．経済学用語の「効率」重視，支出に見合う価値（Value for Money）の強調，政府への競争原理と市場化の導入など，業績重視を採用する NPM からの強いインパクトは，想定しなかった方向に日本の政策評価を導いた．

以下では業績測定（performance measurement）の本質を明らかにしたうえで，これを政策評価の標準的方式にした日本の政策評価について，その意味を説明した後，評価と測定を混同するようになった経緯を述べ，いくつかの重要な問題を指摘する．

＋ 1．業績測定登場の背景

（1）NPM とその背景

1980年代のサッチャー改革に起源を持つ NPM 改革，1990年代前半のアメリカで流行した政府改革運動（Reinventing government）はともに，政府サービスの効率化と節約，「小さな政府」と市場メカニズムの導入をめざす改革としてアングロサクソン諸国を中心に拡大し，日本でも大きなインパクトを持ったことは記憶されている．イギリスの行政学会の紀要 *Public Administration* において最初に現れた NPM は批判的な議論だったが [Hood 1991]，その批判をこえてアングロサクソン諸国をはじめ OECD 諸国や日本に普及定着する．「大きな政府」に対する危機感が共有されていたからである．

もともと行政における生産性改善運動は古く，1906年のニューヨーク市にはじまる調査運動が有名である．また，1960年代に流行した目標管理（MBO: Management by Objectives）運動や TQM（Total Quality Management）運動も政府のマネジメント改善運動として記憶されている（Morgan and Murgatroyd, 1994）．また，プログラムの事前評価と予算編成を結合することで有名になった PPBS も予算管理の方法として記憶される．さらに，人事評価，つまり公務員の業績（performance）を査定（appraisal）して，業績評定（performance rating）として給与に反映させる考えも古くからアメリカにはあり，業績測定（performance measurement）を使うマネジメント改革は「新しい」試みではなかった．

パフォーマンスを見るマネジメントは，サッチャー改革以前の経営改革にも見られた 'performance indicator' 運動とつながりを持つ．あらかじめ設定した指標を結果において達成したかどうかでアカウンタビリティを判断するため，その運動が唱えた管理手法は 'result-based management'（RBM）と呼ばれた．その後アメリカでもクリントン政権時代，後に Government Performance and Results Act（GPRA 1993）に結びつく 'Reinventing government' ブームが注目を浴びたが [Osbone and Gaebler 1992]，これも NPM と同じく 'managerialism'

に数えられた．このように，NPM につながったさまざまなアイデアとツール
は，多くの実践領域や研究分野に起源を持つ運動を背景としていたため，1つ
の理論体系と言うよりは運動の集合体であったと考えるべきであろう．

（2）新しい管理運動のルーツ

次に政策評価のプロトタイプのプログラム評価と業績測定との違いを知るた
めに，NPM を説明するいくつかの行政学の文献から確認しよう［Hood 1991；
Osborne and McLaughlin 2002；Vigoda 2008］．

- 民間セクターにおけるマネジメント・スタイルの優秀性を強調
- 伝統的な官僚制の視点で行政官を見るのではなく，経営実務におけるプ
  ロの企業経営者として見る
- 明確なパフォーマンスのモノサシ（多くは効率と節約）を置く
- アウトプットをコントロールする
- 公共サービス（＝行政）全体を分解し，それを分権化する
- 公共サービス（＝行政）を提供する現場に，競争原理を導入する
- 資源配分における規律の向上と倹約精神の促進
- 政治的な意思決定の場と，公共サービスをマネジメントする現場とを分
  離する

こうした特徴を持つ NPM の理論から想定されるのは，パフォーマンスとは
アウトプットの効率的で節約的な生産であり，それを巧くできるかどうかは現
場のマネジメント・コントロール次第だということになる．このマネジメン
ト・コントロールとは目標管理（Management by Objectives）を活用する方法で，
伝統的官僚制の特徴を説明するモデルで使われる法令順守，コンプライアンス，
合規性の監視がここでのマネジメントの任務ではない．この監視は，監査の仕
事として別の組織に委ねる．

もちろん，組織の戦略やミッションを決定するのは，マネジメントの現場で
はなく政治的意思決定の場で，ここにプリンシパルとエージェンシーの関係が
生まれる．このエージェンシーにあたるのは日本では独立行政法人であり，ま
た実施庁（特許庁・海上保安庁・気象庁・国税庁），あるいは国の補助金や助成金を
受けて事業を行っている地方自治体や公益法人もエージェンシーのイメージに
近い．このエージェンシーがアウトプットを効率的・節約的に生産するために

は，資源配分方法とその規律を監視できる予算システムの改革が必要である．また組織目標を達成するために行われる組織内活動（operations）について，民間企業と同じような経済的側面，財務的側面でのデータを集め，分析するツールも必要になる（ここにNPMの議論の中で出てきた公会計改革が発生主義会計であったことが思い起こされる）．こうした仕掛けを前提として，予算書に示した目標を評価基準にして組織内活動を評価する予算管理機能は，広い意味では目標管理制度の一形態である［伊丹 1986：137］．

　このようにNPM運動は複数あったが，その根本において基本的に一致していたのは，主張においては'managerialism'を唱えるところ，またさまざまな手法で公共部門の市場化（marketization）を推し進めるところであり，さらにあたかも市場におけるがごとくパブリック・セクターでも競争（competition）を重視したい主張が共通していた．そして，これら'managerialism'と市場化，および競争メカニズムを手段として，公共部門が提供するサービスの効率化と節約をめざし，小さな政府に向かう方向もまた共通していたのであった．

　当然，この改革の進捗を現場で検証する作業が必要になる．活動状況の定量測定，すなわち業績測定（以下'performance measurement'とパフォーマンス測定は業績測定のことである）をツールにすることが求められたのは当然である．この測定結果を使ってコントロールするのが（パフォーマンスの）マネジメント・ツールとしての業績測定で，この業績測定をマネジメントのツールとするところも，NPMを標榜する行政改革に共通する特徴になった．

　古くから業績測定をマネジメントのプロセスで使用することを経営学と行政学関係者は業績管理（performance management）と呼んできたが，その背景には会計学（管理会計）がその知的バックグラウンドにあったからである［行政管理研究センター 1984］．1980年代のサッチャリズムの初期には民間企業の会計やマネジメントをイメージして政治が指導したため，インプットの削減とアウトプットの拡大を実現する生産性向上目的が政府に導入された．その後，サッチャー改革が世界的に流行した中で投入と産出の比率の効率（efficiency）が重視され，さらにアメリカでは結果志向マネジメントからアウトカム（成果）を意識し始めた．こうして業績測定をベースにした管理手法の新たな変種，バリエーションが次々と登場したのである．

　1990年代になってこの傾向はさらに強まって2000年代に進む．この時代，欧米諸国政府は生産性と効率を改善するために評価に注目し，その具体的スキル

としてパフォーマンス測定によるマネジメント手法を使った〔Door et. al. 2010〕. パフォーマンス・マネジメントが一種の流行語になって国際的に広がり，古い時代の科学的管理法（1900s-1940s），PPBS（1960s-1970s），Management by Objectives（1960s-1980s）が流行したときと同じような形で，NPM（1980s-2000s）と公共ガバナンス（1990s-2010s）も流行して世界各地に拡散した〔Cepiku 2017〕. なお，当時の文献や各国政府の報告書によく見られた業績管理は，組織管理・成果主義的人事管理制度に起源があり，政策学ではなく経営学に近いが，日本ではなぜか古い時代に民間経営で流行った目標管理（management by objectives）と共に想い出され，パフォーマンス改善のためのツールとして再び注目された. それが名前を変えて 'result-based management'（RBM）として登場したのだが，その実態は成果重視経営だった〔Jacob 2024：196〕. やがてこれらは，プログラム評価の outcome-based の評価と混同されてしまった.[1]

　ところでアメリカ行政学においては，NPM の根幹にある 'management' と，伝統的行政学や行政管理論で言う 'administration' との違いに関して長年の議論があった. すなわち「公行政が，科学的管理法から導入した最も重要な概念は『管理』である. 現代の企業経営においても，管理は中枢的な役割を営んでいるが，公行政でも同様である」〔辻 1966：47〕. あるいは「アメリカの行政学は，何人も知るように，経営あるいは組織体一般に通ずる管理（management）の原理を扱う学問の，政府組織への適用として成り立ったということができる」〔岡部 1962：57〕. 'Public administration' の行政学と，その下位分野としての 'Administrative management' の行政管理をめぐる行政研究においては，数十年も昔から 'public management' の概念が存在してきたのであって，1990年代になって突如出てきた概念ではない.

　たしかに，NPM 思考のツールである業績指標は，1960年代から1970年代に大流行した社会指標と同じように見えるし〔降矢 1977〕，「結果にもとづく管理」（RBM）は MbyO の焼き直しのように見える. もちろん効率（能率）は1930年代のアメリカ行政学（正統派行政学）の看板であり，H. Simon は1930年代に能率測定を始めている. あるいはマネジメントにおいてアカウンタビリティを実現する思考も，イギリスではフルトン委員会（1966〜68年）が既に 'Accountable Management' として議論しており〔君村 1998；Garret 1972：185-212〕，この経験もふまえた評価メカニズムがいろいろ考えられていた〔稲継 2001〕.

　それでは何が「new」なのであろうか. 古い public management との最大

の違いは，NPM が業績測定を政治戦略として，政治主導のトップダウンで市場化や民営化，規制緩和などを改革のツールとして進め，この改革の成果を効率（efficiency），'Value for Money' で測定しようとしたからである［山谷 1990a］．改革の結果を業績と考え，業績を測定するにあたって，事前に 'performance indicator' を設定し，この指標の測定（measurement）を政治によって求められた点を 'new' と言ったのである．そのやり方はサッチャリズムにおいて顕著に見られた［山谷 1990b］．もちろん 'new' の特徴は，トップのリーダーが改革現場に強制する方法の，使い勝手の良さにあった．

　このような背景で業績測定は注目され，実践の中で発展（変異）してきたが，その定義はいたって簡単である．すなわち，アメリカ会計検査院は「業績測定とはプログラムの業績遂行（accomplishment），とくに事前に設定した目標に向けた進捗状況の継続的なモニターと報告を言う」とシンプルに定義する［GAO 1998］．業績測定で有名な Hatry は「業績測定はサービスやプログラムについてその結果（outcome）と効率を定期的に測定することである」と，こちらも簡潔に説明する［Hatry 2006：3］なお，民間企業も使用する業績測定（performance measurement）の行政版の用語が行政評価であり，プログラム評価とどのような関係にあるのか議論になるが，両者は対立するものではなく，相互に補完的関係にある［McDavid and Hawthorn 2006：5］．両者の手法と学問的背景が違うことを認識して実践活動に使えば，混乱は避けられる．

　業績測定の基礎作業は，関連概念の定義からはじまる［Hatry 2006：15］．すなわち投入（input），活動結果（output），成果（outcome），中間成果（intermediate outcomes），最終成果（end outcomes），効率（efficiency あるいは unit-cost ratio），業績指標（performance indicator）である．これらの細かく定義した概念を事前・事後比較，類似都市との比較，優良事例やベンチマークとの比較で使う．比較によって政府や地方自治体，エージェンシー，独立行政法人の活動を具体的に把握し（この把握活動を operationalization という），その数字をコントロールする作業が不可欠だが，これは現場マネージャーの作業になる．上位の政策担当者がやる仕事ではない．そのため政策決定の現場と，政策を実践する現場とを分ける必要がある．この必要性を実際に反映したのが，日本の中央省庁改革（橋本行革）だった．

＋ 2．日本における注目

　ここでは中央府省の行政管理を所管する総務省行政管理局の研究会「新たな行政マネージメント研究会」（座長・大住莊四郎）の報告書『新たな行政マネージメントの実現に向けて』（2002年5月13日）をとりあげ日本のNPMの議論を紹介する．

　「新たな行政マネージメント研究会」は，2001年6月に閣議決定された経済財政諮問会議『骨太の方針』が示した「政策プロセスの改革」の考え方を踏まえて設置された（事務局は総務省行政管理局の行政改革担当）．この報告書ではまずこれまでの伝統的な行政管理の限界を指摘する．伝統的な行政管理では，行政内部のルールを国家行政組織法・国家公務員法などの法律で定め，ルールにもとづき事前にチェックを行い，一律的・集権的に管理するスタイルがとられていた．憲法が定める民主的行政実現のため，また行政の統一性・整合性・公平性・安定性・継続性の確保を目指しているからである．この伝統的な行政管理では，公正性・透明性の確保の視点から行政の適正な手続きの確保，ルールに沿った手続実施，資源が投入される時点でのインプット管理が規範になっていた．ただし，新しい時代の要請にこたえるものではなかった．

　ここで求められた新たな行政マネジメント改革とは以下のようなものである．第1に，「見える行政」を基軸とした組織文化の改革である．ここでは成果指向型の組織の内部が見える行政が重要で，目的の明確化，成果の測定，成果に応じたメリットの付与がその見える化のポイントである．国民の目で見た目的設定の妥当性，意思決定過程の透明化，意思決定過程への国民意見の反映，意思決定手続き等の事後検証，成果測定の適切性確保が必要となる．

　第2に，分権と集権とのバランスが重要である．明治以来日本の行政は中央集権的だったが，過度の集権的統制が各組織の自発的な創意工夫を妨げ，多様な行政ニーズへの対応を困難にした．これを踏まえ，トップダウンで強制されたさまざまな内部規制を緩和し，公務員個人の自発的な努力を促すとともに，現場の効率性を図るため，分権的マネジメントを目指す必要がある．

　以上のような認識をふまえ，この報告書は以下のように提言した．最初に，戦略計画を核としたマネジメント・サイクル，'Plan → Do → See' を導入する．この戦略計画とは計画，業績，予算を結合した計画である．ここでは組織のビ

ジョン，目標と目標間の優先順位の明確化，目標実現のための資源（予算と人員）の割り当てとそれらの優先順位が明らかにされている．戦略計画の策定に当たっては多様なタイプの国民ニーズの把握，国民による意思決定過程の監視，行政内部からのインプット（成果測定からの情報フィードバック）が重視される．大事なことは，この 'See' に performance measurement を使うことである．

　戦略計画の運用には「目標管理型」の業績測定が重要で，そのために戦略目標を置き，これを達成するために具体的手段を立案する（独立行政法人の中期目標とその計画の策定・運用にこの実践例が見られる）．この作業にあわせて下位組織・事業ごとに戦略目標を細分化・具体化して，それぞれに目標を作成する．これらを体系化する一連の作業によって「目標管理型」の枠組みと，その評価（実は測定）が可能になる．この枠組みによって，下位レベルにおいてもビジョンや上位の政策目標と関連させた「成果」（アウトカム）が見えるようになる．この枠組みが用意された後に，評価（実は測定）結果を反映する予算・会計制度への改革をすすめ，また人事制度も改革してマネジメント・ツールを整備する必要がある，このように報告書は言うのである．

　なお，関連する取り組みとしてはよく知られるコスト意識（Value for Money）の徹底，民営化・民間委託の活用（市場化テスト・強制競争入札・官民連携），人事管理制度の改革（能力向上・職員満足度向上）などが想定されていた．また 'Plan 〜 Do 〜 See' は，その後民間の企業経営の考え方を強めた結果，'Plan 〜 Do 〜 Check 〜 Action' と2003年に言い換えられた（経済財政諮問会議）．

　この報告書は日本の政策評価を NPM 改革の方向に導いたものとして，記憶されるべきだろう．

十 3．業績測定の実践

（1）実際のアイデア

　このように日本で注目された業績測定は，マクロな手法はイギリスを参考にしたが，実際例をアメリカに求めていた．アメリカの連邦政府全体での枠組みを決めたアメリカ政府の法律，Government Performance and Results Act（GPRA 1993）が分かり易いこともある．たとえば中央政府各機関のミッション・戦略と具体的な業績目標とを結び付けて，行政活動の成果を測定しつつ，予算編成に反映させようとしたからである．また，日本人研究者や政府関係者

の多くが，アメリカ行政学とその実践になじんでいたことも背景にある．

　ふり返ると，日本の21世紀初めの改革は業績予算（performance budgeting）に向かっていた．ここでは業績指標を問題点の発見，業績改善，業績測定結果の予算へのフィードバック，アカウンタビリティの検証，人事考課への反映に活用しようと考えていた．そしてそれは，日本の独立行政法人制度，独立行政法人評価のしくみに反映されている．

　業績測定はマネジメントに使用され，やがて予算編成に活用されて業績予算へと進化したと言われる．日本でも政策評価の結果を予算に活用させようとする動きがはじまり，「政策評価制度に関する見直しの方向性」（2005年6月17日総務省）が出された．予算書と決算書の表示科目（項・事項）と政策評価の単位（たとえば施策・プログラム）とを一致させようと試みられたが［鎌田 2008］，実はこの試みと適合性を持つ評価方式は業績測定（「実績評価」）である．もちろん，これには2条件が必要である．① プログラム実施の進捗をマネジメントするためのツールとしての業績測定・パフォーマンス測定が整備されていること，② それらが財政サイクルに組み込まれていることである．

　ここに政策評価の文脈で気づいていなかった問題が，2つ出てくる．1つは一般の組織のマネジメント，つまり予算や会計，人事の管理である行政管理と，政策やプログラムのパフォーマンスのマネジメントを一緒に考える場合には，難しいハードルが存在する問題である．たとえばアウトプットを対象にするのか，それともアウトカムを対象にするのかに関しては意見が分かれる．実際の行政活動を対象とする予算であれば，アウトプットは正確に把握できるが，アウトカムは外部環境からの影響や想定外のトラブルなどのため把握は難しいし，そもそもアウトカムの結果が見えないことも少なくない．日本ではこの点に関する議論は深められないまま，アウトカム重視の成果主義に向かった．安易に向かった理由は，評価の理論に詳しくない人が前述のプログラム評価理論，政策評価の理論（とくにそのアウトカム志向）と，業績測定の理論とを混同したためと推測される．

　2つめの問題は，業績測定の二面性である．パフォーマンスの測定は，一面で政策・プログラムが対象にするテーマによっては個々の組織に収まりきらない組織横断的問題，官民協力的課題，国際間協力，多国間協力のマクロ課題を取り扱うことがある．業績測定がこのようなプログラムを対象に実施される時，誰が政策を所管し，権限と責任（responsibility）を持つのか決めるのは難しい

第8章　NPMと業績測定の強調　*133*

（国連のミレニアム開発目標はこの難題に直面し，その後のSDGsは曖昧にしている）．他面で，予算や定員のマネジメントに使いたい時にはどうしてもミクロ・レベル，つまり個々の課や室に議論が降りていく．この二面の間での調整は済んでいないのである．メゾ・レベルのパフォーマンス測定が望ましいが，その理論が未熟で実践できないのである．

　さて，こうした問題を抱えながらも普及した業績測定の基本的ねらいはどこにあるのであろうか．いささか単純化されている傾向があるが，Behnによると8つである［Behn 2003：588］．

1．評価：公的機関はどれぐらい巧く活動を遂行しているか．
2．コントロール：どうすれば部下に正しいことをさせるようにできるか．
3．予算：公金をどのプログラム，どこの人，どのプロジェクトに支出すべきか．
4．モチベーション付与：パフォーマンスを改善するために必要なことをするように，ラインのスタッフ，中間マネージャー，有給の同僚，非営利・無給の同僚，利害関係者，そして一般市民のモチベーションをどうやって高めるか．
5．奨励：政治的任命の上司，議員，利害関係者，ジャーナリスト，そして市民に，私の組織が良いことをしているとどうやって納得させることができるか．
6．褒賞：どこまでの成績を，成功を祝う式典にあげるべきか．
7．学習：なぜ仕事をしたりしなかったりするのか，そして何をして何をしないのか．
8．改善：パフォーマンスを改善する，まさにそのために何をすべきか，また誰が違うことをすべきか．

　日本の地方自治体で「行政評価」として導入された業績測定のねらいの多くが学習と改善，予算編成を目的とするのにとどまっていたのとは対照的に，本来の業績測定はいろいろと考えていたが，これが忘却されたのも日本の業績測定の特徴であろう．

　なお，業績測定をマネジメントに応用した業績管理については批判がある．たとえば，市場化志向の政府が置いた指標自体にバイアスがあると批判する声は，そのはじめから存在した．また「実施後20年以上経ってからも，業績管理

がいまだに 'enigma'（暗号表）にとどまり，しかもその実施に関してはメタ分析（部外者によるチェック：筆者）がない」，「レトリックとしてのインパクトはあったがその実態は貧弱だった」，「合理性に限界があってそれが意図しなかった結果を生んだ」などと批判された［Bouckaert and Halligan 2006］．いずれも傾聴に値する．

　さらに素人にはわかりにくいキャッチフレーズ多く，これらが混乱を招いたとも指摘を受けた．指摘の代表は，用語とそれを使った文脈の混乱である．たとえば，'re-inventing government', 'new public management', 'performance management', 'results-driven government', 'results-based budgeting', 'performance contracting' などともに業績測定（performance measurement）が出てきた．たしかに，その意味がいったい何なのか，すぐには理解できないだろう．業績測定を昇級や給与に反映させ，転職に積極的に取り入れたいと願う現場の意思はあるにしても，反映し取り入れる理論には課題が多く，実務上の困難は解決されない．そのため，「業績測定は苦行」になると言われるのである［Bouckaert and Halligan 2006：455］．

（2）業績測定を実践する5ステップ

　業績測定を行うプロセスは，理論的には5つのステップから構成される［Dooren et al. 2010］．

　第1はターゲットの選定である．一般に業績測定，パフォーマンス・メジャーメントを行うときには，パフォーマンス，組織，プログラムのどれが測定の対象なのか明確でないことが多い．プログラムを対象にするときにはプログラムのロジック（インプット→活動→アウトプット→アウトカム→インパクト）の流れを押さえておく必要がある．また，組織を対象にするときには戦略的プランニングで用いられる目標のツリーが必要で，ミッションの表明から戦略目標の設定，そこから現場のオペレーショナルな目標を導きだし，この現場の目標については資源をどのように確保して使用するのかその指針をつける作業がある．

　第2が指標（indicators）の選定である．インプットの指標，アウトプット指標，中間アウトカムの指標，最終アウトカムの指標，環境に及ぼす影響やインパクトの指標，費用便益比，費用対効果の比などが考えられる．

　第3はデータの収集である．既存の統計データを活用できればよいが，それが十分でないときには調査・リサーチで収集する．客観性に疑問があるがよく

用いられる自己アセスメント，素人には難しいエコノメトリクスやサイコメトリクスで用いられるようなテクニカルな測定，水質調査や放射能の測定のような自然科学関連の測定，外部の部外者の観察，組織内部にある情報の活用などが考えられる．

　第4のステップが分析であり，データをインフォメーションに変換するプロセスのことである．生データそのままでは意味がなく役に立たないので，一定の視点から分析して，役に立つ情報に加工する作業である．時間によって分析することもあり，他の組織との比較を行うこともある．場所ごと，時期別，対象集団・地域によってデータを分析することもあり，また技術的分析やリスク分析もある．新自由主義が流行したときのように，政治的イデオロギーに従った分析もある．

　最終の第5ステップが報告であり，誰がその情報を求めているのか，その人のための報告のフォーマット，票・シートは適切か，報告のタイミングをどうするのかが問題になる．この第5ステップが業績測定の質を左右することが多い．役に立たない割には業務量が多くて困るという不満は，この報告のステップについて深く考えないまま業績測定を始めたときに出てくる．

　一般的にはこうした5つのステップで業績測定は進められるが，その進め方については，実際には大きく2つの方向がある．プログラムに着目したものと，組織の管理に着目した進め方である．

　前者の代表は「プログラム・モニター型業績測定」であり，これは先のWholeyをはじめとしたプログラム評価論者の一部が主張した使い方である．プログラム評価が事後評価，総括的評価に重点を置く傾向が強いのに対して，このプログラム・モニターはプログラムの選択時に事前評価を行い，プログラムの実施を中間モニターし，プログラムが予測どおりにアウトプットを産出しているかどうかを確認する．担当者はプログラム・マネージャーであり，あらかじめ決められたプログラム目標に向かってアウトプットを出して組織活動が進んでいるのかどうかを知るために，ルーティンの手続によってデータが収集され，測定される．したがって，このプログラム・モニターの基本的前提として，① 政策体系（政策 → プログラム → プロジェクト群）にもとづく目標と手段の正しい論理的組み立て，② 政策プロセス（インプット → 活動 → アウトプット → アウトカム → インパクト）の流れの2つが不可欠である．

　なお，プログラム・マネージャーとは，その管理するプログラムとそのプロ

グラム内の複数のプロジェクトを担当し，実施されている社会環境，自然条件，経済情勢，住民の意識などに気を配りながら，プログラムの進捗をモニターしたり支援したりするシニアのポジションである．その専門はエンジニアではないし，また必ずしも組織内の人である必要はなく，政府開発援助のプログラムのように外部のコンサルタントが担当することも少なくない．プログラム・マネージャーは民間の外資系企業，科学技術政策の研究開発プログラムにも見られる役割である．

このプログラム・モニター型業績測定は，プログラム概念が普及しない日本においては難しい．組織の業績測定だけならば問題はないが，およそ無意味な業務活動のカウント（回数・入場者数・利用者の数など）になってしまうこともある．またプログラム・モニター型業績測定が仮に可能であったとしても，今度はプログラム評価と混同されてしまう恐れがあるので，この点に関しても入念な準備と活用が必要である．

もう1つの組織の管理に注目した業績測定の進め方は「行政管理型業績測定」で，行政学の古典，L. ギューリックの POSDCoRB に表される行政組織内部の管理機能（Planning, Organizing, Staffing, Directing, Coordinating, Reporting, Budgeting）を想起させる，予算管理と定員管理に使う情報を収集する目的で行なう業績測定である．その主眼が予算統制にあるとすれば，1972年以降イギリスで制度化され進められたマネジメント・レビュー，すなわち管理評価に近づく [伊藤 1979]．もちろんこの時は，政策評価（当時のイギリスでは Programme Analysis and Review）との分業体制を前提としていた．つまり，マネジメント型評価は組織のマネジメントにおける手続的側面に関する形式評価であり，政策評価は政策そのものの内容に実質的に関わる評価である，という分業である．

日本でこれらに相当するのは，大臣官房（総務課・会計課・人事課）が関わる政策評価（とくに実績評価で予算・定員に反映させる場合），地方自治体の総務部（総務課・財政課・人事課）が関与する行政評価である．評価シートに書き込む数値を予算査定や定員管理に反映させようとするからである．

ここで注意が必要になる．予算統制を前提とするのであれば，評価や業績測定の基本的なコンセプトが，本来の「政策評価」とは違ってくることである．予算に反映させたい要請が評価や測定の制約条件になって，それができる評価・測定と，できない評価・測定がある．考えるべきなのは以下である．

第8章　NPMと業績測定の強調　*137*

- 組織が自らコントロールできるのはアウトプットである．アウトカムは難しい．なぜならアウトカムには組織外の環境からの影響や外部効果がある．予算に測定結果を正確に反映させたいなら，アウトカムは測定対象にするべきではない．もっとも，「明らかに成果が出ないとわかっている仕事になぜ予算を付けるのか」といった精神論は成り立つ（事業仕分けのレベル）．

- アウトプットを測定対象に選んだ場合，インプットとアウトプットの比較が可能である．ただし，アウトカムではないので，組織のミッションや設立目的に関わる問題が解決したかどうかは正確にわからない．

- 予算は基本的に単年度である．予算編成に使う資料にしたいのであれば，１年で出る結果を測定することになる．そのため，結果が発生するまで数年を要するアウトカムを対象にするのは難しい．まして，発現状況を見るために５年10年を要するインパクトは無理である．どうしても予算編成に使いたいのであれば，複数年度にわたる予算が必要であるが，これも難問である．行政事業レビューは基金の事業（複数年度）を見ているが，実は単年度で見ているレビューの拡大利用に過ぎない．

- なお，中央府省では前年度（仮に2023年度）の政策を対象にした評価結果が出てきた時（2024年５月末），既に翌年度（2025年度）の予算編成作業がはじまっている可能性がある．つまり2023年度の評価結果を2025年度予算に反映させることになり，１年間ズレている．そして，補助金頼み行政運営をしている地方自治体の４月予算は一種の仮予算で，中央府省の予算執行後，たとえば８月に交付される補助金を待って本格予算を組むので，この１年ズレる問題は起きないかも知れない．

- アウトカムやインパクトを調査したいのであれば，それに携わる作業チームを組織する必要がある．外務省のODAの国別評価が代表である．広範な効果や影響の調査は，組織内部で片手間に実施するには作業量が大きすぎるからである．ただし，そのために必要な予算，評価や測定のための予算を別に取っておく必要がある．

- 業績の測定を組織（課や室）単位で行う前提を変えない場合，個々の組織が担当するプロジェクトのアウトプット実績測定で終わる可能性がある．この場合，複数組織が関わる組織横断的な視点が欠かせない課題，これに対応するプログラムは，評価や測定の対象にできない．したがっ

て，各組織で完結する個々のプロジェクト（事務や事業）を対象単位とせ
ざるをえない．評価の対象をプロジェクトではなく，プログラムにする
時には技術的に難しい仕掛けが必要になる．

人は気軽に「予算編成に政策評価や業績測定の結果を反映させる」と言う．
しかし，この言葉を受け入れた場合，現場では自動的に毎年プロジェクトのア
ウトプット，悪くすると単なる活動（activities）が評価や測定の対象に選ばれ，
また個々の組織（課・室）が行う活動を対象に測定を実施することになる．
個々の組織がコントロールできるのは現場の作業，外部の影響を受けないアウ
トプットであり，またこのアウトプットを生産する活動に必要なインプットが
予算として組織に与えられている．結果として，アウトカムを対象にした成果
主義は，かなり無理なアウトカムの測定を強引に行っている．

╂ 4．業績測定の再整理

日本の公共部門で「評価」だと考えているものは，実はさまざまに異なる活
動である．その大前提は評価と測定の区別である（図 8 - 1）．
評価は図 8 - 1 の① 政治評価的な政策評価（政権の評価・マニフェストの評価），
② プログラム評価，⑤ プロジェクト分析（費用便益分析や産業連関分析を使う）で
ある．また測定は③ プログラムのアウトカムを対象にしたパフォーマンス測
定，④ プロジェクトのアウトプットを対象にしたパフォーマンス測定，⑥ プ
ログラム・モニター（方法が科学的でなく，監察や監視に近いので優先度は低い），⑦
行政管理型業績測定（伝統的な行政管理），の 7 種類である．この区別のポイン
トは政策思考（とくに政策デザインと政策プロセスを導く思考）を持っているか，そ
れともマネジメント思考（政策関連志向は不要）にもとづいているのかである．
マネジメント思考とは，狭義では政策評価の対象にならない行政の内部管理
事務のことであり，政策的経費と事務的経費の区別では事務的経費，投資的経
費ではなく経常的経費，任意的経費と義務的経費の区別では義務的経費によっ
て運営される継続的業務を対象とする管理活動の思考であり［西尾 1990a：30］，
また広義では組織ミッションから発生する戦略計画にもとづいて組織行動をコ
ントロールする思考である．そしてこの管理活動，コントロール活動に必要な
技術とは，組織行動のために有効かつ能率的な組織体制を維持発展させる技術

第8章　NPMと業績測定の強調　　*139*

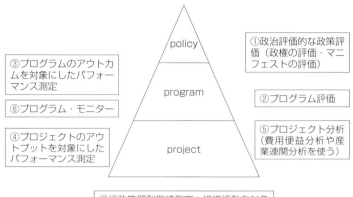

図8-1　政策体系と評価 (evaluation) & 測定
出典：筆者作成．

である．すなわち 'management technique' である ［西尾 1990b：105-106］．この管理技術を使う活動がマネジメント・コントロールであると言ってよい．

　NPM 理論の重要な要素である業績測定はマネジメント・コントロールの一種であるが，この範疇に含まれるのが ⑦ 行政管理型業績測定である．そして，その先にあるのが会計制度の見直しと，予算制度の改革（業績予算と呼ばれるパフォーマンス・バジェッティング）であった．それが拡大して，③④⑤になってきた．こうした背景を考えれば政策評価と言うよりも，マネジメント・コントロールをしようする「管理会計」の領域の議論であると考えた方がよく ［古川 1999；加登 2003］．その意味では NPM 理論と結びついたパフォーマンス測定，つまり民間のマネジメントを強調する行政管理型業績測定の向かうべき方向は，政策評価本来の方向とは違う．ただし，それでも府省の政策評価は実績評価方式を標準的な方法とした．したがって，政策評価の中に業績測定を含めて考え，実施するのであれば，4つの確認が必要になる．

　第1は，パフォーマンスが「何の」業績なのか，確認が不可欠であろう［Bouckaert and Halligan 2006：452］．政府全体の大きなマクロのパフォーマンス，図8-1の①もあり，逆に課・室レベルのミクロのパフォーマンスもある（④）．もちろんその中間レベル，③⑥のメゾ・レベルのパフォーマンスもある．ミクロのパフォーマンスは組織単位のマネジメントの視点に向かい，組織が毎年コントロールできる範囲に落ち着くため実質的には⑦，あるいは④のアウト

プット指標になっていく．他方マクロの議論は政府全体の経済政策や外交政策，構造調整政策などの 'big policy' を対象として，数年あるいは数十年に及ぶ時間の中での政府の業績を考える．その代表は国連開発計画のミレニアム開発目標とその後継の SDGs であろう．これら 2 つの中間と考えられるメゾ・レベルの業績測定は，政府全体のマクロ政策の方向性をふまえて作成した課題解決策（プログラム）を対象とする．

第 2 は政策体系全体での位置づけの確認である．政策 → プログラム → プロジェクトの政策体系の中でのプログラムの測定をする，またそれが政策プロセス，すなわちインプット → 活動 (activity) → アウトプット → アウトカム → インパクトの流れの論理 (logic) に位置づけられたアウトカム・ベースの測定になれば，前述の③プログラムのアウトカムを対象にしたパフォーマンス測定になる．ねらった成果が期待どおり出て問題が解決されているかどうかが数値で判明するはずである．政策体系が存在しなかったり巧く作れなかったりした時の業績測定は，ミクロ・レベルのインプット記述，組織活動測定，あるいはせいぜいアウトプット・レベルでのパフォーマンス測定になる．

しかし，重要な疑問は残る．そもそも測定とは何か．測る（深さをはかる），計る（数をかぞえる），量る（みつもる・みはからう・目方を量る）についてはすぐ思いつく．それでは過疎地域で豪雪に耐えながらかろうじて日々の暮らしを続け，それでも故郷に住み続けたいと願う高齢者たちの気持ちをどうやって測るのだろう．測って，どうしたいのだろう．重い障碍を持つ30才娘と暮らす70才代両親はどうやって娘の人生を予測できるのだろうか．また，予測して何をどうできるのだろうか．もちろん，「はかる」行為にはモノサシ・めやす・尺度，基準，標準が必要で，あるいは「はかる」ための道具（ツール）・装置（制度とシステム）・仕掛け（デザイン）の選択も大事である．それを通じて現状を把握し，将来を設計する．しかし，選択を機械的に行うのは難しく簡単ではない．しかも，選択して何をするのかを考えるのは人びとの意志だろう．

このように考えると，「はかる」行為自体が 1 つのディシプリンに発展するかも知れず［阪上・後藤 2007］，無頓着に測定を強調して他人の人生を推し量ることには問題が多い．また，はかる行為自体は客観的で中立的かもしれないが，はかる対象とモノサシの選択，たとえば回数・入場者数・重さ・金額（収入）・頻度など，何を選ぶかについては価値観やバイアスが反映される可能性が大きい．このとき，一見価値中立的にみえる数字と測定の世界が，実は価値を定め

表 8-2　業績測定と評価研究の比較

	業績測定	評　価
性格	経営におけるプランニングとマネジメント.	社会科学（経済学，政治学，社会学，心理学など）の研究とその応用.
目的	management tool として活用. 1.合意された業績目標 2.資源の配分・優先順位の決定 3.目標達成にプログラムが向かっているかどうかのチェック（アウトカム） 4.目標を達成したかどうかを報告	応用社会科学の research tool として活用.
関心	インプットが活動で使われアウトプットに転換する状況.	プログラムにおける因果関係の把握，プログラムの改善.
方法	Monitoring: 1.performance measurement 2.performance target 3.benchmark	Evaluation: 1.process evaluation：プログラムは意図したように実施されているか（定性調査）. 2.impact evaluation：プログラムはどんな違いを作り出したか，アウトカムを定量・定性調査. 3.cost/benefit analysis：全体効率，プラスの効果，妥当性の確認.
強調	マネジメントの改革．マネジメントの自立，柔軟性．継続的にデータ収集.	プロフェッショナルの評価．深く念入りな調査．頻繁にはできない.
特徴	1980年代にアメリカで新しいプロフェッションとして，performance auditing が成立.	social program, social policy 中心.
課題	現行の管理情報システムにどうやって組み込むか.	プログラムの現場への権限委譲.

出典：Blalock and Barnow [1999] を筆者が一部修正.

判断する世界に踏み込んでいる.

　第3の確認は，評価と測定（パフォーマンス・マネジメント）とを区別しているのかである（表8-2）．正確に区別しないまま実践を行うところには，必ず混乱が待っている．わたしたちはこのことを既に「行動科学」（Behavioral Science）と，その影響下で成長した政策科学（Policy Sciences）で経験したはずである．客観的で価値中立的に見える行動科学も，政治判断の場で使われたときにはイデオロギーや価値観を帯びるからである［Easton 1971：326］.

　業績測定について最後に確認すべき第4は，政策評価を業績測定と同一視する現状である．導入後の政策評価は，実績評価と呼ばれる業績測定と中心にし

ている．もちろん「政策」や「施策」の目標を数値化し，その達成度を測定することによって行政の外部にいる市民の政策に対する理解，政策効果の把握が進むという考えがあり，そうした考えをもとにこの方向性は進められてきた．行政の現実をみると，評価に関わる専門的な知識，たとえば計量経済学や「応用社会学」的な社会調査法，あるいは統計学の素養がない一般の公務員が評価を担当するのであれば，こうした業績測定の有用性は高いかもしれない．また，できる限り数量化したいという要請は評価の客観性を考える上で重要である．しかし，数量化アプローチによる定量的評価だけですべて理解できるというわけではない．実のところ，政策活動のかなりの部分を占める対人サービスにおいては，数量的アプローチよりも「臨床的アプローチ」と呼ぶ質的な記述的方法が有効な場合もある．両者を併用するのが望ましいが，評価のコストが嵩むこととノウハウがないという制約上，業績測定に近い擬似的（pseudo）な測定が行われ，その時には数量的アプローチに準（quasi）じた方法が多用される．純正でない業績測定が実務に普及する．

╋ 5．残された重要な問題

この第8章では，測定（measurement）は，評価（evaluation）ではないこと，また測定が政策ではなく組織活動を対象にすることが多く，それでも政策評価と同じ物だと誤解されることがあること，この2点に注意を喚起した．そして業績測定が政策評価と混同されるに至った経緯を述べ，「重要な問題」が出てくるとはじめに予言した．そこで最後に，「重要な問題」について触れてみたい．政策評価の予期しなかった展開が，さらなる課題や問題の序曲だったからである．それは4点ある．

第1に数量評価，定量評価が重視されるため「定性評価は手抜きだ」という誤解が流布されている．定性評価はいい加減で，現実問題を曖昧にする手抜きに使われるという間違ったイメージが広がってきた．「エピソード・ベースド・ポリシーからエビデンス・ベースド・ポリシーへ」（行政改革推進本部 行政事業レビュー PT・EBPM グループ提言，内閣府 HP）が，その間違ったイメージを流布した．

しかしその一方で，定量評価ができない（あるいは定性評価が求められる）こともある．そのため，定性評価の方法論の正しさを判断する議論が必要になる．費用対効果分析で行う費用の算定，効果の判定測定といったツールの問題と同

じレベルで，定性評価は議論されねばならないであろう．そのため，次の第9章で説明するEBPM運動でなかば常識化した「政策評価の専門家＝経済学者」という固定概念を改めなければならない．定性調査では，学際的なアプローチが必要になってくるはずであるが，日本では社会科学を学際的に応用していくという訓練を学部から経験した研究者が少なく，それがネックになるであろう．これは「政策」の名前を持つ学部の，永遠の課題である．

第2の想定される問題は，評価対象についてである．プロジェクトとは何か，プログラムとは何か，あるいは政策とは何か．これらの対象が違えば方法も変わる．これは政策評価導入時から大きな問題であった．そしてさらに最近，評価手法と関連した問題として浮上しているのは，評価は「ビッグ建設プロジェクトの着工判断に使うことができるのか」という問いへの対応である．整備新幹線，博覧会に象徴されるビッグ・プロジェクトの問題は，都道府県や市町村においても現在建設中，あるいは完成して供与されている施設の有効性をめぐる議論として注目されている．作る意味があるのかないのか，採算がとれるのかという問題である．

もちろん，政治力学が作用した対象はうまく評価できない．なぜなら「作る」という前提でデータを収集作成（時には捏造）し，それをもとに効果を過大に見積もった評価をしても，歪曲した評価結果しか出ないからである．アドバイスできるポイントは，事前にどれだけ客観的なデータを集めた（集める）か，である．ただし，このデータを集め，厳密に分析し計算しようとすれば，データ収集・分析のコスト（お金）と，「政治」評価を覆すエネルギーを要する．評価は権力闘争には不向きだが，評価のない権力闘争は社会的弱者を追い詰める方向に向かう．

また，第3の問題として，公平性の問題が浮上するはずである．これまでの政策評価においては評価規準として効率性が強調されてきたが，公平性という観点も注目されつつあるし，すでに政治課題になっている（貧富の差の拡大）．実例は多い．たとえば，同じ消費税率だがその負担感は富裕層には少なく貧困層に大きい，これをどのように評価するのか．また，子育て支援や政府開発援助ODAのように，受益者は満足しているが納税者やコスト負担者は不満を持つこともある．さらに，東京・名古屋・大阪の住民と青森県・秋田県・北海道の住民の「くらし」の不便の比較の問題もある．地域間の公平，男女間の公平，世代間の公平をめぐる問題，あるいはそもそも公平というのはどのような状態

なのかという疑問は，十分議論され尽くされていない．多数決も時には問題で，少数者に寄りそう行政を考えるべきだと主張したフレデリクソンの『新しい行政学』，この中で主張された社会的公平（social equity）は忘れられた．それでも，男女共同参画社会の実現をめざす施策（あるいは逆に阻む施策），税負担の公平問題（租税特別措置の「政治的運用」）など，公平性の議論に逆行する評価の見直し作業は「エビデンス性善説」を装って進んでいる．多くの人は政策作成者が選んだ数字に洗脳され，リアルな現実に気づかない．

　何よりも大きな課題，しかし人びとがあえて無視しているのは，政策評価は統一された方向に収斂するのか，それとも多様化するのかという問題である．政策評価は2010年代から2020年代に至って，実績評価（パフォーマンス測定）という「わかりやすい」部分で普及し，ここに収斂がはかられた[3]．ただし，数字は客観的だが，それを使う人の意図がその数字の中立性や客観性を損う．また，良かれと思って数字で判断した結論が，想定外の悪影響をもたらし，本質的な価値を損なう場面もある．そして金銭で表す習慣は，「お金の問題でない」と叫ぶ人の困窮を覆い隠す．さらに，数字を採用した政策決定者が，なぜその数字を選んだのか言わない裏に，別の意図が隠されていることもある．あるいは，「役人は質問したことには答えるが，質問されないことには答えない」ため，重要会議で重要案件が議論されないまま「スルーされる」ことが多いと耳にした．

　素人でも理解可能で分かり易い業績測定でも，このようにさまざまな課題が潜んでいた．それでも数字で明らかにしていく姿勢は，市民に対する政府のアカウンタビリティ拡大につながる．民主主義の進歩だと考えて良いだろう．しかし，わたしたちは，もう一度数字の意味，数字が表すサイエンスの議論を再検討する必要がある．それを次の第9章で展開したい．

注
1）　20世紀末に地方自治体で流行して政策評価とよく混同された行政評価や事務事業評価は，こうしたパフォーマンス管理，管理会計，会計学の影響が強かった．山谷［2012］の「行政評価」を参照．

2）　選挙民と日常生活を共にしない「永田町」の住人，政策現場を見ていない「霞ヶ関官僚」が喜ぶキャッチフレーズだが，一つひとつのエピソードには数字で表現できないさまざまな困難とそれを解決しようと苦闘がある．山谷・藤井編［2021］を参照．

3）　Muller［2018］は，説明責任（アカウンタビリティ）と実績測定がバズ・ワード化した政府改革に警鐘を鳴らす本である．

第9章　EBPMと「科学」の再来

第9章では，評価が「エビデンス」を重視してきた動向を取り上げる．この動向は，国際的には2000年前後から評価の研究分野で見られ，実践で使われ，日本でも政権にあった自由民主党が2016年に主張しはじめている[1]．その後，新型コロナ禍の流行の中で医療体制に関する実際のデータ，ワクチンの効能と副作用に関するデータ，コロナ禍での観光施設や商業施設での売上減少のデータなど，エビデンスを求める声は増え，それが新型コロナ対策にどのように反映されていたのか注目を集めた．エビデンスに基づく政策の立案，実施，そして評価は極めて重要な作業で，それは当然の姿勢である．ここではなぜその当然の姿勢が，日本では強調されたのか，その状況について説明する．

なお，日本政府におけるエビデンス重視の実態は明確である．エビデンス重視の姿勢は政策評価と行政事業レビューにおけるロジックモデルの使用（過度の強調）として表れている一方で，政策システムを軽視しているため，政策，事業，そして施策が整理されないまま同一の文書で使われ，混乱している．この結果として，評価対象を「事業」に代表させる形に落ち着き，事業評価が「政策評価」を僭称するようになった．また，エビデンスを導き出す手続きが担当者任せで，それが真に客観的「エビデンス」なのかについては説明はなく，レビューや評価に携わる外部有識者の負担（確認作業）を増やす形になっている．さらに，与党議員有志，府省の副大臣や政務官の関与はあるものの，国会議員による関与は限定的なので，立法府がエビデンスを使って行う政策コントロールは効いていない．行政事業レビューと作業を一体化した政策評価は，政策のコントロール機能や政府のアカウンタビリティを弱体化させたかもしれない．

1．EBPM の検討と試行

　政策評価の制度を所管する総務省は，政策評価制度が導入された2001年度から実施してきた国家公務員向けの「政策評価統一研修（令和２年度）」において，「政策評価制度と政府における EBPM の取組〜政策効果の把握・分析手法の実証的共同研究を中心に〜」（総務省行政評価局政策評価課）を教材に使い，ここにおいて「EBPM が政策評価に必要な思考ツール」だと宣言する．

　また，EBPM の推進を担う内閣府内閣府本府 EBPM 推進チームは，その取組を詳細に公表する（2024年年５月15日）．ポイントは以下である．

- EBPM 推進委員会等において，行政事業レビューの抜本見直し，全予算事業への EBPM 手法の導入等の方針が示されていることを踏まえ，各部局は各種政策プロセスにおいて行政事業レビューシートを活用し EBPM の実践を図る．
- 行政事業レビューシートを「過去の事実の説明」のみならず，政策立案や予算要求という将来に向けての「意思決定」の一環として積極的に活用する．
- 行政事業レビューシート上で，政策効果の発現経路と目標をロジカルに説明し，データに基づいて見直すことを明確にする．
- EBPM 推進室は，EBPM 的観点から目標・指標設定や政策効果の点検に係る助言等を行う．その際，必要に応じて，有識者から助言等の協力を得る．
- 政策評価体系に基づく政策に係る事後評価の対象となる施策のうち可能なものについて，事前分析表の作成の前に，政策の目的の達成までに至る因果関係の仮説を示す「政策評価ロジックモデル」を作成し，課題設定・目標設定，施策と事務事業との対応，効果の測定手法等を整理する．
- EBPM の実践に当たり有用なロジックモデル等に係る職員の理解を深め，その活用を図るため，有識者による研修を実施する．
- 国内外の大学・研究機関との交流を通じて，EBPM の推進に資する人材育成の取り組みを図る．
- 人事評価において，評価者が被評価者の EBPM 推進に係る取り組みを

勘案するよう周知を行う.

　内閣官房行政改革推進本部事務局は，こうした取り組みを実践で支えるためにパンフレット「EBPM ガイドブック〜政策担当者はまず読んでみよう！行政の『無謬性神話』からの脱却に向けた，アジャイル型政策形成・評価の実践〜」を作成し，EBPM の基本的な考え方，政策形成・評価での普及を図っている（随時バージョンアップが図られているが，その過去の経緯をすべてネット上で追うのは難しく，この取り組みの歴史をたどる traceability は低い）.

　このように EBPM は日本政府内の各府省の政策評価実践において，基本的な前提として使うべきだと認識されている．ただし，EBPM は精神的なスローガンを掲げた「運動」が続き，その中で試行が続いた．さらに行政実務とは関係ない研究者の理論を積極的に反映しようとしたので，研究なのか実務なのかわからない様相を呈していた．政策評価の 3 つの目的，アカウンタビリティの確保，マネジメントの支援，専門分野における知的貢献，これらのいずれに収まるのか．この問いについても，判然としない状況が続いた.

　日本の官庁で拡大した EBPM 運動の実態は，EBPM に熱心な経済産業省のホームページを見るとおおよその輪郭を知ることができる．「当省施策の効果検証」のページに一覧が出ている[2]が，その基本は実践において活用するために検討する作業である.

　検討作業の 1 つは，独立行政法人の経済産業研究所（RIETI）が行った以下の施策の効果を検証する作業である.

- 平成30年度　省エネルギーに関する事業者クラス分け評価制度の効果分析
- 平成30年度　エアコンの商品選択における省エネ情報表示の効果——オンラインでのランダム化比較試験に基づく分析——
- 令和元年度　輸出展示会は効果的か？（JETRO 運営費交付金）
- 令和2年度　ものづくり補助金の効果分析：回帰不連続デザインを用いた分析
- 令和2年度　「なでしこ銘柄」選定の株価への短期的効果
- 令和3年度　小規模事業者持続化補助金の申請と受給の効果分析
- 令和3年度　ものづくり補助金の効果分析：事業実施場所と申請類型を考慮した分析

- 令和 3 年度　サービス分野における中小企業の競争力強化支援の効果分析（商業・サービス競争力強化連携支援事業）
- 令和 3 年度　健康経営銘柄と健康経営施策の効果分析
- 令和 4 年度　補助金政策を効果検証する際の注意点：ものづくり補助金の事例から
- 令和 4 年度　中小企業向け設備投資税制の因果効果
- 令和 4 年度　日本における2015年度研究開発税制の制度変更の効果分析：オープンイノベーション型の拡充と繰越控除制度の廃止の影響
- 令和 4 年度　越境 EC 支援の効果分析
- 令和 4 年度　ものづくり補助金事業の効果分析：自己申告バイアスとリピーター企業への対応

　経済産業省の「当省施策の効果検証」のページ（最終更新日：2024年 1 月10日）に出ている検証作業はもう 1 つ，委託によって施策の効果検証を調べる事業も以下のとおり行っている．

- 平成29年度　データに基づく地域未来牽引企業調査事業（委託先は，株式会社帝国データバンク）
- 平成30年度　省エネルギー投資促進に向けた支援補助金の効果的な執行に向けた補助対象事業のターゲティング等に関する調査（委託先：野村総合研究所）
- 平成30年度　データに基づく地域未来牽引企業調査事業（委託先：株式会社帝国データバンク）
- 令和 2 年度　「JAPAN ブランド育成支援等事業」を活用した中小企業の販路拡大に向けて（委託先：三菱 UFJ リサーチ＆コンサルティング）
- 令和 4 年度　令和 4 年度産業経済研究委託事業（産業競争力強化法に係る各種制度の政策効果に関する調査）　調査報告書（委託先：日本総合研究所）
- 令和 4 年度　中小企業再生支援・事業承継総合支援事業（中小企業の事業再生分野の政策効果検証事業）報告書（委託先：帝国データバンク）

第9章　EBPMと「科学」の再来　*149*

　これら検証作業は，調査と研究の段階で行われた．他方，行政事業レビューの実務において経済産業省が展開した事例もある．それはコンテンツ海外展開促進事業，中小企業生産性革命推進事業であった．前者は見本市の立ち上げから商談への展開を想定する伝統的な事業であり，わざわざEBPMを強調するまでもない活動である．後者は制度化された行政事業レビューでの実践なので行政実務の枠に収まるが，実態としては研究会を立ち上げて「検討」している段階なのでこれも研究・試行段階と考えてよいだろう．すなわち，中小企業生産性革命推進事業については，令和5年度行政事業レビューシートのエクセル票に詳細な記述が見られ（事業番号2023-経産-22-0374），政策評価のシートとしても共有されている．その結論部分「事業所間部局による点検・改善」の点検結果・改善の方向性の記述は以下のとおりであった．

　　【点検結果】「中小企業・小規模事業者の生産性向上は，日本経済全体，地域経済にとって，経済の好循環の拡大や成長と分配の強化に向けて極めて重要な課題．中小企業・小規模事業者は，人手不足に直面し，さらに，働き方改革や被用者保険適用への対応，賃上げ，インボイス制度の円滑な導入等の制度変更に対応することが必要であることに加え，ウィズコロナ・ポストコロナ時代の経済社会の変化に対応したビジネスモデルへの転換に向けた取組も喫緊の課題．設備投資，販路開拓，ITツール導入等を継続的に支援することは，極めて優先度が高いと言える．
　　事業実施に当たっては，事業内容や事業実施主体の性質に応じて補助率等を適切に設定するとともに，補助対象経費を限定することで，受益者が応分の負担を行うこととしている．また，一部の補助金では，要件未達の場合に補助金額の一部返還を求めることとしている．
　　一部の成果実績は目標を達成したところ．今後実績を評価できるアウトカムは増えてくる予定であり，引き続き成果目標の達成に努めていく．」
　　【改革の方向性】「補助金の交付主体である中小機構や補助事業実施事務局と定期的に補助金の実施内容の見直しを行うとともに，事業進捗の状況報告を受けているところであり，今後も引き続き補助金の適正な執行に取り組んでいく．また，成果実績の評価については，今後回収数が増えていく見込みである実績報告書等を適切に分析して評価していくと共に，RIETI等とも協力をしつつEBPMも進めていく．」

この結論を踏まえた中小企業生産性革命推進の効果検証事業については「現状通り」であり,「事業の進捗確認や経費の適正性等を把握していく」と記されている.こうした経済産業省の EBPM 活動は,医療にたとえて言えば大学の附属病院で行っている臨床研究に近い性格であろう.EBPM について本書が「運動」と呼ぶ理由は,まさにここにある.

2. 評価理論における EBPM の登場

(1) 違 和 感

日本のエビデンスを重視する EBPM 運動には,2つの違和感が伴う.1つは,事後的な政策評価になぜ EBPM（Evidence Based Policy Making）を強調するのかが最初の違和感である.この違和感は Plan Do Check Action を評価段階に導入させようとした,経済財政諮問会議（2003年）の議員（当時のトヨタ社長）発言に対する違和感と同質であり,アカウンタビリティ（事後的な結果責任）の追及を放棄していると認められるため発生する.

もう1つの違和感は,思いつきや私利私欲によって歪曲されたエビデンスではなく,客観的な事実認識をもって評価に臨むと主張する姿にある.この主張は極めて重要で,それは当然の心構えでもある.ただしこの当然の話がなぜ府省全体で EBPM 運動になるのか,理解できない.この違和感が出てくる理由は,その背景にある.

これまで歴史を振り返って見てきたように,評価の4つの波は,それぞれが前の波の延長にあったので,全く新しいアイデアが出てきたわけではない.そして前後の関係は全く無縁ではなく,前者の欠陥を反映して次の波が登場したこともあった.たとえば,第1の波だった PPBS から第2の波の代表のプログラム評価への変化は,同じプログラム対象の活動であっても,事前分析（analysis）から事後評価（evaluation）へと使用時期を変えている.事後評価への移行は,当時の連邦議会による行政部のアカウンタビリティ追及,コントロール力強化策が促していた.

なお,アカウンタビリティ重視と同じ文脈で,国際的な会計検査院の会合「最高会計検査機関国際組織」（International Organization of Supreme Audit Institutions：略称は INTOSAI で1953年設立）が,いわゆる「3E 検査」として節約（Economy），効率（Efficiency）に加えて有効性（Effectiveness）を強調した.これも事後

的なプログラム評価が，国際的に注目されるようなる潮流に貢献した[5]．

　第3の波の業績測定は，イギリスの保守党のサッチャー政権で重視された．小さな政府を目指す効率革命をすすめる政府改革において，サッチャーの政治的リーダーシップを強化する手段としてパフォーマンスの測定，パフォーマンス指標設定が注目されたのである．その後の政権交代後の労働党のブレア政権（1997年～2007年）もまた，この業績測定を踏襲した．ブレア政権の新しい政治スタイル "New Labour" における改革で業績測定を継続したからである．

　政府改革の流れを祖述する行政学の教科書では，4つの波にともなう改革のテーマに関連する評価，測定を取り上げてきた．すなわち，① 政策科学とPPBS（1960s～1970s），② 政策評価（1970s～1990s），③ NPM改革にともなう行政管理型政策評価・独立行政法人評価（1997年以降），④ 評価とEBPM（2016年以降）である．

　この4つの波それぞれに短所と長所（遺産）がある．PPBSの欠点は予測の限界，長所はプログラム概念の導入，遺産はシステム概念である．プログラム評価の欠点はコスト（科学的手法に要する大きな手間と調査費用），長所は応用社会科学を使って評価理論を整備し，その整理に貢献したことである．プログラム・セオリーとロジック理論がその代表で，21世紀の現在，評価がアカウンタビリティ追及だけでなく，learning重視の姿勢をとることも遺産になっている．

　第3の波にある業績測定の欠点は，視点・アプローチを現場のミクロ対象に限定したがる傾向，トップは現場で起きていることが数字でしかわからないという課題である．それはそのまま長所になり，数字でコントロールするのでトップが組織全体を統制するアカウンタビリティ確保には有利に働くことである．なお，多種多様な数字を使って細かいチェックを繰り返す結果発生する「過剰統制」による「アカウンタビリティのジレンマ」も，想定外の負の効果となっている．それがわかっていてEBPMを進める姿にも違和感がある．

　政府がエビデンスを重視する運動は，研究者が行う研究のために行う客観的なデータを入手する調査手法を，政策形成（policy-making）や政策評価（policy evaluation）の実務に反映させようとする意図があった［Vedung 2010］．そうして得られたエビデンスのデータに基づき（based）政策作成を行おうとする運動がEBPMである．政策科学の時代を振りかえるまでもなく，経済学を中心に社会科学の研究者にはサイエンス志向があるため，社会科学的知見を行政の実務に活用したい意向として注目された［Pawson 2013］．それを実務でも行なわせようとする主張の現場軽視にも，違和感を覚えてしまう．

（2）サイエンス志向の歴史

　もっとも，サイエンス志向の歴史は古い．とくにエビデンスに拘泥する運動は，公共政策の「研究とサイエンス」との関わりに重なるため，非常に古いと主張する論者たちがいる．17世紀のフランシス・ベーコン，アイザック・ニュートン，ジョン・ロックにまで遡るとの説である [Bogenschneider and Corbett 2021：24-26]．自然科学と人文科学や社会科学との関係はたしかに長く，それを「サイエンスと社会」で説明しようとする研究分野は，今日の科学社会論をはじめとして，かつての行動科学や政策科学でも試みられており，その歴史は本書の第7章でも論じてきた．

　サイエンス志向の背景には信頼に足る情報を評価で使いたいという希望があり，経験から得られたデータ（経験知や実践知）を使いたい希望と相まって，サイエンスを評価で使うべきだという態度になる．この時に出てくる「経験的なデータ」とは，実際の観察や実験から得られたデータを指す（たとえば国土交通省が行う社会実験[6]）．政治家の政策決定を正当化するために「科学」を使うこともある[7]．そのサイエンス志向の具体的な現れがEBPMだった．ただし，自然科学でサイエンス，科学としての性格を認められるためには，実験での「再現性」が重要だと言われる [泊 2024]．同じ条件で，別の人が同じ実験をしたら，同じ結果が再現されるはずで，こうしたプロセスを経て初めて科学として認められる．そのプロセスがないと科学とは認められない．しかし，このプロセスは行政の現場では無理なので「半分」だけの科学である（サイエンスを目指す気持ちはあるが，実践がなかなか伴わないと言う意味で「半分」である）．そして，経験的データ（客観的・中立的と言い換えられるデータ）で事前評価，中間評価（モニター），事後評価，インパクト評価を行うときに評価はエビデンスに依存する一方で，逆に評価は特定政策を推進するためにエビデンスを作り出す活動である側面も，「半分」科学という背景にある．特定意図があっては科学とは言えないと主張する人も少なくない．

　EBPMと呼ばれる政策改善運動のはじまりは北欧諸国であり，公衆衛生，教育，犯罪予防，国際協力などの分野において1995年頃から取り組み始めており，政府の介入の成功や失敗の現状について分析し，教訓を得る（learning）機能を重視する目的があったため，2000年頃になってこのアプローチを 'What works'（何が効果的か）調査運動と名付けるようになる．ブレア政権（1997-2007年）時代の2006年，イギリス政府はパフォーマンス・マネジメントを背景に

result-based management 運動をすすめたが，ここでエビデンスが重視された．
アメリカではオバマ政権（2009-2017年）時代に，プログラム評価でランダム化
比較試験（RCT: Randomized Controlled Trial）を行っている．日本では政府与党，[8]
自由民主党が行政改革の視点で EBPM を推進する取り組みを2016年頃から始
めている．

　わたしたちはこの EBPM 運動が政策評価の実践と理論にどれだけ影響を及
ぼしたのか，これまでの政策評価を普及する運動とどのような関係にあるのか
を考察しなければならない．ただし結論は明らかである．政策作成に際してエ
ビデンスを重視するのは当然であると認める前提から，日本の政府内では肯定
的に動き，EBPM の制度が創設され（審議官と課長レベルでのポスト設置），大きな
配慮はあった．ただし，研究と実務のコラボレーションを目指す改革の影響は
限定的である．EBPM で重視される RCT（Randomized Controlled Trial）などの
実験は，政策評価実務では多くない．政治家も行政官も費用と時間をとりすぎ
る実験に積極的ではないからである．研究者も自分がイニシアチブをとらない
研究に消極的である．また，政府機関の委託で行った EBPM もその委託に関
わる事務作業，たとえば入札や業務委託関係書類作成，申請書の執筆，進捗状
況報告，研究結果報告書の提出などの事務作業が多いので，事務作業に不慣れ
な研究者はここでは役に立たない．しかも研究成果の帰属は政府機関になり，
自分の研究業績として公表する際には関係者の了解を得るという大きな制約が
ある上に，研究者の業績としてはいささかランクが低い．文科系の某学会の例
では，EBPM の方法や実践の論文を研究論文で申請しても，査読でランクが
低い実践報告のカテゴリーに落とされ，論文執筆者の昇進や転職に使う業績ポ
イントとしては役に立ちにくい．

　つまり，実験をしない EBPM を批判する人は多いが，もし実験してもその
実験結果の学問的評価は低く，結果として EBPM は議論された当初から言わ
れていたように 'policy based evidence making' の姿に近づいた［Stoker and
Evans 2016：18］．

╋ 3．エビデンス運動が進む方向

　ところで，21世紀になり政策評価が前提としてきた民主主義が変わり，社会
も政治も変化した．政治における対立軸の変化（保守派とリベラル派，右翼と左翼

ではなくなる），移民・環境・人権など社会問題に対する解決困難な対立，アメリカの「トランプ現象」やイギリスの Brexit に代表される新しい「ポピュリズム」，選挙での棄権を蔓延させる 'anti-politics' 風潮の拡大などである．とくに日本の投票率の低下や東京都知事選挙（2024年7月）における選挙を運営してきた常識の崩壊は，民主主義の中で政策を考える前提を変えてしまった．そのなかでの政策作成や政策評価における EBPM 流行である．昔の常識で言えばこの流行は，テクノクラートが好むエキスパタイズ（専門技能）を活用した「経験的な方法」の重視である．この結果として，行動論研究，そしてその研究を志向し実験してみる研究者たちのグループ，行動論的政策学派の行動政策学が現れてきた［Andersen 2023］．

　行動政策学は，アメリカでは Behavioral Science and Policy Association が，「公共の利益に役立つ厳密な行動科学研究の応用を促進するという大胆な使命を持つ，公共および民間部門の意思決定者，行動科学研究者，政策アナリスト，および実務家からなるグローバルコミュニティ」を標榜して，活動している．その機関誌の Behavioral Science & Policy が2015年からアメリカの Sage 社から刊行されている．

　また，イギリスの Cambridge University Press 社も2017年以降 Behavioral Public Policy（BPP）誌を刊行して研究活動を開始した．この研究誌は行動研究と公共政策の関係に特化した学際的かつ国際的な査読付きジャーナルで，経済学者，心理学者，哲学者，人類学者，社会学者，政治学者，霊長類学者，進化生物学者，法学者などが寄稿している．制限は1つで，「その研究が人間の行動の研究を政策問題に直接関連させているものに限る」という条件である．

　この傾向は拡大しており，RCT の実験，行動論的政策学で注目されるナッジ理論［那須・橋本 2020］を，ポピュリズムが強まっている政府やポストコロナ期社会での政策評価に積極的に使うべきだとの主張があり［John 2023］，実験室ではなく社会の現場での政策実験（Policy field experiments）を拡大すべきだとの主張もある（日本では民主党政権時に社会実験として行った）．

　さらに1996年からシリーズの本を刊行してきた国際的な政策評価の研究シリーズ Comparative Policy Evaluation Series（イギリスの Routledge 社）では，2024年に *Artificial Intelligence and Evaluation: Emerging Technologies and Their Implications for Evaluation*（Nielsen, Rinaldi, Petersson）を刊行し，さまざまな評価シナリオでの AI（Artificial Intelligence）の具体的な応用例を示して

ランダム化比較試験
準実験研究
横断的ランダム・サンプル研究
プロセス評価，形成的研究，アクションリサーチ研究
質的ケーススタディ，エスノグラフィック研究
記述的ガイド，グッドプラクティス事例
専門家の意見
ユーザーの意見

図9-1　エビデンスを得る評価デザインのランキング

出典：Vedung［2010：273］をもとに筆者作成.

いる（GISデータの適用，テキスト分析）.

　他方，伝統的なプログラム評価の分野では，評価手法の科学を意識した洗練化がすすむ. 具体例としては『プログラム評価ハンドブック——社会課題解決に向けた評価方法の基礎・応用——』［山谷監修 2020］がある. これまで長年開発され，洗練されてきたプログラム評価での方法について説明する入門書であるが，一種のツール・キットの紹介なので，本書の第4章の議論とかさなってくる.

　一般に，評価活動を何のために，どのように行うのかについて考え，その考えに基づいて手順を設計したものを評価デザインとよぶ. この評価デザインにおいてエビデンス問題をどのように考えれば良いのだろう. 評価に関わる人が，評価対象（政策・プログラム・プロジェクト）の実態を知ること，そのための情報を集め，分析する作業であることを前提に考えれば，評価デザインにはエビデンスを獲得するさまざまな方法の「精度」，「正確さ」を順序づけるランキングがある. すなわち，評価デザインで採用する評価手法自体の確かさや信頼性を基準として各ツールを順位づけしてみると，図9-1のように下から上にランクづけられる. もちろん上位に置かれているツールが作るデータの精度は高く，しかしその一方で上位に行くほど試験・研究に要する時間とコストは増え，また専門家的な知識が必要になるので，頻繁には使えない. そのため上位にランキングされる方法は，その活用頻度やフィージビリティ（実用可能性）は低い. 日本の政策評価制度で各府省が合意して実績評価方式を標準化した理由はこのためであり，特別な予算をもって評価の専門スタッフがいるときだけ，総合評価方式の中でサイエンスを標榜する手法は使える.

　そうした認識をふまえた上で，あらためてエビデンスの本質を考えたい. す

なわち，狭義のエビデンスと広義のエビデンスの区別であり［佐藤・松尾・菊地 2024：3-8］，政策の因果関係を示す根拠になるのが狭義のエビデンスであり，日本評価学会はこのスタンスをとる研究者・実務家が多い［日本評価研究 2020；2023］．ロジックモデルと政策デザイン，評価デザインを重視する方向である．なお，日本評価学会ではその特集の中でエビデンスの運動に見る誤解や問題を指摘する．すなわち，① エビデンスが数値情報だけだとの誤解，② エビデンスと事実特定（現状把握）を混同している問題，③ 介入のロジックが成立していないと因果性（因果仮説）は崩壊する，の３つである［米原 2024：3-4；日本評価学会編 2024］．

他方，広義の EBPM は，費用便益分析，リスク評価，シミュレーションによる将来予測など，政策課題の発見から将来予測に至るまで，幅広くサイエンスを活用する方向を考えている［佐藤ほか編 2024：5］．広義のエビデンスの立場は広い意味でのサイエンス運動と重なるため，一般社会で言われる客観的データ，中立的価値判断・解釈との違いはないのでエビデンスと EBPM 運動の本質を見失うおそれがある．評価活動はデータ収集・データ分析の技術の話が中心で，それらのデータを見て判断・政策決定するのは民意を考慮に入れたポリティカル領域であると考えたとき（古典的行政学の「政治行政分断論」），エビデンスの EBPM 運動を拡大解釈して，判断部分にまで使おうと考えるのは民主主義にとって危険である．

4．政策評価理論から見た EBPM

ただし狭義，広義にかかわらず，政策評価においてエビデンスを使いたいとの主張は極めて正当であり，その主張は否定されるものではない．しかし，もしエビデンスを推奨する場面に対する根源的な問題が残るとすれば，それはエビデンスそのものにある．この問題を考えるために，再び第４章で紹介した評価システムと評価プロセスに議論を振り返りたい．エビデンスを求める主張そのものには納得する一方で，EBPM「運動」には消極的だったり批判的だったりする意見はある．その意見は，いくつかに分かれる．

（1）批判意見

批判的な意見の第１は，議論を進める上でエビデンスの定義から考えるべき

との批判である．政策評価理論の基本では，評価の対象は政策システムの政策，プログラム，プロジェクトの活動であり，それに補助的に政策実施機関である行政現場の活動が関係してくる．行政現場の活動は行政事業レビューや地方自治体の行政評価と事務事業評価が主担当である．自ずと求めるエビデンスも決まってくる．これを議論しないとエビデンスは事実と違ったものになる．

第2に，評価には3つの目的があり，① アカウンタビリティの追及，② マネジメントの支援，③ 政策の専門家に対する知的貢献である．それぞれにおいて，求められるエビデンスの内容（インプット情報・アウトプット実績・アウトカム実態・インパクト範囲）は違い，それらに関わる情報の範囲の広狭，時間の長短，データの粗さ・詳しさを求める声は異なる．したがって誰の，どんなエビデンスなのかを事前に決めておかなければ，評価において役に立たない情報を生産することになる．また，この部分がブラックボックスであれば，EBPM型評価の民主的正統性は失われ，技術的問題は放置される．この点で評価デザインに評価システムと評価プロセスが関わってくる．

評価システムは第4章で既に述べたように（表4-1），政府内において体系化されており，数種類の評価が存在するのである．たとえば政策評価には総合評価方式，実績評価方式，事業評価方式の3つのサブ・システムがあり，それぞれ違った評価方法を使っているため，何の，どんなエビデンスが欲しいのかは方式の選択に直結するので，求める情報を事前に指定しなければならない．また，仮に特定の事業について事業評価方式ではなく実績評価方式を使った場合，それで良かったのかどうかに納得を得る説明が必要になる．同時に政策目的に沿う評価を選択する要請も市民，会計担当，議員などから出てくるので，この説明はさらに重要になる．

これらの議論は，評価デザインを作成するプロセス，すなわち以下の①～⑧の話になってくる．

① 評価対象の確認．
② 評価対象に適した評価デザインを，複数のオプションの中から確認．
③ 基本的な評価デザインのリストの確認．評価能力，予算，人的資源，政治的制約の有無などもあわせて検討．
④ 定量・定性などの評価のデザインの検討．
⑤ 評価デザインを実施する社会環境の再検討．

⑥ 評価可能性の分析．質的手法・量的手法ごとにデータの存在確認，データ収集方法の決定，政治的に実行できるかどうかの確認（feasibility），そもそも評価が可能かどうか'evaluatability' の分析などの一連のプロセスである．これを持ち出すのは評価できない場面が多いからである．たとえば想定外の災害，突然の経済不況，彼我で微妙に意見が食い違う外交問題，評価専門家が不在の時など，評価は不可能である．

⑦ 選択すべき評価デザインのオプションのリストを準備して，評価を見る人（顧客・関係者）に提示．

⑧ その時点でのベストな評価デザインの選択・決定，そして実施．

　政策評価においてはこの8つのプロセスを経由することで，算出されるエビデンスが決まってくる．しかし，そうでない場合，そこでのエビデンスは危うい．①～⑧を知らずしてエビデンスを主張しているのであれば，そうしたエビデンスを算出するプロセスの教育は政策評価担当者，評価結果を見る人びと，共に必要だろう．

　なお，特定の政策を推進したい人は，推進に有利なエビデンスを集める．Policy Based Evidence Making（PBEM）である．この PBEM と EBPM はどのような関係を構築するのか，それについてアカウンタビリティが必要になる．図9-2のようなプロセスで，どのようなエビデンスを使用するのかについて納得がいく説明をされれば PBEM も是認される．そして，是認の前にその説明を導くエビデンスが客観的で中立的であるかどうかが問われる．

（2）エビデンスのサイエンスの根本問題

　エビデンスにサイエンスの特徴を求める人がおり，その人の議論には「実験」（experiment）が必要だという主張がともなう．たしかに「仮説—検証」の手続きを踏まえた評価プロセスは重要であるが，このサイエンス重視は政策評価に大きな制約をもたらすことになる．それは事前評価に目が向くことが増えるという制約である．

　逆に言えば，事後評価に仮説は必要ない．1970年代のプログラム評価の時代に見られたように，事後評価では目の前に実在する現実の解釈が評価だからである．問題や課題が解決されていないとき，「なぜ期待した効果，予測したアウトカムが出ていないのか」を知ろうと調査することは，実験ではない．もち

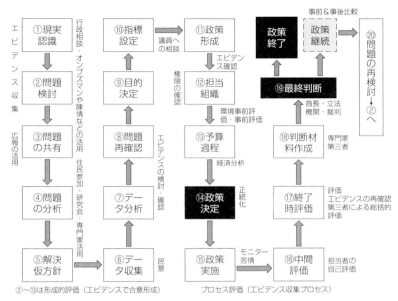

図9-2　政策プロセスとエビデンス

出典：筆者作成.

ろんこうした事後評価は，日常的に求められる．たとえば「新型コロナ禍において日本政府が採用した事業が国民一般，観光事業者，医療関係者，公立病院経営自治体などにどんなデメリットを及ぼしたのか，その種類，深刻さを知りたい」という要請は事後評価でしかできないだろう．

　他方，事前評価で用いられる実験（experiment）には，常に大きな難しさがともなう．まず実験環境の条件整備が必要であり，また外部からの影響を受けないように統制する作業も必要だが，この条件整備と統制が一般の社会で可能なのかどうか，大きな課題になる．また条件整備と統制に，主観的な意図が入り込んでいないかどうかの検証も実験の重要な要素になる．このように必要な手順を踏まえない実験は恣意的だと判断され，評価の妥当性は損なわれる．

　こうした諸問題を検討し，参考にしながら「実験経済学」に近づけたい行動論政策学は登場してきたが，ここでは2点，重要なポイントがある．第1点は過去の行動科学，政策科学の経験を踏まえるべきだとの警句である［山谷2012：31-34］．1971年に PPBS を廃止した判断の背景を知ることであり，具体

的には事前評価の物理的困難，その困難によって発生した科学的手続きによる政策の矮小化・形骸化，事前評価（事前分析）に熱心なあまり事後検証を忘れたことなどである.

第2点は世の中のこと，人びとの生活を「実験」対象にして良いのかという倫理的問題である. 実験対象に選ばれた人，選ばれなかった人の感情的なわだかまり，実験して駄目だったらその政策を中止する勇気の有無，実験で駄目だった政策に付けた予算の返還義務，実験に関わる科学者・医師・技術者の責任と職業的倫理観が社会の常識とどれだけ離れているかの確認である.[12]

（3）その他の EBPM 問題

EBPM 運動が乗り越えるべき疑問や課題は，そのほかにも多い. 以下列挙しよう.

まず第1に考えられるのは，イギリスでエビデンスを求められたのは医療，福祉，児童虐待，ODA（低開発国向け）の分野で，薬物依存対策，人種差別を受けた人びとの犯罪防止，貧困が原因の自殺対策などであり，政策担当者が数字で確認したいときに統計データがない場合には，そのためのデータ収集作業から始めるということである. 科学の実験と似たような手順が始まる. 実験対象がここでは観察対象になり，それが評価対象として選定される. そうなると「どこで，どれだけのデータを集めるのか」という問いは，「どのぐらい調査予算は必要か」になる. 調査・分析の費用，報告書作成のために使う旅費，現地調査費，専門家に支払う謝金は膨大な金額になる.

次いで出てくる問題は，EBPM の担当者は何の専門家なのかという問いである. 法律や経済と違って，EBPM に特化した学位は存在しない. したがって EBPM で学位を持っている人はいない. また政策科学や経済学，政治学において博士や Ph. D を取得したことと EBPM とは関係がない. さらに，エビデンスに関わる作法やマナーを徹底してきたのは理科系の研究者であるが，その理科系の研究における厳密さは，人間社会を相手にする行政の現場では仕事を進める上での阻害要因になりかねない. 仮説を検証するために，人を2つのグループに分けるのは独裁国家でも難しいだろう. 民主国家に普通に見られる問題もある. 公務員は他の業務もあり，また予算作成その他に関わる時間の制約を強いられているが，その中で実験検証に時間を割く余裕はない. また，担当者である行政職員は，いま EBPM 担当のポストに就いていても，人事異動

ですぐ変わる，EBPM 担当者が移り変わる中で，統一的な EBPM 人事ポリシーは難しい．

　こうした中で，EBPM の先には AI を政策評価に活用したいとの話が登場する．低い投票率で選挙制度が機能しない地域，ポピュリズムの悪影響が強すぎて本当の民意を正しくとらえられない社会，野党勢力を軍隊や警察の力で弾圧したい国，汚職が蔓延する政府，これらにおいては AI で政策を形成して，政策を決定したくなる誘惑は強い．民意に頼るよりは，テクノクラートによる合理的な計算を使いたいという願望である．途上国だけでなく日本でも，たとえば投票率が30％程度の選挙で，得票率も40％に届かない首長がいる地方自治体では，AI による民意の予測，その政策形成に対する誘惑は強い．民意にもとづく「代表」という正統性を持たない場合，技術（科学）によって正統性を補完したい誘惑が背景にある．

　しかし，AI そのものはブラックボックスなので，ブラックボックスの中のアルゴリズムで決まった政策は外部からの事後検証は難しい．政策のアカウンタビリティ，透明性が損なわれるので，その政策は正統性（legitimacy）も主張できない．既存の統治制度との整合性を考えない場合には，独裁と同じ結果になり，アカウンタビリティの追及は難しく，さらにアカウンタビリティを支える諸価値，プライバシー，セキュリティ，公正，透明性との整合性を欠いている．したがってこの部分を留保して，評価の３つの目的の残り２つ，マネジメントの支援と専門分野に対する知的貢献に専念することになる．評価でEBPM・エビデンスの活用を熱心に行うこと，評価で AI を参考にすること，ともにアカウンタビリティの部分は本来の政策責任者が担うべきであろうけれども，そうした責任感を政策担当者は持っているかどうか，この覚悟が EBPM運動には問われる．

　こうした意味で，科学を志向する EBPM・AI ともに，伝統的なアカウンタビリティ・メカニズムの再生，それを前提とした EBPM・AI 担当者の自己規律，すなわち responsibility の強化が重要になってくる．

✛ 5．検 討 課 題

　議論を日本の政策評価に戻したい．EBPM 運動が政策評価にもたらした影響について検討すべき事柄は少なくないからである．[13)]

政策をコントロールする能力（controllability）を，成果や有効性の視点から強化したいので，20世紀末に評価は注目された．しかしそのコントロール能力の衰退がまず検討すべき第1として指摘される．日本では，エビデンスを使ってコントロールする実務と議論が，政策やプログラムではなく，事業を対象にした行政事業レビューに移っているからである．もちろんこのレビューでの議論も，アウトカムの定量分析を目指している．ただし，事業のアウトカム（成果）なので，事業の上位レベル（プログラムか政策のいずれか）ではない．たとえば，中小企業支援について，事業の展開とその行く末の予測は綿密に行っている．しかし，そもそも，現在の日本における中小企業の実態の再確認，過去数十年にもわたって行ってきた中小企業支援の実態調査（地域格差・災害に見まわれた地域と大都市との落差・無意味ではないかの意見に対する反論）が見えない．

　本書のこれまでの議論を踏まえれば，事業を対象にした評価が目指すべき点は，政策体系において，政策目的を達成する手段としてなぜその事業（＝政策手段）が選択されたのか，事業の位置づけの議論が必要である．しかし，多くの現場では，政策説明は抽象的な文言が多く，また事業はすでに所与なので，政策判断にならない[14]．政策と事業の関係を適正に構築する努力（プログラム作り）も見えてこない．

　レビューに際して担当者（各府省の官房予算監視・効率化チーム）が事前に提示する論点は「事業目的に照らして有効性，効率性の高い事業となっているか」で，事業目的や事業内容に照らして適切なアウトカムが設定されたかどうか，適切な効果検証とフォローアップの仕組みが確保されているかである．ただし，多くの場合，実証実験レベル，試行段階レベルの議論であり，その実験や試行の活動に正統性を付与するメカニズム（国会や世論に公認された手法として公式に位置づける手続き）はない．仮に事業が失敗したと判明すれば，誰がその責任（アカウンタビリティ）を引き受け，そのアカウンタビリティをどこで追及するのかの言葉もない．この中で，「行政の無誤謬性の打破」を宣伝している（内閣官房行政改革推進本部事務局「EBPM ガイドブック〜政策担当者はまず読んでみよう！　行政の「無謬性神話」からの脱却に向けた，アジャイル型政策形成・評価の実践〜」，2023年）．こうして，アカウンタビリティを追及するメカニズムの評価自体が，不透明なブラックボックスになっている皮肉な状況を生み出しているのである．

　自動「制御」機能を官庁内部の EBPM 運動に期待するあまり，民主主義の本質，権力の暴走にブレーキをかける役割が忘れられ，アクセルとハンドル操

第9章　EBPMと「科学」の再来　*163*

作だけで政策を進めようとする．こうして，市民や議会は政策をコントロールするチャンスを失い，高校のシチズンシップ教育でもこの機会はない［山谷2017］．EBPMは進むけれども，日本の政策評価は「ガラパゴス化」して［山谷2021a：159］，アカウンタビリティから遠ざかったのである[15]．

注

1）　行政改革推進本部　行政事業レビューPT EBPMグループ提言（2016年5月17日）.

2）　経済産業省（最終更新日2024年1月10日）（https://www.meti.go.jp/policy/policy_management/EBPM/meti_kensyo/index.html, 2024年7月4日閲覧）.

3）　後述するようにイギリスのブレア政権のEBPM導入はEvidence Based Medicineを応用した政策そのものである.

4）　PDCAに対する違和感はチェックを評価だと強弁することと，アクションだけが動詞ではなく名詞だという文法上の違和感である．なお，そもそも工場などの現場マネジメント向けの管理会計の用語を政策活動に使うこと自体に問題がある．一種の精神論であろう.

5）　この国際的なINTOSAIの改革潮流に従って，日本でも「会計検査問題研究会」（座長・加藤芳太郎）が1986年に組織された．この研究会では政策分析，政策評価（プログラム評価），その具体的な手法として対照実験法，統計分析などの政策評価に関する当時の知見すべてが議論されている．山谷［2012：52-57］を参照.

6）　国土交通省は積極的に社会実験を進める官庁の1つである．「社会実験の推進〜道路施策の新しい進め方〜」（https://www.mlit.go.jp/road/demopro/index.html, 2024年6月20日閲覧）.

7）　もちろん，正当化できなかった場合には政策が失敗だと判断されるので，消極的な政治家もいる．EBPM運動を妨げる政治的な理由である.

8）　この経緯をまとめた代表的な研究論文にBaicker et al.［2013］がある.

9）　政策作成や政策評価においてテクノクラート主導が進んだ現象は，1970年代から今日に至るまで，途上国・中進国の公務員のアメリカの大学院留学にみられる.

10）　『日本評価研究』（20(2)，2020年）の特集「『エビデンスに基づく政策立案（EBPM）』の現状と課題」の内容は，エビデンスに基づく政策立案の現状と課題，EBPM研究論文の質改善，医療の経験からの示唆，総務省の立場から見たEBPMの現状分析，地方自治体のEBPM，教育分野・国際開発分野のEBPMである．『日本評価研究』（23(2)，2023年）特集「国の府省の政策評価のパラダイム転換に向けて」の内容は，行政事業レビューとEBPM，ロジックモデルの構造分析，「役に立つ」評価，総務省による農山漁村振興交付金事業の政策効果把握の分析手法の実証的共同研究，厚労省行政における計画策定における国・都道府県ロジックモデル導入状況の検討である.

11）　『日本評価研究』（24(1)，2024年）の特集『評価研究および評価実践におけるエビデ

ンス理解の多様性と多義性』の内容は，政策評価制度の転換点，エビデンスに対して生じた動態的議論の渦中に見られる3つの誤解・問題を解決する説くために特集を組んでいる．なお，この特集の新藤［2024：51］では，EBPMに適した政策領域，適さない政策領域の分類を提示しており大変参考になるが，社会福祉の視点が強いので学部学生等にとっては十分な説明が必要である．

12）　成功するかどうか分からない政策とその評価に数億円の予算を使う，成果がわからない「実験のための実験」，合意のない人体実験など．

13）　ここでは政策評価と行政事業レビューが統合されて使われている現実を前提にしている．

14）　この点に関しては行政事業レビューの初期から指摘されていた［田中 2013］．

15）　ガラパゴス化とは，発展が独特なために国際標準から逸脱し，他所では生き延びられない様を言う．

第10章 ODA 評価と政策評価

　本書において，政府開発援助（Official Development Assistance: 以下 ODA）の評価を，政策評価の文脈で取り上げたのには，理由がある．ODA における評価の歴史は古く，研究においても実務においても多くの蓄積があるというのが大きな理由である．また，ODA の領域では日々新たな進展が見られており，まさに「勉強になる」のも取り上げる理由である．

　ただし，情報と文献が多すぎる上に，それらは日々増え続けているため，研究対象として取り組むときには膨大な作業を覚悟しなければならない．そのため，途方に暮れる研究者や学生が多い．さらに初学者にとってはかなりの難敵なので，ODA 評価を政策学からアプローチする研究者は一向に増えない．それでも ODA 評価の研究に取り組むのは，応用研究を求める政策学と政策評価研究にとって，ODA 評価が参考になるからである．

　第10章はこうした ODA 政策とその評価の世界を対象に，行政学と政策学から見た政策評価研究の進化と深化を試みる．

＋ 1．教育と研究における難問

　日本の外務省を中心とした ODA の政策展開には，特徴がある．政策システムを明確に打ち出しながら，技術協力，無償資金協力（贈与），有償資金協力（円借款）などを組み合わせた政策デザインを分かりやすく見せているところである．もちろん一連のロジカルな思考もあり，ODA 予算（インプット），相手国での事業活動（アクティビティ）と事業アウトプット，ODA 政策のアウトカム（有効性），援助政策のインパクトの流れを考えている．それは，政策学研究に好事例を提供する．その意味で，ODA 評価は政策学と政策評価にとって，格好の応用研究素材なのである．

このODAを日本が始めたのは，戦後日本が1951年に独立を果たし，コロンボ・プラン[1]に参加した1954（昭和29）年からである．この時行った援助は，インドネシアやフィリピン，当時のビルマや南ベトナムなどに対する戦後賠償の色彩が強かった．その後，他の国ぐにと個別に協定を結び，援助国を拡大して現在に至っている．

このようなODA政策に関して，初学者がODA政策に関して重要な知識を得るには，政府が公表する文書を通じて情報やデータを得る方法が普通だろう．また，学生であれば大学の講義を聴講する方法もある．ただ，大学の講義は独自の問題を抱える．聴講している学生が予備知識を持っていないこともあって，初歩・入門から話を進めるので，半期15コマでODA政策の全体像を語りきれない．また，ODAの現場は遠い外国にあるので，国内政策と違い，直接目にするのは難しい．さらにODA政策を所管する外務省，ODA事業を担当する国際協力機構（以下JICA）を訪問したいと思っても，一般学生には敷居が高く，東京までの旅費も安くない．ODAは選挙の争点になりにくいので，政治家も関心がないため，立候補者や政党の選挙スローガン，マニフェストにも取り上げられない．そのうえODA自体は国際情勢の変化に合わせて日々刻々変化し，対応する外務省の体制も頻繁に変わるので，テキストをせっかく作ってもすぐ古くなる．講義をする教員にも課題がある．教員各自の専門の枠内でODAを研究しているので，自分の専門での最先端の話題を取り上げる傾向がある．そのため，学生のアンケートでは「難しかったのでよく分からない」という反応が多い．

極めて大きな難問は，ODAのような複数ディシプリンにまたがる領域では，国際政治，地域研究，国際関係，国際法，国際機関，国際金融，財政，援助対象に関わる専門分野（保健医療・防災工学・教育・福祉・人権やジェンダー）などが関わってくるため，ODA政策の話を進めようとすれば細かな部分に進み，専門的な議論に細分化されるため，全体が見えなくなる．全体が見えない中で，個々の国ぐにで起きているさまざまなトピック，たとえば紛争や災害などに関心は進むので，さらに混乱する．

そのため大学のカリキュラムに国際援助論，ODA政策論といった名称の講義が置かれても，それは国際経済学や国際関係論をベースにした科目であったり，アフリカやアジアなどの地域研究の延長にある科目だったりすることが少なくない．また，国際政治学の地域紛争や国際法の人権問題を中心にした講義

第10章 ODA評価と政策評価 *167*

表 10‐1 ODA 関連略年表

年	内　　容
1954	日本政府，コロンボ・プランに加盟して技術協力開始
1958	日本政府，円借款（有償資金協力とも言う）開始，最初の供与先はインド
1965	青年海外協力隊，創設
1968	日本政府，無償資金協力（贈与）を開始
1974	JICA（国際協力事業団，現：国際協力機構）設立
1975	海外経済協力基金（OECF）が個別プロジェクトの事後評価を開始
1978	ODA 第 1 次中期目標を発表，ODA を 3 年間で倍増しグローバル展開へ
1981	外務省，事後評価開始
1982	国際協力事業団（現・国際協力機構：JICA），事後評価を開始
1980s ～現在	ODA のアカウンタビリティ重視（1986年の「マルコス疑惑」）
1987	国際緊急援助隊の派遣に関する法律，成立
1989	日本の援助額が米国を抜き，トップドナーとなる
1990s ～現在	ODA のマネジメント改善も重視（評価結果による学習効果）
1992	ODA 大綱策定
1993	TICAD（アフリカ開発会議）の開始（オーナーシップとパートナーシップ重視）
1997	初の太平洋・島サミット開催
2003	ODA 大綱改定（8 月に改定された ODA 大綱「事前から中間，事後と一貫した評価を実施する」）
2015	開発協力大綱策定，持続可能な開発のための2030アジェンダ採択（SDGs の策定）
2022	第 8 回アフリカ開発会議（TICAD8）開催（於：チュニジア）
2023	開発協力大綱，改定

出典：高等学校教科書・ODA 白書などをもとに筆者作成.

になることもあり，ここでは紛争や人権問題を解決する国際機関での議論に講義が進むこともある．こうした理由から，ODA 政策に関して標準的な教科書を作るのは苦労するし，国際関係，国際政治は常に流動的なので，かりに教科書ができたとしても，出版されたときから古くなる．

　このように，ODA はいろいろな意味で「難しい」．ただし，この難しいODA を考えるために 1 つ妙案があった．高校の政治経済の教科書に注目することである[2]．高校の教科書は，ODA についてはコンパクトながらそれなりに詳しくページをさいている．以下2024年 4 月段階で入手できた高校の政治経済の教科書が ODA について記述しているポイントを紹介したい（【 】内は章や節の見出し，タイトルである）．

　1．実教出版株式会社『最新政治・経済』令和 4 年 3 月検定済，令和 6 年1 月発行．

【国際経済における日本の地位と国際協力】220-227頁．政策：開発協力大綱，援助の体制，国際協力機構の役割．援助のスキーム：二国間協力・多国間協力，無償資金協力・技術協力・有償資金協力（借款）．国際金融機関である世界銀行グループ，アジア開発銀行の役割と特徴．SDGsとその目標：地球規模課題．国連開発計画（UNDP）．中国の「一帯一路」構想とアジア・インフラ投資銀行．

2．清水書院『高等学校　政治・経済』令和4年検定済，令和6年2月発行（第二刷）．

【グローバル化と国際経済】218-227頁．アジアのリージョナリズム，ASEAN自由貿易地域，アジア太平洋経済協力，環太平洋パートナーシップに関する包括的および先進的な協定（CPTPP），地域的な包括的経済連携（RCEP），世界貿易機関（WTO），自由貿易協定，経済連携協定，欧州連合（EU）の拡大と課題・ブレグジット，南北問題・南南問題，南北問題と国際協力，経済協力機構（OECD）と開発援助委員会（DAC），基本的人間ニーズ（BHN），国連開発計画（UNDP）の人間開発指数（HDI），ミレニアム開発指標（MDGs：2000年），持続可能な開発目標（SDGs：2015年）国益と国際協調，気候変動枠組み条約締結国会議（COP）．

【国際経済における日本の役割】228-231頁．IMF-GATT体制，政府開発援助の支出総額世界1位（1990年代），自由貿易体制の維持，TPP11協定（CPTPP），1974年JICA（国際協力事業団・2003年から国際協力機構に名称変更）設立，1992年ODA大綱，国民参加型の「顔の見える開発協力」の海外協力隊，NGO型支援，ソーシャル・ビジネス，グラミン銀行（バングラデシュ）．

3．実教出版株式会社『詳述　政治経済』令和4年検定済，令和6年1月発行．

【経済協力と人間開発の課題】231-235頁．貧困の克服と国際協力，OECDのDAC，国連ミレニアム開発目標（MDGs），持続可能な開発目標（SDGs），国連開発計画（UNDP），人間開発指数．

【日本のODAの課題】円借款比率・インフラ整備比率が高い，ODA大綱，青年海外協力隊，JICA専門家，開発協力大綱．

【貧困削減への新しい動き】NGO，フェアトレード，ソーシャル・ビ

ジネス，バングラデシュのグラミン銀行，企業の社会的責任（CSR），
BOP 市場，アフリカの経済成長と資源．

4．数研出版『政治経済』，令和 4 年 3 月検定済，令和 6 年 1 月発行．
【発展途上国の経済と経済協力】220-224頁．南北問題，モノカル
チャー経済，発展途上国．多様化する「南」，石油輸出国機構（OPEC），
資源ナショナリズム，累積債務問題，NIEs（新興工業経済地域），IMF
のコンディショナリティ，後発発展途上国（LDC），南南問題，中国
経済の躍進，「一帯一路」，アジア投資銀行（AIIB）．経済格差の是正
と経済協力，国連開発計画（UNDP），経済開発協力機構（OECD）の開
発援助委員会（DAC）．
【日本の国際的地位と役割】225-227頁．日本の対外関係，国連中心主
義，西側諸国との協調，アジアへの貢献の「外交三原則」．「地球時
代」の日本の役割，人間の安全保障，日本の政府開発援助の形態：無
償資金協力・技術協力・円借款（有償資金協力）・海外投融資（民間セク
ター向け），米英独仏加伊日などの主な国の ODA 実績の推移．

5．実教出版株式会社『最新政治・経済』令和 4 年 3 月検定済，令和 6 年
1 月発行．
【経済協力と日本の役割】152-154頁．日本の ODA とその課題：対
GNI 比率（国際目的0.7%に対して0.34%）．日本の ODA 政策：法の支配，
良い統治（グッド・ガバナンス），公正な開発．青年海外協力隊，アフリ
カ経済，OECD の役割，SDGs.

6．東京書籍株式会社『政治・経済』令和 4 年 3 月検定済，令和 6 年 2 月
発行．
【国際社会における日本の役割】200-203頁．人間の安全保障，国益，
地球益，持続可能な開発目標，日本の ODA について増額や贈与比率
向上の要望，日本の ODA はどうあるべきか．

　文部科学省の検定を受けた教科書がどのような記述をしているのかを知るこ
とは，この教科書で学ぶ高校生がどんな基礎知識を持って大学教育に臨んでい
るのか，またその知識が18歳で選挙権を持つ高校生に及ぼす影響を考える手が
かりを得ることができる．これらの教科書を見た後の印象は，「この限られた
ページ数に，よくこれだけの重要トピックを盛り込んだものだ」，という感心

であった.

　この感心を，大学教育でどうやって活かせば良いのかが新しい課題になった.
大学教育の責任，高大連携などの本質に迫る課題である.

┼ 2．行政学の視点

　高校の教育を大学での教育に反映させる方法の1つは，高校の教育にないア
プローチにあった. 以下で示すように，それは行政学，政策学，評価学の視点
からのアプローチであり，これらの基本的な視点は，政策とそれを運用する行
政，政策と行政の運用結果の良し悪しの判断・評価を見ることである.

　ここではまず，行政学を登場させる. 行政学は政府における行政とよばれる
中央政府や地方政府（地方自治体）の組織，それに関連する独立行政法人や特殊
法人，行政と仕事をする民間法人（株式会社や NPO/NGO），それらで働く人たち
を対象にする研究である. 行政学には政治と行政との関係を考える政治過程論
的な行政学があり，他方で組織と組織関係のダイナミズムを見る行政組織論,
組織と人の関係と管理運用を考える行政管理論（administrative management）,
政府組織が責任を持って仕事をしているか否かに注目する行政責任論（account-
ability と responsibility の議論）がサブディシプリンとして存在する.

　ODA を行政学で考える場合，政治過程論ではない行政組織論，行政管理論,
そして行政責任論からのアプローチが適している. 開発援助政策の行政過程に
着目した行政学者の先駆的な研究もあった［山谷 1994］. 政治過程論のアプ
ローチはこれまでも多く，その部分は政治学者や国際政治学者に任せた方が良
いとの判断である.

　ODA の分野における行政学のアプローチの嚆矢は，『ODA の評価システム
──理論と国際比較──』（行政管理研究センター，1993年），『ODA の評価システ
ム（Ⅱ）──理論と国際比較──』（行政管理研究センター，1994年）である. 以下,
その内容について簡単に紹介しよう.

　　　『ODA の評価システム──理論と国際比較──』
　　　　第1章「ODA の評価体制──その意義と比較──」（高橋進）
　　　　第2章「政府開発援助の見る評価の実際──日本の ODA プロジェクト
　　　　　　──」（山谷清志）

第3章「アメリカのODA評価活動」(城山英明)

第4章「イギリスにおけるODA評価に関して」(月村太郎)

第5章「ドイツのODA制作費活動——連邦経済協力賞を中心に——」
(縣公一郎)

第6章「DACにおける評価システム」(増島建)

『ODAの評価システム(Ⅱ)——理論と国際比較——』

第1章「日本のODA実施体制と評価の諸問題——援助の『理念』とプ
ロジェクト評価——」(高橋進)

第2章「ODA評価に対する被援助国側の参加に関して」(山谷清志)

第3章「北欧諸国のODA」(森田朗・小川有美)

第4章「フランスにおけるODA」(増島建)

第5章「国際機関のODA評価活動」(城山英明)

第6章「総括—ODA評価の課題と展望」(高橋進)

　2つの報告書は，行政学者と国際政治学者が共同で行った挑戦的な研究で[3]，その研究活動を主催したのが行政管理研究センターである．長年行政管理庁のシンクタンクとして活動してきた行政管理研究センターが，ODAについて行政管理からアプローチしたことになるが，このような研究は他に類例がなく，またそれ以後も行われていない．他に類例がなく，またその後行われていない理由には重要な背景事情がある．いささか冗長になるが，重要な事情なので以下に述べたい．

　研究会を立ち上げた背景には，総務庁行政監察局が行った政府開発援助の行政監察がある[4]．旧行政管理庁をルーツにする総務庁は行政監察と行政管理の2つの機能についてそれぞれ局を設けて所掌していたが，その行政監察局が1987(昭和62)年度以降，政府開発援助(ODA)について3回(無償資金協力と技術協力は昭和63年7月と平成7年4月，有償資金協力は平成元年9月)の監察を実施した．

　当時の総務庁が行政監察で取り上げた背景には，1980年代にマルコス疑惑をはじめとしてさまざまなODA関連の疑惑が発生していた中で，総務庁長官(国務大臣)に就任した玉置和郎大臣の指示があった(『臨調行革審』の玉置の序)．この玉置は，当時の中曽根内閣における最重要課題だった行政改革を担当する大臣として総務庁長官への就任を要請された．その在任期間は1986(昭和61)年7月22日～1987(昭和62)年1月25日と短かったが，自民党の大物議員で

あった玉置の影響力は大きかった［総務庁史編集委員会 2001：679］．また，この行政改革をめぐる国会論議，内閣委員会で政府委員として答弁していた佐々木晴夫・総務庁行政管理局長は，行政改革の事務方を指導する立場にあった（第107回国会衆議院内閣委員会1986年12月4日の議事録）．のちに佐々木は行政管理研究センターの理事長をつとめるが，この研究センターの研究会には行政管理局がミッションにしていた行政改革の視点が強く反映されることになる[5]．国際関係や開発援助からの内容ではなく，政策の形態，財政，組織運営などの行政におけるガバナンスをめぐる内容で，まさに官房学にルーツを持つ行政学の視点である．

　なお，どこの国でも行政に対する監察（inspection）は[6]，行政の業務執行状況を調査して問題や課題を探ることを主目的にしており，課題の原因調査や関係者の調査は行うが，責任追及や処罰・制裁は目的ではない．もし，監察担当組織が処罰や責任追及を主目的にした強制的な調査権限と資料要求権限を持ちたいのであれば，議会（国会）や執行部（内閣・大統領）の強力なサポートが必要になる．そして，仮にそのサポートを背景に強制的な調査権限を行使した監察を実施しても，調査対象（法律用語で言えば被疑者）の情報秘匿，協力拒否のハードルを越えるのは難しい．消極的抵抗も多いだろう．この点，日本の行政監察はあくまでも事実の確認と調査が主たる仕事であったので，情報収集に苦労はするものの拒否や妨害に遭うことは少なかった．

　このような意味で，行政学者が伝統的な行政管理・行政責任の視点でアプローチする対象として行政監察は「宝の山」であった．この宝の山が，ODAの領域にも存在することに行政学者が気づいたのは，この行政管理研究センターが行った2つの研究だったのである．

　ODAに関わる行政のプロセスを，行政学者はどのように見るのだろうか．行政学の知見を入れながらいくつか説明しよう．その代表は以下の通りである．

　第1に取り上げたい視点は，かつてアメリカの行政学者であるフレデリクソンが『新しい行政学』のテキスト内で取り上げた「行政の地理学」（the Geography of Public Administration）と呼ぶ発想である［Frederickson 1980：邦訳109-44］．この「行政の地理学」では，行政組織とは単純な階統制だけではなく，ダイナミックな立体構造だと認識する．日本の国内行政では国の行政と地方自治体の行政の関係を考える地方自治論がこの議論で先行してきたが，「空間管理」の概念で整理して議論に広がりを持たせる方法もあり［金井 1998］，あるいは具

体的研究として出先機関の研究になることもある［日本行政学会 1982］．内閣府が内閣の司令塔として行っている政策活動が，男女共同参画政策のように中央府省庁を横断（ヨコ）に見ていることにくわえて，地方自治体や民間企業，独立行政法人や国立大学法人などタテの視点で考えていることも，この行政の地理学に関わる問題である．道路行政，医療行政，福祉行政，警察行政などの言葉で収まりきれないテーマが，行政の地理学には存在する．

　第2は，ジェネラリストとスペシャリストとを区別する視点である．2つの言葉で表現される分業体制の把握によって，組織理解が進むこともある［Redford 1958：邦訳 67-69］．ジェネラリストとスペシャリストとは，個々の組織が置かれる位置関係によるスタッフの採用，従事する役割から発生する違いであり，現実にはそれを前提とした人事がかつての外務省における外交官のキャリア職と専門職の区別にもなった．国防におけるシビリアン・コントロール，科学技術政策に見られるレイマン・コントロール（Layman control）も，スペシャリストとジェネラリストの区別を前提にする．現場で求められる専門的知識（福祉・保健・医療・教育・土木・地域情勢など）を保持するスペシャリスト・エキスパートと呼ばれる人びとと，そうではない素人との組み合わせの妙味を組織に活かそうとする試みである．

　この違いを前提とした場合，組織の複雑な行動特性がわかるようになる．たとえば外務省内ではジェネラリスト組織に相当する大臣官房・総合外交政策局と，スペシャリストの地域担当（たとえば国際協力局国別開発協力第二課・南部アジア部南西アジア課）・現地大使館との関係がまず考えられる．あるいは，外務省特有の区別も関係してくる．それは「機能局」（経済局・国際法局・国際協力局など）と「地域局」（北米局・中南米局・中東アフリカ局など）との区別である．ジェネラルな視点の機能局と，地域の専門家集団の地域局の関係で，外交政策がより高次の機能を発現するであろうことは，外国との外交交渉の現場でよく見られる．さらに外務省国際協力局とJICA専門家との関係にもこのジェネラリストとスペシャリストの分業があると言ってもよいかもしれない．このようにして，組織とその構成メンバー同士の関係，それぞれの連携が，組織活動の成否の鍵を握る［伊藤 2019］．現在外務省大臣官房に置かれているODA評価室が主催する評価の実践には，まさにこうした妙味を活かしてODA政策のグッド・ガバナンスを確立したい努力が見られる．

　行政学者が第3に注目するのは，公共部門で行われている評価であり，それ

によって行政学は実践の学として実務に貢献する．評価の目的にそれは現れる．評価の目的は，アカウンタビリティの確保（行政統制型政策評価でジェネラリストの機能），マネジメントの支援（行政管理型政策評価でジェネラリストの機能），専門分野への知的貢献（スペシャリストの役割）の3つだが，このそれぞれを巧く使い分けるために行政学は役に立つ．アカウンタビリティ確保を目指す行政統制型政策評価については伝統的な行政統制論・行政責任論，マネジメント支援の行政管理型政策評価については行政管理論，専門分野への知的貢献では個別行政，たとえば福祉行政論［武智 2001；畑本 2021］，教育行政論［青木 2021］，ODAに関わる分野では国際行政論［城山 2013；福田 2012］がある．評価機能が置かれている組織の特性が，その評価の役割を通じて組織の諸機能を向上することに行政学者は注目する．もちろん，3つの評価が集めるべきエビデンスも違うので，かつて経済協力局に置かれていた評価室（専門知識を使った評価で得た専門情報を ODA 現場にフィードバックさせる目的）を，大臣官房に移す（管理的側面を強める）議論があったが，こうした組織改編の議論に貢献するのは行政学である．

＋ 3．政策学の視点

行政学を踏まえたこれまでの政策学の研究から，ODA 活動は4点で整理できる．政策とその定義，政策システム，政策デザイン，政策ロジックである．

その第1は政策（policy）の定義である．行政学の世界では ODA の政策をどのようにイメージし認識しているのか，これを考えることによって ODA 政策の特徴が見えてくるだろう．一般論としては第2章で使用した**表2-1**があるが，それを ODA 政策に特化して詳しく説明すると**表10-2**のようになる．

表10-2にある①②③は行政官庁としての外務省の視点であり，大臣官房をはじめとする外務省内のエグゼクティブの議論になる［山谷 2005］．他方④⑤⑥は政策を実施する機関の活動で，現場の状況が強く反映される一方で，その現場情報は事業評価や現場組織のパフォーマンス測定を通じて政策を判断する幹部機関，たとえば国際協力局や大臣官房に上がってくる．ODA に関してはこのフィードバック回路を外務省と共有するのが独立行政法人の JICA であり，JICA の中期目標期間の業績評価と財務関係情報，JICA の事業評価の結果が中心になる．

第2は政策システムの視点での理解である．外務省と JICA との関係の議論

第10章　ODA評価と政策評価　*175*

表 10‑2　ODA 政策とその内容

政策のイメージ	説　明
① 政治的方向を示すスローガン	開発協力大綱（閣議決定），国際機関が示す計画，相手国政府の国家開発計画．日本の外交方針．
② 問題の解決策としての政策	問題の原因要素を取り除き，問題を発生させている複雑な社会システムの諸要素を制御するプログラム．
③ 制度としての政策	法律・予算措置．各省庁，外務省，JICA の ODA 関係予算．国際的な政策金融制度．
④ 行政機関の行動基準	担当機関が法律や政令を現実に適用し，目的達成する時の行動基準，判断基準．政策実施機関を管理する立場からの通達や訓令．
⑤ 実施活動	現場で第一線の職員が行う活動．現地の JICA 職員，NGO スタッフ，相手国政府職員が生産するアウトプット（道路の舗装率，水道普及率，非正規公務員割合，相談件数など）．プロジェクト活動と呼ばれることもある．
⑥ 政府サービスとしての政策	実施活動の顧客（国民や住民）の目から見た政策．NGO や JICA 海外協力隊のサービス活動．

出典：森田［1991］を参考に筆者作成．

で既に言及されているが，政策それ自身は政策・施策・事業の三層構造によるシステムを構成しており，そのシステムにもとづいて外務省と JICA での組織間分業が行われる．根本にあるのは政策を行う組織（府省），政策手段である事業を実施する組織（地方自治体・独立行政法人・実施庁）[7)]の区別で，政策担当組織が政策評価，事業担当組織は政策評価ではない別の評価，たとえば事業評価・実施庁評価・独立行政法人評価で対応することになっている．つまり，評価は組織の立場，性格を明確に意識して置かれている．そのため，これら評価のちがいを区別するために必要な知識を育てるディシプリンが必要になるが，それは行政法と行政学である．

　第3は政策デザインの視点を使ったアプローチである．政策目的とそれを達成する政策手段をどのように考え［廣瀬 1998］，両者をいかにデザインするのかの議論は政策形成論として発展しており，また形成や決定を経て実施段階の政策は政策実施論の研究対象になる．この政策形成と政策実施の段階で行われる評価を形成的評価（formative evaluation）と呼ぶ．形成的評価は，多くの実務現場ではモニター（日本語では「監理」）とよばれる．政策形成と政策実施はいずれも政策学の重要なサブディシプリンの対象であると同時に，行政学の知見も

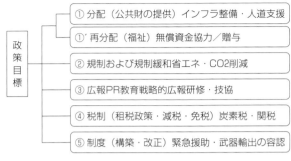

図 10-1　ODA の政策デザイン

出典：筆者作成.

重要になる.

　ODA ではさまざまな政策手段が存在しており，この政策手段はスキーム別に分類されてきた．有償資金協力（円借款），無償資金協力（贈与），技術協力，国際緊急援助，国際機関等に対する資金拠出などである．そして，1 つの援助目的を達成する場合でも複数の政策手段が置かれるのが ODA の特徴である（図10-1）．いわゆる policy-mix であるが，その mix を前提にした評価は，複雑になっており単純でない．また各政策手段も，日本政府だけでなく諸外国の援助機関・国際機関が関わる場面も少なくないので，さらに複雑になる．政策デザインをめぐるエビデンスの収集にはその収集作業に必要な金銭面だけでなく，デザインに関わる専門知識（金融・人権・環境問題・防衛上の制約など）の面で苦労することになる．

　この政策デザインの発想が貢献するのは，援助現場の複雑な状況への配慮である．国際社会における相手国の立場，社会情勢や経済環境，援助を受ける経緯，日本との関係など，マクロのレベルの議論がある．また，相手国が直面する経済課題，現在困っている課題の性質，それらへの有効な対応策などは，相手国の開発計画担当者，現地大使館，外務省や JICA，援助の専門家，開発金融機関などを交えた議論の中で課題がプログラムとして形成されて，実施手段がプロジェクトとして現場に降りてくる．

　このプロセスが援助では重要なキー・ワードになってくる．これが第 4 の視点で，政策評価の世界でロジック・モデルと呼ばれる思考である．インプット → アクティビティ → アウトプット → アウトカム → インパクトの流れの中

で，政策活動がロジカルに進んでいるかどうかをモニターする行動である．経済的効率，法的適正さ，社会的公正などの視点で政策が適正に組み立てられ，進んでいるのかどうかをチェックする．政策学が日本に紹介されたときロジックは政策の計画（plan）からはじまり，政策実施（do），政策評価（see）であったが，その後政策学の発展に伴い見る場所の範囲が拡大し，現在ではフィードバックを強調して政策を一種のサイクルとして見る複雑なプロセスになっている（第9章の図9-2）．それにともなって政策決定論，政策形成論，政策実施論，政策評価論，政策終了論と分けてみる段階的視点（stage model）は，評価の研究を活用して複雑になり，実務の政策評価や行政事業レビューではロジック・モデルとして一般化された．なお，ロジック・モデルはODAの世界ではロジカル・フレームワーク，プロジェクト・デザイン・マトリックスとして1990年代から使われており，ロジック・モデルを反映したプログラムをプログラム・セオリーと呼んでいた［山谷 1997：111-112］．

こうした政策学の4つの視点からの理解，整理をさらに効果的に進める手段が評価規準である．援助をはじめとする多くの政策領域の特徴を考える場合，評価の規準（criteria）は活動実態をモニターして確認する上で大きな参考になるからである．特定の規範から実践活動を見ることは科学を標榜する研究では否定されていたが，しかし，たとえば「ジェンダー・レンズ」のように，特定の立場の視点で政策を見直すと，一見価値中立的で平等だと思われている活動が，実は特定の人に不利な条件を強いてきた実態が見えてくる．その考え方に従って，なぜその規準が置かれているのかを考えると，その規準の背景における政策の価値観が見えるからである．

たとえば「小さな政府」を主張したNPM（New Public Management）型の新公共経営では効率が過剰に重視された．費用と便益の比によってさまざまな政府活動の本質が見えると考えたのであるが，効率に賛成しない人びとを説得するには政治力しかなかった（第8章のサッチャリズム）．他方，選挙による政策選択ツールを使うことができないODAでは，単純にデモクラシーの価値だけを追い求める規準には留保が必要であろう．

したがって，経済協力開発機構（OECD）の開発援助委員会（DAC）が提示する評価項目はいろいろな意味で参考になる．1991年以降使われてきたRelevance（妥当性），Efficiency（効率性），Effectiveness（有効性），Impact（インパクト），Sustainability（持続性）の5項目に加えてCoherence（整合性）が2019年に

追加されたが，この追加は ODA 政策の国際的な現状を物語るからである．

＋ 4．評価学の視点

（1）政策文書と評価文書

　行政学による組織体制における仕組みと機能の確認，政策学による政策活動の整理を踏まえて，政策の実態を見る場面で参考になる方法は何だろうか．それは各行政機関が公表する政策文書と，その機関が行っている評価結果を公表する評価文書を見ることである．そしておよそすべての政策領域と同じように，ODA 政策においてもその現実の実態を知るためには，政策を担当する外務省が公表する政策文書，そして政策手段である事業を実施する国際協力機構（JICA）が公表する事業関係文書を見るべきであろう．ODA が政策を研究したい人に示すメリットは，政策文書である外交青書と政府開発援助（ODA）白書，事業関係文書（報告書）について，評価の視点で整理した評価文書とに分かれているところである（図10-2を参照）．しかもこれらはインターネットで毎年公表されているので，一般市民からのアクセスビリティは高い．

　ODA 政策で評価を導入する理由を外務省は以下のように述べる．「ODA の実施状況とその効果を確認・評価する作業です．外務省による ODA 評価の目的は 2 つあります．ODA 活動を検証し，その結果得られた提言や教訓を ODA 政策策定や実施過程にフィードバックすることで，ODA の管理改善を促進するとともに ODA の質の向上を図ること．そして，評価結果を公表することで，国民への説明責任を果たすとともに ODA の透明性を高め，国民の理解を促進し，その支持を高めることです」（外務省「ODA 評価の概要」令和 6 年10月28日）．

　外務省の説明を要約すれば，援助の効果を評価によって確認すること，この確認結果から得られる知見を反映させるマネジメント・サイクルに貢献するため，ODA 評価は行われる．そのため，ODA 評価は国際援助を研究する専門家や対象国の行政官・専門家だけでなく，援助の内容，たとえば保健医療，教育，福祉，農業，環境保全，人権，ジェンダー，企業経営，防災，法制度整備支援の法律家など，多くの専門分野に関わる専門家を糾合して行なわれる．多様な評価が，数多く実施されているのである．

第10章 ODA評価と政策評価　179

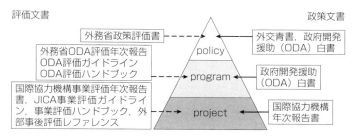

図10-2　ODAの政策文書と評価文書
出典：筆者作成.

（2）ODAの評価システム

こうしたODAの評価システムについてあらためて整理すると，外務省組織令等に基づいて実施する「ODA評価」と，政策評価法に基づき実施する「政策評価」がある．政策評価は内部評価（自己評価）であり，ODA評価は第三者評価（外部の独立した第三者による評価）と内部評価（自己評価）で実施されている．また，独立行政法人であるJICAでは主に事業評価と独立行政法人評価が行われている．

表10-3に見られるように，ODA評価と政策評価は事業の事前評価と事後評価の部分で一部重なっている．しかしODA評価のプログラム評価，政策評価，プロジェクト評価に注意が必要なのは，それぞれ日本政府が定めた政策評価の公式方式である総合評価，実績評価，事業評価と考え方や方法が微妙に違っているところである．ODA評価では実績評価（実績測定）は評価の一手段，実施中の情報収集ツールとして使われているので，とくに表10-3にとりあげるまでのものではない．また忘れられている重要な評価がある．それは，外務大臣が独立行政法人のJICAに提示する中期目標は政策評価の対象になることである．これは他府省の独立行政法人でも同じで，政策評価と独立行政法人制度はここでつながっているのである．政策評価と独立行政法人評価は分業が進んでおり，政府全体では総務省行政評価局（政策評価）と総務省行政管理局（独立行政法人評価）と分業体制になり，さらに府省内でも全く別組織が担当しているが，その根本においてつながっている事実は忘れ去られている．

（3）国別評価の事例

さて，いろいろな評価の議論をしてきたが，ここでODA評価の1つである

表 10‐3　ODA に関わる評価システム

外務省	ODA 評価	政策・プログラムの評価	国別評価，課題・スキーム別評価
		プロジェクト・レベル評価[注]	無償案件などで10億円以上
	政策評価	事前評価：有償資金協力案件150億円以上，無償案件10億円以上	
		事後評価：未着手の案件 5 年以上，未了の案件10年以上	
	独法評価	外務省が JICA に提示する中期目標は政策評価の対象	
国際協力機構	事前評価	2 億円以上の無償・技術協力・有償を DAC の 6 規準で内部評価	
	モニタリング	事業進捗促進目的で，技術協力と円借款を中間レビュー	
	終了時評価	技術協力プロジェクト終了後半年前をめどに実施	
	テーマ別評価	テーマを設定し，そのテーマにふさわしい規準で評価	
	インパクト評価	事業によってもたらされた変化の調査	
	プロセスの分析	効果発現のプロセスの確認および分析の深化を目指す	

注：外務省のプロジェクト・レベル評価には日本 NGO 連携無償事業も含まれる.
出典：外務省と JICA の HP を参考に筆者作成.

国別評価を紹介して，評価システムが現場レベルでどのように進められているのか，その実態を説明したい．評価システムの本質は国別評価に現れているので，その実態を紹介しよう．

1 ）　政策レベル評価

　国別評価は，政策レベルの ODA 評価における柱の 1 つである．支援対象国に対する ODA の実施状況と成果を評価し，その評価結果を援助相手国に向けた ODA 政策へフィードバックすること（改善によるマネジメント支援），そしてこの一連の流れを公表することによって ODA に対する日本国民の理解を促進すること（アカウンタビリティの確保）を目的として，外務省大臣官房 ODA 評価室が実施している．

2 ）　第三者評価

　この国別評価は第三者評価である．この場合の第三者とは，入札で外務省が決めたコンサルタントやシンクタンク，大学である．入札で選定された後は第三者評価として「外務省 ODA 評価ガイドライン」（図10‐1 ）に基づき実施する．外務省は毎年 2 ～ 3 の案件ごとに評価者を公募するので，年度ごとに評価者たちの専門，評価枠組み，評価デザインは異なるはずだが，長年繰り返され

る中で洗練されており，優良事例的な方向に収斂してきたので，評価方法については
いてはさほど大きな違いはない．ただし，調査対象国によって，若干の違いが
ある．バングラデッシュ・カンボジア・ラオスのような後発開発途上国
（LDC），援助を卒業したと開発援助委員会（DAC）が認定した国，トルコやエ
ジプトのような先進国の仲間入りをめざす国など，有償資金協力や無償資金協
力，技術協力などの使い分けの状況に応じて評価も若干違ってくる．なお，近
年は中国の影響も，評価を行う際の重要な考慮事項である．

3）　評価会合

　第三者評価の担当コンサルタントが決まってから，評価の会合が評価計画策
定時，実施時，調査終了時に3回程度行われる．参加者は評価主任を務める対
象国の専門家や元外交官，アドバイザー（大学教員など1～2人），外務省委託有
識者（元日本評価学会会長），評価実施コンサルタント3～4人，JICA評価担当
国関係者（4人程度で元青年海外協力隊メンバーもいる），外務省国際協力局（2～3
人），外務省地域局（中南米局や南部アジア部など2～3人），外務省大臣官房ODA
評価室（4人程度）である．なお，現地日本大使館担当者がオンライン参加す
ることもある．

　第1回評価会合では国別評価の調査業務実施計画案提示，スケジュールと現
地調査の詳細，大使館への調査依頼，相手国関係者への面接方法など決定．第
2回評価会合は4ヶ月程度後に開催．報告書案とそれに対する外務省，JICA
関係各課のコメント提示．第3回評価会合は評価報告書の最終案を確定する．

4）　スケジュール

　以下のスケジュールで評価が行われる．1．日本国内と現地での資料収集．
2．本国内と現地での質問票作成．3．現地ヒアリング対象者と日程・時間確
定．4．質問票・ヒアリング回答内容の確定と回答者のリスト作成．5．調査
結果整理・検証を確定：政策の妥当性・結果の有効性・プロセスの適切性，外
交の視点からの評価を確定（外交的な重要性・外交的な波及効果）．6．留意事項の
指摘とそれへの対応（人材育成・専門家は現地の安全対策・南南協力推進・日系人社会
との連携など）7．提言集の作成に関する会合．8．各評価案件の評価主任たち
と外務省委託有識者，国際協力局長などの外務省内幹部が総括評価．

表10‐4　近年の国別評価など

	名　称	受注したコンサルタント
2000	国別評価の手法に関する調査研究	一般財団法人国際開発機構（FASID）. 過去の ODA 評価案件（国別評価）のレビュー.
2021	ペルー国別評価	日本テクノ株式会社
	マラウィ国別評価	学校法人・早稲田大学
	東チモール国別評価	学校法人・早稲田大学
2022	タジキスタン国別評価	株式会社アジア共同設計コンサルタント
	トルコ国別評価	一般財団法人国際開発機構（FASID）
	ラオス国別評価	株式会社国際開発センター（IDCJ）
2023	エジプト国別評価	学校法人・早稲田大学
	タイ国別評価	株式会社国際開発センター
	バングラデシュ国別評価	アイ・シー・ネット株式会社
2024	ネパール国別評価	アイ・シー・ネット株式会社
	新型コロナウイルス感染症対策支援 の評価	一般財団法人国際開発機構（FASID）. 2015年の旧 開発大綱の感染症対策に基づく評価.
	ASEAN 連結性支援の地域別評価	株式会社国際開発センター（IDCJ）.「日 ASEAN 連結性イニシアティブ」を中心として.

出典：筆者作成.

5）報告書

第2回会合において基本を確定. ボリュームは A4で20ページ. これに, 評価会合参加者たちのコメントが付き, 会合で確認後, 修正あるいは追加. 報告の目次例は以下の通り.

第1章「評価の実施方針」評価の目的, 背景, 対象, 実施方法, 分析方法と枠組み, 実施体制.

第2章「評価対象の概要」対象国の状況, 対象国の開発政策, 二国間・多国間援助の動向, 日本の援助の実績.

第3章「評価結果」開発の視点からの評価, 政策の妥当性, 結果の有効性, プロセスの適切性, 外交の視点からの評価.

第4章「提言」

6) フィードバック

評価の結果は国別開発協力方針の策定や見直しに活用できるタイミングに合わせることが望ましいが，外交環境・外交行事等との兼ね合いで評価時期を調整する必要がある．そのため，外務省の国別開発協力方針の策定サイクルと，国別評価の実施タイミングは必ずしも一致していない．

以上の１）～６）に見られるように，国別評価は評価の理念型を代表する活動である．そして国別評価は典型的な政策レベルの評価であるが，参加する関係者のJICA関係者は現地で実施されたプロジェクトを熟知しており，プロジェクト評価もJICA内に記録として残っている[8]．また外務省内の地域局・機能局関係者は相手国内の社会課題に詳しく，各国の援助活動でそうした課題の解決に取り組んでいることも多い．それはすなわち解決すべきプログラム目標として認識されているということである．

さまざまなレベルでの評価を組み込んで，全体をレビューする評価として国別評価は行われていると理解して良い．こうして国別評価はODA評価の中心としてこれまでも実施されてきたし（表10-4を参照），今後も実施されていくだろう．

5．ま　と　め

第10章はODA政策を対象に，行政学と政策学から見た評価研究の進化と深化を試みた．それをふまえて，ODA政策の評価についていくつか指摘したい．

第１に実務に見られる評価のセクショナリズムである．ODA評価は外務省，政策評価は総務省と分業体制にある．ODA評価は政策評価が登場する以前に，すでに国際的に実施されていたので，各国政府や国際機関に豊富な知見がある．政策評価は1990年代後半からにわかに登場してきたが，その研究者は少ないしODA評価に関わっていない．そこで，政策評価とODA評価の実務と研究とはそれぞれ別に実施され，理論体系は異なり，関わる研究者も別系統の学会で活動してきた．その結果，ODA評価と政策評価は別のディシプリンとして意識されて，双方が互いに無関心状況になっている．

第２に，相互の無関心から，それぞれの評価の後ろにある専門分野も相互不干渉である．たとえば政策評価には後ろに行政学が控え，ODA評価には国際

開発学会がある．それぞれの学会の報告テーマを見た限りでは，相互の交流はない．両者の相互交流を進める鍵は評価で，互いを仲介・調整し合う「触媒 (catalyst)」機能を果たす評価学を育てる必要があった．ただし，国内と国際とを分けた教育の伝統，実務のセクショナリズムは根強く，難しい．その中で行政学から国際的なトピックに挑戦する研究者はいた［福田 2012：城山 2013］．

　第3に，教育体制が政策評価と ODA 評価との溝を深めている．高校の教科書には前述のように ODA に関する記述はあるが，政策評価の記述は皆無なので，高校生は偏った知識のまま進学する．進学先の大学（政策学部）で国内，国際両方をみた総合的な政策学教育の努力を試みても，新入生の教育を担当する各教員は自身の得意分野から議論を進めるので，学生はそれぞれの教員の専門分野に頭が進んでしまう．結果として，学生が選ぶ卒論はグローバル関連テーマ（国際関係論や地域研究）や国内行政（まちづくり，防災，官庁研究など）に分かれてしまう．大学の初年次教育と高校生向けの政策学部広報から見直す必要があるが，それは難しい．

　しかし，ODA は政策評価をはじめとする多くの評価研究，行政研究に豊富な知見を提供するので，臨床研究が難しい日本の行政学にとって有益な対象である．多数の実践例が ODA 評価に見られるだけでなく，この ODA とその評価を担当する官庁の研究は行政学に興味深い事例を提供する［山谷・吉原 2009］．

　もちろん，ODA の評価情報はネットで公表されている「宝の山」である．ODA に見る先進国と途上国の関係だけでなく，途上国における中央・地方関係は日本国内における内閣府地方創生担当部局と地方自治体との関係，内閣府の沖縄政策担当部局と沖縄県との関係と重ね合わせて考えると，違ったイメージで見ることができるだろう．それは内閣府の沖縄振興予算に振り回される沖縄県と，原発マネーに依存する地方自治体の財政規律問題を考えるヒントにもなる．このヒントは，中国の「一帯一路」支援を受ける東南アジア諸国にたいする日本の ODA の効果を考えるとき，複雑な思惑や様相を整理して考える手がかりになる（他人事ではないと気づく）．

　ODA とその評価は，研究者に興味深い教訓を提供しているのである．

注
1）　1950年イギリス・カナダなど英連邦外相会議で合意された途上国支援．その後アメリカや日本も参加して，対象国は英連邦以外にも拡大．

2） 近年の大学教育では「高大連携」が主張され，高等学校の教育と大学の教育との連携が重視されている．ここに妙案のヒントがある．高大連携に関心を持つ大学教員，とくに学部におけるカリキュラム政策編成に関わる大学教員は，新鮮な発見がある．

3） 研究会参加の国際政治学者は高橋進（東京大学），月村太郎（神戸大学），増島建（OECD）であり，行政学者は森田朗（千葉大学），縣公一郎（早稲田大学），城山英明（東京大学），山谷清志（広島修道大学）．またIIには小川有美（千葉大学）が参加．所属はいずれも当時．

4） 総務庁はかつて行政管理局と行政監察局を持つ行政管理庁が総理府統計局と合併して誕生，その後2001年に郵政省・自治省と合併して総務省になった．行政監察局は2001年に政策評価も担当する行政評価局に組織再編成．

5） 報告書を執筆した月村太郎と山谷清志は，行政管理研究センターの元研究員．

6） なお，こうした監察の国際的に有名な例は，2001年から2021年にかけてのアメリカのアフガニスタン紛争介入に対する事例がある［Special Inspector General for Afghanistan Reconstruction 2021］．

7） 実施庁とは国家行政組織法第7条第5項および別表第2に定められた機関．公安調査庁，国税庁，特許庁，気象庁，海上保安庁であり，実施庁評価（業績測定の一種）を行う．

8） JICAもまた事業評価有識者会議を毎年開催しており，国別の事業評価，評価に関する専門家のアドバイスとその反映状況，行政事業レビューでの指摘に対する対応の検討などを行っている．

終　章 | 政策評価の現状と可能性

　日本の政策評価は日本の政治と行政の特色に合わせて，独特の進化をしてき
た．その独特な進化とは，評価目的の変容に現れている．もともと評価目的は
アカウンタビリティの確保，マネジメントの支援，専門分野への知的貢献の3
つの目的であるが，日本ではそれぞれに変化が見られた．アカウンタビリティ
確保目的の行政統制型政策評価は自己統制型に変化し，マネジメント・コント
ロールの性格を強めた行政管理型政策評価が普及した．アカウンタビリティの
確保の目的がマネジメントの支援の目的と融合した．政策実務の細かな規定や
ルール，政策の実施過程は，この行政管理型評価でチェックされる．専門的な
知見を得て政策の質的改善を図るために行われる評価（専門評価）は，その専
門研究が進むにつれてどんどん複雑になった．もちろんこれを反映して，専門
評価は一般市民が簡単に理解できないレベルになってしまった．
　この終章では，こうした日本の政策評価の現状について説明しながら，さら
に残された政策評価の課題と可能性について指摘したい．

＋ 1．目的の変容

　政策評価だけでなく，すべての評価の目的の第一はアカウンタビリティの確
保だったことは，既に繰り返し述べてきた．このアカウンタビリティは，外部
から第三者が統制することで確保されるので，評価は行政統制型になる．した
がって，アカウンタビリティのための体制を厳格に作る必要がある．明確な判
断基準が存在すること，この基準によって責任を果たしていないと判断されれ
ば制裁があると関係者間で了解しておくこと，この2点が必要になる．この場
合の制裁とは，政策の中止・廃止，政策担当組織の解散，予算の凍結，政策担
当者の解任などである．こうしたアカウンタビリティ確保の評価を制度的に実

践する例の代表は，アメリカ連邦議会である．連邦議会は政策を実施した結果において政策目的が達成されているかどうか確認するためにプログラム評価を使い，このプログラム評価を議会付属機関の会計検査院（the Government Accountability Office）に任せた．GAO がアカウンタビリティ追及と行政監視のミッションを遂行してきた（本書第7章）．

　他方，三権分立の大統領制下におけるアメリカ連邦議会とは違い，日本の場合は立法機関である国会がアカウンタビリティに向けて積極的に行政統制型政策評価を活用する場面は少ない．理由はいくつか挙げられる．国会は議院内閣制のもとで行政機関の執行部と立法府（政権与党）が融合しており，外部からの責任追及であるアカウンタビリティの議論になりにくい．政権交代が少ない中で与党と行政執行部が融合している日本の議院内閣制では，行政統制が難しい．ただ，その中でも，野党がアカウンタビリティ追究する可能性は残っているが，野党には政策情報が入りにくいので，政策を評価するのが難しい．このため，日本の国会では政策評価を活用した与野党の論戦は少ない．

　報道機関の姿勢も，政策評価には冷淡である．多くの全国紙は，政策ではなく政局に熱心なので政策評価には関心は向かないし，購読者は政策評価のリテラシーを持たないだけでなく，政策評価そのものの存在を知らない人が多い．さらに，行政の複雑な仕組みは市民が理解するには難しく，ある政策がどこの官庁の所管なのかの知識を持つ市民は少ない．市民は自分が政策に直接関係がない限り知ろうしない．補助金や交付金，自治事務，法定受託事務などで複雑な国の政策，都道府県や市区町村の事業なども，整理し理解するのに手間どって，市民は政策評価にたどり着かない．また，もし市民が関心を持っても，携帯やスマホで各府省のホームページ上にある PDF やエクセルの評価シートを見るのが難しいという物理的な事情もある．

　こうして，アカウンタビリティの主人である市民とその代表の国会が，政策評価に携わる機会が少ないのである．

　日本では行政機関自らが政策評価を行い，その評価結果を使って行政が自己責任で対応している．この自己責任とは，他律的外在統制で確保されるアカウンタビリティではなく，自律的内部統制を意味するレスポンシビリティ（responsibility）である[1]．政策評価が活躍する場面で耳にする説明責任は，行政機関が自ら責任を果たすので，アカウンタビリティからレスポンシビリティに意味がすり替わり，政策評価はレスポンシビリティの文脈で語られる対象に変化

終 章 政策評価の現状と可能性　*189*

した．それでも，多くの人が「説明責任」のために政策評価を行うと語っている．

　したがって評価の２つめの目的，マネジメントを支援するために活用される評価は日本では充実している．政策評価制度を所管する総務省行政評価局と，それを補う行政事業レビューを所管する内閣官房とが活躍している．各府省内でも政策評価課と会計課が協力関係にある．政府全体の場合，政策評価は「政策評価ポータルサイト」で詳細な活動を実見でき，「行政事業レビュー」については内閣官房行政改革推進本部のページに詳細な活動報告実例がある．また，実際に担当する行政官向けのマニュアルもネットで公開している（行政事業レビューシート作成ガイドブック）[2]．こうして日本の政策評価は，行政事業レビューと並行して行われるマネジメント・コントロール，行政管理型政策評価の性格を強めた．行政機関内部で行われる政策評価については，行政だけではなく政治関係者の各府省大臣・副大臣・政務官が関わり，また外部有識者（大学教員やコンサルタント）も参加しているので純然たる内部評価ではないが，第４章で述べたように評価システムと評価デザインの基本は行政内部（各府省の政策評価担当課と原課との協議）で決められているので，やはり内部評価である．

　つまり，日本政府は政策評価と行政事業レビューとが併走し，マネジメント・コントロール向けの独特な行政管理型政策評価システムを構築してきたのである．

　政策評価が接近したマネジメント機能は，事業レビュー型での経費削減や効率化のミクロ・マネジメントだけではない．日本の政策評価が政府のガバナンス[3]改革の中でうまれ，定着し，成長してきたことは第３章で触れた．日本政府は「小さな政府」を目指す大きなガバナンス改革を進め，「簡素で効率的な政府を実現するための行政改革の推進に関する法律」（行政改革推進法）を2006年に制定，行政のスリム化・効率化を多くの分野でさらに進めた．一連の改革の中で「小さな政府」が良いガバナンスの政府だと評価され，その手法として業績測定，いわゆる実績評価方式が採用されたのは，第８章で述べたとおりである．汎用性があり，誰でも使いこなすことができる実績評価は，標準的な評価手法として日本の公共部門に定着したのである．

┼ 2. 評価の副作用とアカウンタビリティのジレンマ

　なお，実績評価，すなわちパフォーマンス測定には，設定された数値目標が政策を特定方向に強く誘導するため，副作用がある．

　たとえば，効率化を目指す政府改革のために採用した業績指標の副作用として，非正規労働者の生活困窮がある．正規職員の削減を求められた全国1700余の市区町村は，正規職員数の削減数を競い，削減した職の穴埋めに非正規職員や会計年度職員[4]を使った．それが，結果として地方自治体のエセンシャル・ワーク現場での非正規職員の増加につながり，低賃金の生活苦が報告されることになった［山谷・藤井 2021］．また，ガバナンス改革によって法人化した研究機関や国立大学の研究者と教員のポストには，「任期付き」を大幅に増やすこと業績指標として付けられたが，この不安定な身分で若手研究者の人生設計は難しくなった．これもガバナンス改革，業績指標・実績評価を採用した副作用であろう．

　副作用を解決できない日本政府には新しい局面が待っていた．繰り返す大規模災害，少子化対策，貧困対策，臨時新型コロナ禍対策に大型予算が組まれたのと同時に，東アジアの緊張とロシアのウクライナ侵攻は日本の安全保障環境を変えて防衛費 GDP の 1 ％枠制限は撤廃される．国の重要な政策の柱に位置づけられた科学技術・イノベーション政策は，新技術の実社会での実証試験，既存技術の実社会での普及促進をすすめ，大量の予算が投入される．こうしてさまざまな分野で意図しないまま膨らんだ積極財政政策が，「小さな政府」政策からの転換をすすめた．当然，評価も変わってくる．

　日常活動の無駄遣いを抑制して日々節約に努める「平時の」行政経営を見るツールだった業績測定（実績評価）は，非常事態や緊急時の行政コントロール手段として使えないことが，次第に明らかになる．実績評価は各府省の予算を要求する政策の歯止めとしては機能せず，過大な成果予測を付けた膨張予算に書かれた規定方針の，ロジックや数字をなぞるだけになったからである．政策に数字を付けて活動を促すことで，科学技術の国際競争力強化を名目に予算膨張を促した副作用例もある（第 6 期科学技術・イノベーション基本計画「5 年間で，政府の研究開発投資の総額約30兆円，官民の研究開発投資の総額約120兆円を目指す」令和 3 年度〜令和 7 年度）．

終　章　政策評価の現状と可能性　*191*

　そして，これらの政策とその評価は専門性を高度化し，素人の理解が及ばない方向に進んだ．高度な専門分野の評価をここでは専門評価と呼ぶが，この専門評価が遠心力を強めるメカニズムが見られるのはまず防災，福祉，医療，科学技術（宇宙・防衛），貧困問題などである．もともと高度な専門知識を必要とする政策分野に関わる評価は，評価担当者にその道の専門家を招くのが当然視される．そして，多くの専門評価が適正に行われ，客観的な活動だったかについてモニターするため，外部の専門家や有識者を招いた審議会・委員会・有識者会議を置くが，これもまた専門家がイニシアチブをとる．こうして，専門化が相乗効果的に強まる．

　もちろん，このような評価を容認する言説がある．「評価は学習（learning）機能を期待して行われ，評価によって得られた知見を現場の専門家にフィードバックして改善を促す」という言説で，多くの専門評価では当然のように耳にする．この言説は，研究者，福祉や医療のサービスを提供する人の立場から発せられる．したがって，この専門評価では評価書を作成するのは行政のマネージャーではなく，国際協力の専門家・専門調査員・コンサルタント，国立や公立の医療機関や福祉施設の専門職，義務教育の教員，国立大学法人の教員，官公庁に所属する土木や建設のエンジニア，府省の技官，官公庁の研究機関・公設試験研究機関に所属する研究者である．

　この専門評価は，第1章の表1-1にある⑥の専門責任を確保するための評価のことだが，その場面では同時に他のアカウンタビリティへの対応も現場担当者は求められる．合法性，効率，手続きの妥当性，政策の有効性など，さまざまなアカウンタビリティを同時に求められるので現場の評価活動は複雑化し，忙しくなっていく．そのため，教育・研究・医療などの本業に割く時間が削られ，アカウンタビリティ関連業務が優先されてしまう．一方の本来業務を遂行する中で求められるアカウンタビリティと，他方の周辺的ではあるが無視できない手続きや形式のアカウンタビリティとが競合する現場では，担当者たちの限られた時間をめぐって，2方向のアカウンタビリティが時間を奪い合い，互いにジレンマ状況に陥る「アカウンタビリティのジレンマ」が発生する．専門的政策の専門評価においてこのジレンマはとくに甚だしいが，有効な解決策がないまま事実上放置される．医療や学校教育の現場が「ブラック」化する背景，研究者の働き改革が進まない中，この放置されたアカウンタビリティのジレンマが存在する．

そしてアカウンタビリティのジレンマ以上に難しい問題がある．政策を実施する現場や，研究機関・政策教育の現場に見られる「遠心力」問題である．これが政策評価に深刻な影響を及ぼす．

╋ 3.「遠心力」問題

この「遠心力」とは，実務や研究の専門化とほぼ同義で，官庁のセクショナリズムによって発生し，学問の「タコツボ化」がこの遠心力を増幅する．

官公庁ではこの「遠心力」をコントロールして求心力を回復するために，いろいろ試みてきた．中央府省では全体を俯瞰する立場の組織が置かれた（たとえば内閣官房や各省の大臣官房，あるいは外務省総合外交政策局）．第二次臨時行政調査会（1981〜1983年）で総合調整が取り上げられ，旧・総務庁が設置されたのも遠心力を求心力に変える努力だった．ただし，社会で生起する多様な問題や複雑な課題に対応するため，関係各府省が所管する政策分野がどんどん専門化を深め遠心力が増すのに，その対策が追いついていないのも実態であろう．

たとえば，内閣府は政府が取り組む政策の司令塔で，政府全体の求心力を強化するはずだったが，内閣府予算は執行段階で各省に渡され，実施の実態は各省の縦割りの中で行われるので，遠心力は変わらない．また，外務省総合外交政策局のように外務省内の司令塔を目指す局もあるが，実態は安全保障，宇宙・海洋安保，経済安保，人道人権，PKO など多くの専門分野を次々に抱えこみ，組織体制そのものが遠心力を前提にしているところもある．さらに官公庁ではさまざまな政策分野に外部有識者会議・審議会を置くが，これもまた専門家たちによる遠心力強化になりかねない．

アカデミズムの政策研究においても，遠心力を抑るのは難しい．たとえば遠心力を弱めながら研究態勢を維持しつつ求心力を強めるために，さまざまなディシプリンに所属する各研究者の共同研究体制が作られ，求心力効果を狙っていた．さらに進めて理科系と文科系，各政策分野に関わる社会科学の研究者たちを招いた共同研究を持続させる努力が，政策学部という組織になって登場したのも求心力効果の狙いだった．

もともと政策学は，20世紀末，社会に発生する大きく困難な課題に対応するため，諸学の学際研究（multi-discipline）を推奨する動きに後押しされ，知の交流と共有を目指す体制（inter-discipline）づくりを進めた研究者たちの努力の結

終　章　政策評価の現状と可能性　*193*

果である．ここでは諸学横断型（cross-disciplinary）の視点で政策課題に対する
アプローチが試行錯誤されてきた．そうした努力，試行錯誤を続けた政策学は，
現実世界の問題について学問分野を超越して考察する（trans-discipline）姿勢を
標榜しながら，他の伝統的な社会科学に対抗してきた．しかし，残念なことに
それらはうまく進まなかった．同じく政策学部に所属している教員同士が互い
の研究がよくわからない，受験を希望する高校生に政策学を分かり易く伝えら
れない，就職活動中の政策学部生が面接で「政策学とは何か」と質問されても
答えられない，「ないない」状況を改善できないからである．

　政策学部は1つの解決策として，高校の総合学習のような課題発見型の現場
教育を取り入れ，文部科学省が推奨する新しい教養教育 'Project Based
Learning' やアクティブ・ラーニングを採用し，グループ・ディスカッション，
ディベート，グループ・ワークとその報告会のスキル向上を繰り返してきた．
大学の認証評価も，そうした傾向を後押しした．ここでは座学は敬遠され，企
業や行政と仲良く元気で汗をかく現場での「学び」を推奨する一方で，アカデ
ミックな政策学研究，外国語文献の購読，政策課題に対する規範研究，それら
をふまえた政策評価に関心が向かわない．「本を読まない学生」が主流であれ
ば，それも仕方が無いと教員は諦念しながら定年になる．

　この政策学に独特な「遠心力」問題は深刻で，問題意識は既に複数の政策系
学部において共有されていた．同志社大学・中央大学・慶応大学・関西大学・
関西学院大学・立命館大学・南山大学・津田塾大学の政策系学部学部長懇談会
でも，この問題はたびたび指摘されてきた．政策学の研究者同士が共通理解を
もたず，政策学以外のジャーゴンを別々に使い，同じ言葉でも意味が違い，結
果として政策学者相互の意思疎通が難しくなったこと，これが背景である[5]．こ
うして遠心力が，政策学の学問としての存続を困難にした［山谷 2019］．ただ
し，遠心力は研究熱心な研究者や実務担当者の真摯な仕事で発生するので，表
だって問題視したり批判したりはできない．

　学問研究での遠心力問題解決策の1つは学会設立で，1996年設立の日本公共
政策学会，2024年で172回を重ねる関西公共政策研究会はそうした共同研究を
制度化する努力の現れである．また2000年に設立された日本評価学会は，日本
社会に「評価文化」を醸成することを目的として，ODA，行政管理，地方自
治，教育，土木建築，環境，医療などの分野で評価に関わる研究者，行政実務
関係者，NPOやコンサルタントの活動家によって設立された．あらゆる専門

分野を横断する「評価文化」が遠心力を良い方向に導くと考えたからである．もちろん努力はした．評価学においても評価（evaluation）というテクニカルタームを，業界だけに通用する方言「ジャーゴン」にしないために，社会活動のバズワード（専門用語のように聞こえるが定義が曖昧なので使えない一方で，権威づけには使える俗語）にしないために，努力は重ねられた．それは理論研究を実践の場で検証する努力である．遠心力に一定の制御をかけるためには実務との協働が必要なのである．実務と研究のコラボレーションの具体例は，内閣の政策評価・行政事業レビュー，総務省の総合性・統一性確保評価，外務省大臣官房のODA 評価に見られる．

╂ 4．ガバナンスと評価

　本書は日本の政策評価について考察した．そしてその政策評価がどのよう制度化され，実践が行われ，日本の社会でいかなる役割を演じてきたのかについて述べてきた．

　これまでの議論で明らかになったように，政策評価は研究者の「机上の空論」でもないし，実務家の「畳の上の水練」でもない．政策評価はきわめて実践的な理論活動なので，評価によって社会を改善するだけでなく，評価自身も環境に合わせて改善し続ける必要がある．もちろん，政策評価にはいくつかの課題が残されている．

　たとえば制度化された日本の政策評価システムには，そのシステムから漏れている部分が少なくない．政策領域ごとに政策評価とは別の評価システムが置かれるのは，その対策の実例である．代表はODA 評価（第10章），そして科学技術政策の研究開発評価である．

　研究開発は，ODA 評価と同じく政策評価法で事前評価が義務づけられていることもあって，関係者の関心は高い．研究開発評価については各府省もホームページをおいている．文部科学省「研究開発評価」，厚生労働省「厚生労働省の研究に関する評価」，農林水産省「農林水産技術会議：研究政策評価」，国土交通省「技術政策：運輸技術研究開発評価」，環境省「環境研究・技術関連評価」，防衛省「技術研究開発評価」などである．

　科学技術政策における研究開発の内容はさまざまであり，その研究領域ごとに遠心力は強く働くが，それを求心力に変えようと考える努力も存在する．た

終　章　政策評価の現状と可能性　*195*

とえば，行政学と政策学の研究者を中心にした科学技術，研究開発政策に関する研究であり，そのテーマは以下の通りである[6]．

1．市民と科学技術のコントロール
2．科学技術行政とその歴史（旧科学技術庁，原子力委員会）
3．国立研究開発法人と国立大学法人
4．任期付き若手研究者の困難の緩和
5．女性研究者の人生設計支援事業
6．防衛省の装備品と新規研究開発（政策評価の事前評価関連）
7．科学技術行政と公共政策の「司令塔機能」（内閣府）
8．政府・民間などのアクター
9．司令塔における予算・人事の断片化
10．司令塔と計画・評価の断片化

これらは研究開発と科学技術政策を考える手がかりになるが，いずれのトピックも広く深いテーマになっている．
　政策評価制度から漏れている課題はまだ存在する．マクロ政策とミクロ政策，それぞれの整合がとれない課題である．たとえばマクロ政策として安倍政権は，2014年12月「まち・ひと・しごと創生総合戦略」を掲げ，内閣府に地方創生推進事務局を置き，2020年度まで数多くの施策を進めてきた．他方，ミクロの各施策については，内閣府の自己評価「令和元年度内閣府実施施策に係る評価書」（2019年）の政策評価シートを見ると，各施策評価結果については「進捗あり」「目標達成」の文言がある．しかし，その実際はどうだったのか．地方都市の人口減少は止まらないどころか，加速化し，10万人規模で住民が減っている県が複数存在する．内閣府各課が自己評価したミクロの施策評価では目標を達していることになるが，国民全体が見ているマクロ政策目標は全く達成できていない．そこでマクロとミクロ，両方を巧く捉えるメゾ・レベルの評価を考案すべきで，ODA 評価にはそうした実例としてプログラム・レベル評価が多いが，この ODA の実例は ODA 以外の国内行政では共有されていない．官庁のセクショナリズムが原因であろう．
　組織上の不整合が生みだす政策評価制度の課題は他にもある．マクロ・レベルでの評価は，一般市民が見ているのを意識しているとは思えない難解なレベルになっていることである．その具体例が，内閣総理大臣決定の「国の研究開

発評価に関する大綱的指針」（平成28年12月21日）である．多少長くなるが，その意義について述べている部分を引用しよう．

　（評価の意義）
　評価を受けるということ及び評価をするということは，本来受動的なものではない．個々の研究開発のみならず，当該研究開発が関連する政策・施策等について，その目的に照らして，目標，研究開発過程（プロセス）及びそこから生み出される結果，成果や波及効果等が正当に評価され，次の政策・施策等につながることは，研究者の意欲向上につながるだけでなく，組織の長や政策立案者にとっても，政策・施策等をより良く進めることを促進し，さらなる挑戦を促すものである．
　こうした評価は，評価に続いて行われるべき意思決定（改善・質の向上や資源配分等）の手段となるものであり，過去を振り返ることや評価対象のランク付けに注力することにとどまるのではなく，改善策や今後の対応などに重点を置くなど，評価結果を，その意思決定を踏まえて実施される政策・施策等に活かしていくものである．

　専門家が集まって作成されたこのマクロ指針は，政策を進める行程について語っているに過ぎず，市民に対するアカウンタビリティへの言及はない．
　他方で，現場のミクロ作業では，年度ごとに研究計画を策定し，研究予算を要求する時に大量の文書を作るが，その時「Excel 職人」や「パワポ職人」が大量に登場する．エクセル・シートやパワーポイント・スライドの表現やエビデンスをチェックする作業によって業務はまた増える．大量の資料を作るために，作成者たちは本来の研究時間を削り，膨大な時間をかけて資料を作成しているが，ここに几帳面な管理者が異動してくるとさらに文書が緻密化する．こうして評価文書はどんどん精緻化し，ボリュームも信じられないほど増加し（たとえばパワーポイントのスライドで500枚），一般市民の理解を超える．この資料を作成するのは研究者や技術者なので，彼ら・彼女らの研究に向けるべき時間が，こちらに吸い取られて大きく削減される．同時に，働き方改革も無視できない．こうして評価関連業務へのアカウンタビリティと，本来の研究へのアカウンタビリティが対立する「アカウンタビリティのジレンマ」状態が発生するのである．
　もし，無駄な評価関連作業を削減し，ジレンマ状況を解消したいのであれば，

終　章　政策評価の現状と可能性　*197*

評価専門家の育成が喫緊の課題になる．そのためには行政学・行政の経験知と，評価学・評価の実践知を活用した教育が必要であろう．ただし，それは大学院レベルの教育になるはずで，総合的な学際研究，知の交流と共有を目指す学修，諸学横断型アプローチ，現実世界の問題に学問分野を超越してアプローチして考察する姿勢が必要になる．この評価が，アカウンタビリティを重視した評価になる［山谷 2021b：172］．

　このアカウンタビリティとは，「良い統治とはなにか」を考えるガバナンス理論で最初に注目するテーマであり，ここではディシプリン横断型の視点，学問分野のタコツボに閉じ込めない評価が必要になる．「ガバナンスと評価」が21世紀の最重要テーマの１つになったのは，こうした背景だった．

　他方，マネジメント支援の行政管理型政策評価を優先し，あるいは専門的知見を得る評価の情報を現場にフィードバックすることでガバナンス改善につなぐべきだと考える実務の要請も無視できない．この実務の発想が工学的な活動に接近した．アカウンタビリティ確保の理想追及と，評価や政策の技術をめぐる工学的発想（KPI，EBPM，PDCA）との使い分けや共存をめぐって，評価理論の研究はさらに進むだろう．ここに再び「遠心力問題」が出現する．求心力回復を諦めて遠心力を認めるのか，遠心力に弊害が多いと否定するのか，両者の議論の 要 に評価があり，そしてここには評価の哲学と倫理の研究が登場するだろう．

　われわれ評価の研究者・実践家は，多様な相手から助言を求められる．民主主義が定着し人権を大事にする国，政権運営は安定しているが民主主義に難があると判断される国，経済的に豊かな地域，そうではない地域など，政策評価がグローバル標準になった今，どんな社会でも政策評価は必要だからである．さまざまな困難が生まれ，その中で人が生きていく限り，「ガバナンスと評価」は，普遍的かつ永遠のテーマになる．

　注
1）　レスポンシビリティは自ら責任を感じ，自分で責任を果たそうとする倫理的道義的な態度である［山谷 2021a：23］．自己責任であり外部統制ではない．
2）　https://www.gyoukaku.go.jp/review/img/R06sakusei-guidebook.pdf（2024年９月27日閲覧）．
3）　ガバナンスとは1980年代から90年代に政府改革の文脈で流行した言葉である．当時は，伝統的な階統制や法的統制スタイルよりも市場やネットワークを使った自己統制

が好まれた［Bavir 2007：363］.

4） 正規職員と同じように責任を持つが，待遇が正規より劣る職員．毎年雇用を繰り返されるため，不安定な上に賃金は安い．2020年度から全国で採用.

5） 政策系学部学部長懇談会で「遠心力」問題に初めて言及したのは慶應義塾大学総合政策学部の河添建元学部長で，この問題認識に共感した当時の今川晃・同志社大学政策学部長は，慶應義塾大学総合政策学部と学部間連携協力協定を結んだ（2015年5月15日）.

6）「国立研究開発法人における体系的評価の構築に関する研究」，研究代表者・南島和久，2022年度—2024年度，研究種目基盤研究(C).

あ と が き

　本書は「ガバナンスと評価」シリーズの中の1点である．日本の政策評価の研究は，政策評価の第一のミッションをアカウンタビリティの確保だと考え，アカウンタビリティの確保の手段としての評価を研究し，評価と行政統制の視点で評価実務に注目してきた[1]．行政監視型評価，行政統制型評価をイメージしている．そしてこの方法は筆者が修士論文を執筆したときから一貫している．修士論文「合衆国会計検査院とプログラム評価——議会補佐機関の行政監視機能」（中央大学大学院法学研究科1981年度）である．この時，評価研究（Evaluation Research）の存在を教えてくださったのは今村都南雄先生であり，またアメリカ会計検査院（当時は General Accounting Office）が評価を行政監視のために使っている実態をご紹介くださったのが加藤芳太郎先生であった．

　この研究の先に，1997年『政策評価の理論とその展開——政府のアカウンタビリティ』（以下『理論』）がある．『理論』は1995年度から同志社大学大学院総合政策科学研究科で開講していた『公共政策評価論』の講義ノートをもとに執筆しており，アメリカでの理論研究を中心にしている．この総合政策科学研究科の講義は真山達志氏からお誘い頂き，2024年度まで続いた（真山氏からは後の2004年に同志社大学政策学部の開設にあたって同僚として迎えていただいた）．なお，総合政策科学研究科を同志社が開設した1995年は，阪神淡路大震災の年であり，新幹線が崩壊して使えないため，新幹線開通後の9月に集中講義で行った．そしてこの「集中」が最初の著書執筆に貢献した．さまざまな執筆材料を短期間で整理できたからである．

　ところで『理論』は1997年5月20日に刊行したが，今から考えるとこのタイミングは非常に良かった．絶妙のタイミングと言って良いだろう．というのも1997年7月には当時の通商産業省が政策評価広報課を置き，三重県庁（北川正恭知事）は政策評価制度導入中で（筆者は9月1日に三重県庁で講演），また12月には中央省庁等改革の最終報告が出て日本政府も政策評価を導入すると宣言したからである．政策評価に脚光があたる直前の出版だった．なお，この中央省庁改革に当時の通産省から出ていた松井孝治氏（のち参議院議員，京都市長）が政策評価導入に貢献したとの話を西尾勝先生主催の研究会で知り[2]，松井氏ご本人に

もメールで導入当時の行革事務局の状況を確認できた（1999年9月6日）.

　しかし『理論』はその名の通り「机上の空論」,「畳の上の水練」の本だった. 実際のところどのように運用されているのか具体例を知らず, また日本でいかに使うべきか尋ねられても分からない. 研究者として忸怩たる想いが募り, 政策評価研究の限界に悩んでいた. その中で外務省からODA評価のポストのお誘いがあり,「評価」実践にたずさわった（経済協力局評価室長2002年）. 評価の現実, さまざまな関係者の動きを知ったが, 見ると聞くとは大違いで驚いた. 官僚制は評価に抵抗すると思っていたが, そうではなく, 当時の外務省は大きな改革トレンドの影響下にあり, 省内のムードは評価に積極的で, 中には山谷を激励してくださった方々までいた（その方々は後に外務省と内閣の重要なポストに就かれた）. 翌2003年は政策評価の報告書を出す最初の年で, また国際協力事業団（JICA）と国際交流基金の独立行政法人化の年でもあり, その実務に携わることができた（大臣官房考査・政策評価官）. 実務経験は, 研究者として非常に大きな意味があった.

　ただし, 2002年に外務省からお誘いを受けたときには大いに迷った. 大学教授のポストを離れて実務に移動することに不安があったからである. 不安を払拭できたのは, 当時の岩手県立大学総合政策学部の同僚, 南博方先生（行政法）のお言葉だった.「実務を知らない学者は勘違いする」. このアドバイスに勇気を頂戴し, 妻子を盛岡において東京に単身赴任した. ODA評価の現場を担当し, 国際協力機構と国際交流基金の独立行政法人評価制度構築に関わり, そして政策評価のリアルな現実に触れることができた. 得がたい経験だった.

　そしてこの経験をふまえて政策評価の『理論』を見直し,『政策評価の実践とその課題——アカウンタビリティのジレンマ——』（2006年, 以下『実践』）を執筆して刊行した. この本で強調したのは, 理論はそれ単体では存在し得ず, 常に他の理論や制度と関わっており, そのため政策評価や行政学にとどまらず, 政策学でも理論と実践の相互対照が重要だとの考えである. 理論が実務に応用できるかどうか, 実務に理論を応用した結果として理論は変化するのかどうかを知ることは, 外国理論の紹介や仮説検証型の数量分析にはない緊張感があり, この緊張感を共有すればディシプリン全体の研究水準が向上することは間違いない.

　その後, 2004年から同志社大学に移り, 新設された政策学部で政策評価論の講義を担当した. この講義で使った『理論』は外国の理論研究話ばかりで学生

は関心を持たず，『実践』は実務の話なので講義に使っても学部生は理解できない．大学院生でも無理だった．困り果てていたところ，足立幸男先生からお誘いいただき関西公共政策研究会，そして公共政策学会関西支部の研究会に参加し，公共政策学の「相場」を知り，佐野亘先生をはじめ政策学，政治学，社会学や経済学などの先生方からいろいろなお話を伺うことができた．そのご縁で，足立先生が編集代表をされていたBASIC公共政策学シリーズで『政策評価』を刊行したのが2012年，長らくこれを教科書に使ってきた．3.11東日本大震災と原発事故，政権交代を踏まえて執筆したのがこの『政策評価』で，先の2冊と違いサブタイトルにはないものの，アカウンタビリティを強く意識していた．

　その後，さらに時代は大きく変わる．アカウンタビリティ概念が空洞化して，日本社会はアカウンタビリティを見失う．政策評価が依拠する基盤の喪失によって，政策評価理論は大きく見直しが必要になった．見直しがうまくいくかどうかは不安が残るというのが，現在の正直な感想である．日本の政治文化や行政の伝統が，令和の市民社会の状況とミスマッチを起こしている事態が，不安を強くする．

　他方で，政策評価には新しい展開の予感もある．タジキスタン政府（2020年～），カンボジア政府（2024年～）のように，伝統的な政治学が民主的政府だとは認めない国々が政策評価に関心を持ち，いずれの国も「ODA評価ではなく政策評価を導入したい」と明言して導入作業を進め，筆者もプノンペンで担当者に直接講義する経験をした．カンボジアの政府高官（首相顧問）には「政策評価によって政府に対する国民の信頼を得たい」との希望を京都で聞いた（2024年6月14日同志社大学寒梅館）．この言葉を聞いて，一人で海外旅行する緊張感は，心地よいスリルの気持ちに変わり，新しい意欲につながった．もっとも「少年老い易く学成り難し」の言葉の通り，限界も見えている．

　この限界の中で，政策評価研究の可能性を次の世代に正しく伝えるのも研究者としての責務であろう．新しい研究課題として，以下のように考えている．

- 政策評価を採用する国々の行政文化の違い，およびそれらの背景の比較（とくに英米以外の国）
- アカウンタビリティ概念とレスポンシビリティ概念の混同が政策評価に及ぼす悪影響

- 人事評価システムと政策評価との不適合の研究，業績評価と政策評価の違いの研究
- 総務省行政評価局が持つ政策評価機能と行政相談機能との連携体制を，途上国はどうやって構築できるのか
- EBPM に代表される数字拘泥型評価にとり憑かれた研究者の特徴の研究
- 実務家が研究者になった場合と，研究者が実務家になった場合とのメリット比較
- 政権の大きな政策方針が，政策評価現場（課室レベル）に課す無理を解消する努力
- 同じ政策体系に存在する大きな長期政策の政策評価と，小さな短期政策の政策評価との乖離
- 政策評価に見られる経済学と行政学の越えられない溝
- 府省の政策評価が地方自治体に求めるデータ提供作業の実態と，それが生む新しい中央集権化
- 建前でやっている政策評価の「虚」はどうすれば発見可能か
- 素人が絶対見抜けない政策評価書の嘘
- 官公庁が前提にするさまざまな所掌・権限・法令の解釈が，実は政策評価までもセクショナリズム化している実態を評価書から探す
- 内閣府をはじめとする中央府省庁が唱える政策方針が，市民感覚とどれぐらいずれているか，その事実を政策評価書に探す
- 選挙公約の杜撰さを，事後の政策評価から指摘する
- 科学技術行政が，科学技術政策をコントロールできない実態を評価によって明らかにする（この時には政策評価ではなく行政評価が有効だろう）
- 専門性が強い分野（研究開発・医療・教育・障害者福祉など）の政策言辞が現実から遊離する結果，政策目的が「お経」（ありがたいが誰も分からない）レベルに達している実態を政策評価書に見る
- 政策評価が使えないと主張する研究者は，なぜそう言うのか
- 政策評価を担当した後に出世して審議官や事務次官になった官僚のホンネを聞く
- 政策評価自体の責任の研究

あとがき　203

　このように自分のやり残した研究テーマを公開するのは未練であると，御批判を頂戴するかもしれない．しかし，執着し，固執し，拘泥することが研究者の本性である．政策評価については45年続けてきたが，まだ先がある．

　本書は最後の政策評価論の講義と並行して，2024年4月15日から執筆開始し，期末試験採点後の9月20日に書き終えた．書き終えた段階で心に残っているのは不安である．大学院時代は中村陽一先生，今村都南雄先生，加藤芳太郎先生に原稿を厳しくチェックしていただいた．ご指導をいただいていた時は「針のむしろ」で，「蛇ににらまれた蛙」状態だったが，不安はなかった．その後も，原稿を書き続けているのは，先生方のおかげである．そして今回は南島和久氏に代わりを務めてもらい，親身なチェックをいただいた．

　本書は，山谷が定年退職間際に突如企画した．突然お願いしたにもかかわらず晃洋書房は快くお引き受けてくださり感謝に堪えない．とくに編集部の丸井清泰氏には御礼申し上げる．「ガバナンスと評価」シリーズもあわせて，いろいろな場面でお世話になってきた．丸井氏との出会いは大きな幸せであった．

　最後に，これまで家庭を顧みず，自分勝手で迷惑ばかりかけた妻の惠子と娘の清子にこの本をささげます．

　2024年9月20日　京都市今出川新町上ルの研究室で

山 谷 清 志

注
1）　評価とコントロールの視点は Yamaya［2024］．
2）　「行政の評価方式に関する調査研究」（1999年），委員は西尾勝・高橋滋・武智秀之・古川俊一・武藤博巳・山谷清志．研究成果は行政管理研究センターから『行政評価の潮流』として2000年に刊行された．

参 考 文 献

【邦文献】

池田央［1971］『行動科学の方法』東京大学出版会.

石田雄［1984］『日本の社会科学』東京大学出版会.

伊丹敬之［1986］『マネジメント・コントロールの理論』岩波書店.

伊藤大一［1979］「イギリス」，辻清明・研究代表，西尾勝・報告書作成委員長『社会経済の変化と行政の対応に関する町長研究——マネジメント・レビューなどの管理方式を中心とする——』行政管理研究センター.

伊藤正次［2019］『多機関連携の行政学——事例研究によるアプローチ——』有斐閣.

犬田充［2001］『行動科学——源流・展開・論理・需要・終演——』中央経済社.

稲継裕昭［2001］「英国ブレア政権下での新たな政策評価制度——包括的歳出レビュー（CRS）・公共サービス合意（PSAs）——」『季刊 行政管理研究』93.

今井照［2021a］「国法によって策定要請される自治体計画リスト」『自治総研』47(515).

―――［2021b］「国法による自治体計画策定要請の現状と対処法」『ガバナンス』246.

上野宏［2004］「政策工学試論2——政策プロセス，政策評価，及び予算策定——」『日本評価研究』4(1)，pp. 66-86.

ウォルフレン，K.［1994］『人間を幸福にしない日本というシステム』（篠原勝訳），毎日新聞社.

打越綾子［2004］『自治体における企画と調整——事業部局と政策分野別基本計画——』日本評論社.

枝野幸男［2010］『「事業仕分け」の力』集英社（集英社新書）.

OECD調査団報告［1980］『日本の社会科学を批判する1976年』（文部省訳），講談社（講談社学術文庫）.

大住荘四郎［1999］『ニュー・パブリック・マネジメント——理念・ビジョン・戦略——』日本評論社.

―――［2010］『行政マネジメント』ミネルヴァ書房.

岡田彰［2024］『官僚制の作法』公職研.

岡部史郎［1962］「行政とは何か——管理を中心とする考察——」『年報行政研究』1.

岡本信一［2001］『独立行政法人の創設と運営——英国エージェンシーとの比較を通じて——』行政管理研究センター.

尾高煌之助・松島茂［2013］『幻の産業政策 機振法 オーラル・ヒストリーによる解明』日本経済新聞社.

鏡圭佑［2017］「行政改革と行政責任——日本における行政責任観の変遷——」『同志社政策科学研究』19(1).

梶田叡一［1983］『教育評価』有斐閣.

加藤芳太郎［2008］『予算論研究の歩み』（1996年インタビュー. 聞き手・納富一郎），戦後地方自治の証言Ⅲ，敬文堂.

加登豊［1999］『管理会計入門』日本経済新聞社（日経文庫）.

金井利之［1998］「空間管理」，森田朗編『行政学の基礎』岩波書店.

金子太郎・加登隆司編［1970］『PPBS の理論と実際』金融財政事情研究会.

鎌田英幸［2008］「政策評価の本来的機能の発揮に向けて」『季刊行政管理研究』124.

北岡元［2003］『インテリジェンス入門——利益を実現する知識の創造——』慶應義塾大学出版会.

北川雄也［2018］『障害者福祉の政策学——評価とマネジメント——』晃洋書房.

君村昌［1998］『現代の行政改革とエージェンシー——英国におけるエージェンシーの現状と課題——』行政管理研究センター.

行政管理研究センター［1984］『行政における能率と有効性—— Efficiency and Effectiveness in the Civil Service ——』（海外資料翻訳シリーズ10），行政管理研究センター.

———［2004］『規制評価のフロンティア——海外における規制影響分析（RIA）の動向——』行政管理研究センター.

———［2008］『規制の事前評価ハンドブック——より良い規制に向けて——』行政管理研究センター.

行政管理研究センター編［2001］『政策評価ガイドブック——政策評価制度の導入と政策評価手法等研究会——』ぎょうせい.

———［2006］『詳解・政策評価ガイドブック』ぎょうせい.

合田周平［1978］『サイバネテックスの考え方』講談社.

斉藤達三［1994］『総合計画の管理と評価——新しい自治体計画の実効性——』勁草書房.

阪上孝・後藤武編［2007］『〈はかる〉科学』中央公論新社（中公新書）.

佐藤卓己［2008］『輿論と世論』新潮社.

佐藤靖・松尾敬子・菊地乃依瑠編［2024］『EBPM の組織とプロセス——データ時代の科学と政策——』東京大学出版会.

佐和隆光［1982］『経済学とは何だろうか』岩波書店（岩波新書）.

篠原一［2007］『歴史政治学とデモクラシー』岩波書店.

柴田章平・林信太郎［2008］『産業政策立案者の体験記録——戦後から高度経済成長期に産業創造への挑戦——』国際商業出版.

柴田悠［2016］『子育て支援が日本を救う——政策効果の統計分析——』勁草書房.

城山英明［2013］『国際行政論』有斐閣.

新藤健太［2024］「EBP プログラムの構築を目指す形成的評価手法におけるエビデンスの捉え方」『日本評価研究』24(1).

新藤宗幸［2002］『技術官僚——その権力と病理——』岩波書店（岩波新書）.

杉田弘毅［2020］『アメリカの制裁外交』岩波書店（岩波新書）.

関寛治・犬田充・吉村融［1970］『行動科学入門——社会科学の新しい核心——』講談社.

総務省行政評価局［2010］『租税特別措置等に係る政策評価の点検結果』.

総務省行政評価局政策評価官室［2002］『政策評価関係資料集』.

総務庁史編集委員会［2001］『総務庁史』ぎょうせい.

総務庁長官官房企画課［1989］『英国における行政管理の改善に関する調査研究報告書』行政管理研究センター.

武智秀之［2001］『福祉行政学』中央大学出版部.

田中一昭［1996］『行政改革』（現代行政法学全集10），ぎょうせい.

田中秀明［2005］「業績予算と予算のミクロ改革——コントロールとマネジメントの相克——（中）」『季刊 行政管理研究』111.

田中弥生［2014］「政権交代を超えた行政事業レビュー——改変過程と課題——」『日本評価研究』14(1).

辻清明［1966］『行政学概論 上巻』東京大学出版会.

鉄道弘済会［1983］『社会福祉研究』33.

徳田貴子［2023］「政府における評価制度——行政事業レビュー，政策評価制度，行政評価・監視，予算執行調査，会計検査——」『立法と調査』459.

泊次郎［2024］「研究不正とオープンサイエンス」（書評207），『UP』53(5).

内閣官房行政改革推進本部事務局［2022］「EBPM ガイドブック〜政策担当者はまず読んでみよう！——行政の「無謬性神話」からの脱却に向けた，アジャイル型政策形成・評価の実践〜2022.11.7，Ver 1.0」.

中井達［2005］『政策評価——費用便益分析から包絡分析法まで——』ミネルヴァ書房.

永野重史［1984］『教育評価論』第一法規.

南島和久［2011］「府省における政策評価と行政事業レビュー——政策管理・評価基準・評価階層——」『会計検査研究』43.

那須耕介・橋本努編［2020］『ナッジ⁉——自由でおせっかいなリバタリアン・パターナリズム——』勁草書房.

西尾勝［1976］「効率と能率」，辻清明編集代表『行政学講座3 行政の過程』東京大学出版会.

————［1990a］「行政の概念」，西尾勝『行政学の基礎概念』東京大学出版会.

————［1990b］「行政と管理」，西尾勝『行政学の基礎概念』東京大学出版会.

西山慶司［2019］『公共サービスの外部化と「独立行政法人」制度』晃洋書房.

日本行政学会［1980］『出先機関の実態と課題』〔年報行政研究16〕ぎょうせい.

日本政治学会編［1977］『行動論以後の政治学』（年報政治学1976），岩波書店.

————［1984］『政策科学と政治学』（年報政治学1983），岩波書店.

日本評価学会編［2020］「特集『エビデンスに基づく政策立案（EBPM）』の現状と課題」（『日本評価研究』20(2)).

————［2023］「特集 国の府省の政策評価のパラダイム転換に向けて」（『日本評価研究』

23(2)).

――――［2024］「特集 評価研究および評価実践におけるエビデンス理解の多様性と多義性」(『日本評価研究』24(1).

畑本裕介［2021］『新版 社会福祉行政――福祉事務所論から新たな行政機構論へ――』法律文化社.

林雄二郎・片方善治［1971］『社会工学――社会システムの理論と応用――』筑摩書房.

廣瀬克哉［1998］「政策手段」，森田朗編『行政学の基礎』岩波書店.

福田耕治［2012］『国際行政学――国際公益と国際公共政策――』有斐閣.

福家俊朗・浜川清・晴山一穂編［1999］『独立行政法人――その概要と問題点――』日本評論社.

藤原保信［1991］『二〇世紀の政治理論』岩波書店.

古川俊一［1999］「業績管理と会計改革の視点」『会計検査研究』19.

降矢憲一［1977］『社会指標の話』日本経済新聞社.

本荘重弘［2008］「自治体のガバナンスと行政評価」『季刊 評価クォータリー』6.

松下圭一［1975］『市民自治の憲法理論』岩波書店（岩波新書）.

松本創［2021］『地方メディアの逆襲――大手マスコミが報じない現実――』筑摩書房（ちくま新書）.

真山達志［1986］「行政研究と政策実施分析――行政研究の分析モデルに関する一試論――」『法学新報』92(5・6).

三上真嗣［2021］「ODA 評価の行政過程」，山谷清志編『政策と行政』（これからの公共政策学2）ミネルヴァ書房.

南博［1976］『行動理論史』岩波書店.

宮川公男［1994］『政策科学の基礎』東洋経済新報社.

――――［2001］『OR 入門』日本経済新聞社（日経文庫）.

――――［2002］『政策科学入門』（第2版），東洋経済新報社.

宮川公男編［1973］『システム分析概論』有斐閣.

――――［1997］『政策科学の新展開』東洋経済新報社.

三好皓一・森田智・藍澤淑雄［2003］「わが国評価におけるより適切なプログラム・セオリーの構築を目指して――国際協力評価と政策評価に焦点を当てて――」『日本評価研究』3(2).

三好皓一編［2006］『評価論を学ぶ人のために』世界思想社.

武者小路公秀［1972］『行動科学と国際政治』東京大学出版会.

森田朗［1991］「『政策』と『組織』――行政体系分析のための基本概念の考察――」『行政体系の編成と管理に関する調査研究報告書』総務庁長官官房企画課.

山本清［2013］『アカウンタビリティを考える――どうして「説明責任」になったのか――』NTT 出版.

山谷清志［1990a］「能率の政治――行政管理におけるサッチャリズム――」，行政管理研究

センター『サッチャーの行政改革』行政管理研究センター.

──── ［1990b］「行政管理におけるサッチャーの『革命』──『エージェンシー』と業績評価──」『國學院大學紀要』28.

──── ［1994］「開発援助政策の行政過程──プロジェクトの管理と評価──」『季刊 行政管理研究』67.

──── ［1997］『政策評価の理論とその展開──政府のアカウンタビリティ──』晃洋書房.

──── ［2005］「外務省大臣官房の政策管理機能」『年報 行政研究』40.

──── ［2006］『政策評価の実践とその課題──アカウンタビリティのジレンマ──』萌書房.

──── ［2009］「環境ガバナンスと民主的アカウンタビリティ」，足立幸男編『持続可能な未来の為の民主主義』ミネルヴァ書房.

──── ［2012］『政策評価』ミネルヴァ書房.

──── ［2014］「政策評価のメタ評価システム：客観性と評価の質」『同志社政策科学研究』16(1).

──── ［2017］「政策評価とアカウンタビリティ再考──『18歳選挙権』のインパクト──」『日本評価研究』17(2).

──── ［2018］「巻頭言『研究と実務』そして『官と学』」『季刊 行政管理研究』163.

──── ［2021a］「政策学における評価理論の貢献──日本の評価システムから──」『同志社政策科学研究』22(2).

──── ［2021b］「政策と行政のアカウンタビリティ」，山谷清志編『政策と行政』ミネルヴァ書房.

山谷清志監修 ［2020］『プログラム評価ハンドブック──社会課題に向けた評価方法の基礎・応用──』晃洋書房.

山谷清志編 ［2010］『公共部門の評価と管理』晃洋書房.

山谷清志・岩渕公二編 ［2022］『協働型評価と NPO ──「政策21」の軌跡──』晃洋書房.

山谷清志・張替正敏・南島和久編 ［2020］『JAXA の研究開発と評価──研究開発のアカウンタビリティ──』晃洋書房.

山谷清志・藤井誠一郎編 ［2021］『地域を支えるエッセンシャル・ワーク──保健所・病院・正装・子育てなどの現場から──』ぎょうせい.

山谷清志・吉原健吾 ［2009］「外務省における政策評価──『政策評価』と『外交』評価の交錯──」『同志社政策研究』3.

山谷清秀 ［2017］「行政相談員の多面的役割」，山谷清秀『公共部門のガバナンスとオンブズマン』晃洋書房.

米原あき ［2024］「評価研究及び評価実践におけるエビデンス理解の多様性と多義性」『日本評価研究』24(1).

臨調・行革審 OB 会 ［1987］『臨調 行革審──行政改革2000日の記録──』行政管理研究セ

ンター.

渡辺茂・須賀雅夫 [1977]『システム工学とは何か』(改訂版), 日本放送出版協会.

───── [1988]『新版 システム工学とは何か』日本放送出版協会.

【欧文献】

Abella, A. [2008] *Soldiers of Reason : The RAND Corporation and The Rise of The American Empire*, Harcourt (牧野洋訳『ランド──世界を支配した研究所──』文藝春秋, 2008年).

Andersen, S. C. [2023] "How and when to use field experiments to evaluate public policies," in Varone, F., Jacob, S. and Bundi, P. eds., *Handbook of Public Policy Evaluation* (Handbooks of Research on Public Policy), Edward Elgar.

Baicker, K., Taubman, S. L., Heidi, S. D., Allen, S. D., Bernstein, M., Jonathan H. Gruber, J. H., Joseph P. Newhouse, J. P., Schneider, E. C., M. D., Bill, C., Wright, J., Zaslavsky, A. M., and Finkelstein, A. N. [2013] "Oregon Experiment-Effects of Medicaid on Clinical Outcomes," *The New England Journal of Medicine*, 368(18) (https://www.nejm.org/doi/pdf/10.1056/NEJMsa1212321, 2024年6月19日閲覧).

Bamberger. M. and Mabry. L. [2020] *Real World Evaluation : Working Under Budget, Time, Data, and Political Constrains*, third edition, Sage.

Behn, R. D. [2003] "Why Measure Performance ?: Different Purposes Require Different Measures," *Public Administration Review*, 63(5).

Bertalanffy, L. von [1968] *General System Theory : Foundations, Development, Applications*, George Braziller (長野敬・太田邦昌訳『一般システム理論──その基礎・発展・応用──』みすず書房, 1973年).

Bevir, M. [2007] *Encyclopedia of Governance* I, Sage.

Blalock, A. B. [1999] "Evaluation Research amd the Performance Management Movement: From Estrangement to Useful Integration ?" *Evaluation*, 5(2).

Blalock, A. B. and Barnow, B. S. [1999] "Is the New Obsession with "Performance Measurement" Masking the Truth about Social Programs ?" in Nagel, S. S. ed., *Policy Analysis Methods*, Nova Science Publishers.

Bogenschneider, K. and Corbett, T. J. [2021] "The History of Evidence-Based Policy: A Long-Held Dream," in Bogenschneider, K. and Corbett, T. J. eds., *Evidence-Based Policymaking: Envisioning a New Era of Theory, Research, and Practice*, second edition, Routledge.

Bouckaert, G. and Halligan, J. [2006] "Performance and Performance management," in Peters, G. and Pierre, J. eds., *Handbook of Public Policy*, Sage.

Bovens, M., Goodin, R. E., and Schillemans, T. [2014] *The Oxford Handbook of Public Accountability*, Owford University Press.

Carley, M. [1980] *Rational Techniques in Policy Analysis,* Heineman Educational Books.

Ceiku, D. [2017] "Performance Management in Public Administration," in Klasse, T. R., Cepiku, D. and Lah. T. J. eds., *The Routledge Handbook of Global Public Policy and Administration,* Routledge.

Congdon, W. J. and Shankar, M. [2015] "The White House Social & Behavioral Sciences Team: Lessons learned from year one," *Behavioral Science & Policy,* 1(2), pp. 77-86.

Daponte, B. O. [2008] *Evaluation Essentials: Methods for Conduction Sound Research,* Jossey-Bass.

Deutsh, K. W. [1966] *The Nerves of Government: Models of Political Communication and Control,* The Free Press (伊藤重行・佐藤敬三・高山巌・谷藤悦史・藪野祐三訳『サイバネティクスの政治理論』(新装版), 早稲田大学出版部, 2002年).

Dolbeare, K. M. [1975] *Public Policy Evaluation,* Sage.

Dooren, W. V., Bouckaert, G. and Halligan, J. [2010] *Performance Management in the Public Sector,* Oxfordshire, Routledge.

Dror, Y. [1968] *Public Policymaking Reexamined,* Chandler (足立幸男監訳『公共政策決定の理論』ミネルヴァ書房, 2006年).

Easton, D. [1971] *The Political System: An Inquiry into The State of Political Science,* 2nd ed., Alfred A. Knopf (山川雄巳訳『政治体系──政治学の状態への探求──』ペリカン社, 1976年).

Fisher, F. [1980] *Politics, Values, and Public Policy: The Problem of Methodology,* Westview Press.

Fita-Gibbon, C. and Morris, L. [1987] *How to Design a Program Evaluation,* Program Evaluation Kit, second edition, Sage.

Frederickson, H. G. [1980] *New Public Administration,* University of Alabama Press (中村陽一監訳『新しい行政学』中央大学出版部, 1987年).

Furubo, J, Rist, R. and Sandahl, R. [2002] *International Atlas of Evaluation,* Transaction Books.

Garrett, J. [1972] *The Management of Government,* Middlesex, Penguin Books.

Hansen, H. F. and Rieper, O. [2009] "The Evidence Movement: The Development and Consequences of Methodologies in Review Practices," *Evaluation,* 15(2).

Hatry, H. P. [1999] *Performance Measurement: Getting Results,* Urban Institute Press (上野宏・上野真城子訳『政策評価入門──結果重視の業績測定──』, 東洋経済新報社, 2004年).

───── [2006] *Performance Measurement: Getting Results,* second edition, the Urban Institute.

Hinrichs, H. H. and Taylor, G. M. eds. [1969] *Program Budgeting and Benefit-Cost Analysis: Cases,* Text and Readings, Goodyear（加藤芳太郎・前田泰男・渡辺保男訳『予算と経費分析——自治体と PPBS ——』東京大学出版会，1974年）.

Højlund, S. [2014] "Evaluation use in evaluation systems — the case of the European Commission," *Evaluation,* 20(4) 428-446.

Hood, C. [1991] "A Public Management for All Seasons?" *Public Administration,* 69, pp. 3-20.

Hoos, I. R. [1972] *Systems Analysis in Public Policy: A Critique, revised edition,* University of California Press.

Howlett, M. [2019] *Designing public policies: principles and instruments,* second edition, Routledge.

Howlett, M., Ramesh, M. and Perl, A. [2009] *Studying Public Policy,* third edition, Oxford University Press.

Hughes, O. E. [1994] *Public management and Administration: An Introduction,* Macmillan.

Jacob, S. [2023] "The Institutionalization of evaluation around the globe: understanding the main drives and effects over the past decades," in Varone, F., Jacob S. and Pormin, B. eds., *Handbook of Public Policy Evaluation,* Elgar.

John, P. [2023] "Nudging and experimenting in a post-truth, post-COVID world," in Varone, F., Jacob, S. and Bundi, P., *Handbook of Public Policy Evaluation* (Handbooks of Research on Public Policy), Edward Elgar.

Joyce, P. [2011] *The Congressional Budget Office,* Georgetown University Press.

Kettner, P. M., Moroney, R. M. and Martin, L. [1999] *Designing and Managing Programs: An Effectiveness-Based Approach,* second edition, Sage.

Lasswell, H. D. [1971] *A Pre-view of Policy Sciences,* Elsevier.

Lerner, D. and Lasswell, H. D. [1951] *The Policy Sciences,* Stanford University Press.

MacDavid, J. C. and Hawthorn, L. R. L. [2006] *Program Evaluation and Performance Measurement: An Introduction to Practice,* Sage.

Mathison, S. ed, [2005] *Encyclopedia of Evaluation,* Sage.

McKean, R. N. [1958] Efficiency in Government Through Systems Analysis, Wiley（建設省 PPBS 研究会訳『システムズ・アナリシスの基礎理論—— PPBS への応用——』東洋経済新報社，1969年）.

McNamara, R. S. [1995] *In Retrospect,* Times Books（仲晃訳『マクナマラ回想録——ベトナム戦争の悲劇と教訓——』共同通信社，1997年）.

Morgan, C. and Murgatroyd, S. [1994] *Total Quality Management in the Public Sector,* Open University Press.

Mosher, F. C. [1979] *The GAO: The Quest for Accountability in American Govern-*

ment, Westview Press.

Muller, J. Z. [2018] *The Tyranny of Metrics,* Princeton University Press（松本裕訳『測りすぎ——なぜパフォーマンス評価は失敗するのか？——』みすず書房，2019年）.

Nathan, R. P. [1988] *Social Science in Government: The Role of Policy Researchers,* Rockefeller Institute Press.

———— [2000] *Social Science in Government: the Role of Policy Researchers*（new version），Rockefeller Institute Press.

Osborne, D. and Gaebler, T. [1992] *Reinventing Government: How the Entrepreneurial Spirit is Transforming the Public Sector,* Prume Book.

Osborne, S. P. and McLaughlin, K. [2002] "Introduction: From Public administration to public governance," in Osborne, S. P., ed., *Public Management: Critical Perspective,* Routledge.

Palfrey, C., Phillips, C., Thomas, P. and Edwards, D. [1992] *Policy Evaluation in the Public Sector,* Avebury.

Patton, M. Q. [1997] *Utilization-Focused Evaluation: The New Century Text,* 3rd ed. Sage（大森彌監修『実用重視の事業評価入門』清水弘文堂書房，2001年）.

Pawson, R. [2002] "Evidence-based Policy: The Promise of 'realist Synthesis," *Evaluation,* 8(3).

———— [2006] *Evidence Based Policy: A Realist Perspective,* Sage.

———— [2013] *Science of Evaluation: A Realist Manifesto,* Sage.

Picciotto, R. and Rist, R. C. [1995] "Evaluating Country Development Policies and Programs: New Approaches for New Agenda," *New Directions for Evaluation,* 67.

Politt, C., Talbot, C., Caulfield, J. and Smullen, A. [2004] *Agencies: How Governments Do Things Through Semi-autonomous Organizations,* Palgrave.

Redford, E. S. [1958] *Ideal and Practice in Public Administration,* University of Alabama Press（中村陽一・君村昌訳『行政における理想と実際』中央大学現代政治学叢書１，中央大学出版部，1973年）.

Rhodes, R. A. W. [1991] "Introduction," *Public Administration,* 69.

Ridley, F. and Wilson, D. eds. [1995] *QUANGO Debate,* Oxford University Press.

Rieper, O. and Toulemonde, J. [1996] *Politics and Practices of Intergovernmental Evaluation,*（Comparative Policy Evaluation Series），Routledge.

Rieper, O., Leeuw, F. L. and Limg, T. eds. [2010] *The Evidence Book: Concepts, Generation, and Use of Evidence,* Comparative Policy Evaluation Series, vol. 15, Transaction.

Rist, R. C. ed. [1995] *Policy Evaluation*（the International Library of Comparative Public Policy），Gower House.

Rossi, P., Freeman, H. E. and Wright, S. R. [1979] *Evaluation: A Systematic Approach,*

Sage.

Rossi, P. H., Lipsey, M. W. and Henry, G. T. [2019] *Evaluation: A Systematic Approach,* eighth edition, (International Student Edition, not for sale in the United States and Canada), Sage.

Rovere, R. H. [1959] *Senator Joe McCarthy,* Harcourt（宮地健次郎訳『マッカーシズム』岩波書店，1983年）.

Sage [1987] Program Evaluation Kit, seconde edition, Sage.

Shadish, W. R., Jr., Cook, T. D, and Leviton Laura C., L. [1991] *Foundations of Program Evaluation,* Sage.

Shadish, W. R. [2003] "The Oral History of Evaluation Part I. Reflections on the Chance to Work with Great People: An Interview with William Shadish," *American Journal of Evaluation,* 24(2).

Shick, A. [1971] "From Analysis to Evaluation," *The ANNALS of the American Academy of Political and Social Science,* 394.

──── [1973] "A Death in the Bureaucracy: The Demise of Federal PPB," *Public Administration Review,* 33(2).

Sibley, M. Q. [1967] "The limitations of Behavioralism," in Charlesworth, J. C. ed., *Contemporary Political Analysis,* New York, Macmillan（清水禮子訳「行動理論の限界」，田中靖政・武者小路公秀編訳『現代政治分析 I』，岩波書店，1971年）.

Simon, H. [1991] *Models of My Life,* MIT Press（安西祐一郎・安西徳子訳『学者人生のモデル』岩波書店，1998年）.

Special Inspector General for Afghanistan Reconstruction [2021] What We Need to Learn: Lessons from Twenty Years of Afghanistan Reconstruction, Lessons Learned Program, August 2021 (https://www.sigar.mil/interactive-reports/what-we-need-to-learn/index.html, 2024年9月27日閲覧).

Steinbruner, J. D. [1974] *The Cybernetic Theory of Decision: New Directions of Political Analysis,* New Jersey, Princeton University Press.

Stocker, G. and Evans, M. eds. [2016] *Evidence-Based Policy Making in the Social Sciences: Methods That Matter,* Policy Press.

Stockman, R., Meyer, W. and Zierke, N. eds. [2023] *The Institutionalisation of Evaluation in Asia-Pacific,* Palgrave Macmillan.

Stokke, O. [1991] "Policies, Performance, Trends and Challenges in Aid Evaluation," in Stokke, O. ed., *Evaluating Development Assistance: Policies and Performance,* Frank Cass.

The Oral History Project Team [2003] "The Oral History of Evaluation Part I. Reflections on the Chance to Work with Great People: An Interview with William Shadish," *American Journal of Evaluation,* 24(2).

——— [2004] "The Oral History of Evaluation Part II: The Professional Development of Lois-ellin Datta," *American Journal of Evaluation,* 25(2).

——— [2005] "The Oral History of Evaluation, Part 3: The Professional Evolution of Michael Scriven," *American Journal of Evaluation,* 26(3).

——— [2006] "The Oral History of Evaluation, Part 4: The Professional Evolution of Carol H. Weiss," *American Journal of Evaluation,* 27(4).

——— [2007] "The Oral History of Evaluation, Part 5: An Interview with Michael Quinn Patton," *American Journal of Evaluation,* 28(1).

Torgerson, D. J. and Torgerson, C. J. [2008] Designing Randomised Trials in Health, Education and The Social Sciences: An Introduction, Palgrave Macmillan（原田隆之・大島巌・津富宏・上別府圭子監訳『ランダム化比較試験（RCT）の設計』日本評論社，2010年）.

Truman, D. B. [1951] *The Governmental Process: Political Interests and Public Opinion,* Alfred A. Knopf.

United States General Accounting Office (GAO) [1998] *Performance Measurement and Evaluation: Definitions and Relationships.*

US. GAO [2021] Program Evaluation: Key Terms and Concepts,（https://www.gao.gov/assets/gao-21-404sp.pdf, 2024年9月27日閲覧）.

Varone, F., Jacob, S. and Bundi, P. [2023] *Handbook of Public Policy Evaluation,* Edward Elgar.

Vedung, E. [1997] *Public Policy and Program Evaluation,* Transaction.

——— [2010] "Four Waves of Evaluation Diffusion," *Evaluation,* 16(3).

Vigoda, E. [2008] "New Public Management," in Berman, E. M. ed., *Encyclopedia of Public Administration and Public Policy,* Volume 2, Taylor & Francis Group, pp. 1321-1325.

Weiss, C. H. [1998] *Evaluation,* second edition, Prentice Hall.

White, H. [2019] "The twenty-first century experimenting society: the four waves of the evidence revolution," Palgrave Communications, volume 5（https://www.nature.com/articles/s41599-019-0253-6, 2024年9月27日閲覧）.

Wholey, J. S., Scanlon, J. W., Duffy, H. G., and Vogt, L. M. [1970] *Federal Evaluation Policy: Analyzing the Effects of Public Programs,* Urban Institute.

Yamaya, K. [2024] "Control and Evaluation," in Agata, K., Inatsugu, H. and Shiroyama, H. eds., *Public Administration in Japan,* Palgrave.

索　引

〈アルファベット〉

accountabilities　26
Administrative management　128
AI　161
Behavioral Revolution　91
Behavioral Science　90
coherence　10, 177
compliance　27
comprehensive evaluation　116
criteria　9
cybernetics　97
DAC　9, 63
EBPM　55
effectiveness　9, 177
efficiency　9, 27, 177
evaluation research　10
Experimental designs　62
GAO　106, 108, 188
General Accounting Office　106
Government Accountability Office　106
impact　9, 177
inter-governmental evaluation　v
JAXA　76
KPI（Key Performance Indicator）　124
legitimacy　27
mal-administration　i
management by objectives　128
management science　98
managerialism　125
Measurement and Evaluation（M & E）　58
New Public Management（NPM）　123
ODA（政府開発援助）　165
OECD（経済協力開発機構）　9, 29
operationalization　91
PDCA　34
performance measurement　34, 123
Planning-Programming-Budgeting-System（PPBS）　94, 98, 125

Policy Sciences　88
PPBS　94, 98, 125
public management　128
Quasi-experimental designs　63
Randomized Controlled Trial　153
RBM　128
RCT　61, 62, 153
regularity　27
Reinventing government　125
relevance　9, 177
responsibility　161
responsive evaluation　115
result-based management　128
Statistical designs　63
sustainability　9, 177
Systems analysis　95
the Government Accountability Office　188
Theory-based evaluations　63
theory-driven evaluation　116
TQM（Total Quality Management）運動　125
traceability　27
Utilization-focused evaluation　117

〈ア　行〉

アウトカム評価　110
アカウンタビリティ　iii, vi, 3, 5, 26, 161, 187, 201
　　──のジレンマ　76, 191, 196
足立幸男　201
『新しい行政学』　144
新しい行政学　109
アポロ計画　96
新たな行政マネージメント研究会　130
委員会　30
今村都南雄　199
インパクト　177
　　──評価　110
ウォルフレン，K. v.　3
影響力　9

エージェンシー　73,126
エセンシャル・ワーク　190
エビデンス性善説　144
応用社会科学　54
オペレーションズ・リサーチ　114

〈カ　行〉

会計検査院　188
会計検査問題研究会　163
会計年度職員　190
回顧的評価　47
開発援助委員会　9
科学技術・イノベーション基本計画　190
学習（learning）機能　191
核戦争危機　91
過誤行政　i
加藤芳太郎　163,199
ガラパゴス化　75,124,164
監査　9
関西公共政策研究会　193
監察（inspection）　172
管理会計　127
管理科学　98
技術協力　26
基準　108
規準（criterion）　9,108,109
規制　26
北川雄也　122
機能局　173
客観性担保評価　57
客観的評価　32
教育評価　109
共管　8
行政改革会議　1
行政改革推進本部　78
行政学　27
行政監察局　33,124
行政監視院法案　12
行政監視型評価　199
行政関与の在り方に関する基準　71
行政管理型業績測定　139
行政管理型政策評価　i,174,187
　　──システム　189

行政管理型評価　44
行政管理庁　30
行政管理予算局　100
行政機関　32
　　──が行う政策の評価に関する法律　30
行政事業レビュー　30,76,78,189
行政責任　5
　　──論　107
行政相談　81
　　──委員　81
行政統制型政策評価　i,174,187,188
行政統制型評価　199
行政評価　11,129,144,202
　　──・監視　80
行政評価局　57
業績管理（performance management）　127,
　　128,133
業績評定（performance rating）　125
業績予算（performance budgeting）　132
競争（competition）　127
経済協力局評価室長　200
形成的評価　47,109,115,175
決算書　132
研究開発評価　194
権限（responsibility）　30
公会計改革　127
考査・政策評価官　200
合法性（legality）　27
効率　121,124
　　──性　9,177
国際開発学会　183
国際協力事業団　200
国際交流基金　200
国民　28

〈サ　行〉

サイエンスの時代　86
サイバネティクス　92,97
財務省　56
サッチャー改革　34
佐野亘　201
参加型評価　63
ジェネラリスト　173

索　引　219

事業仕分け　30, 76
事業評価　56
　　——方式　33
自己評価　30
支出に見合う価値（Value for Money）　124
市場化（marketization）　124, 127
システム　94
　　——工学　94, 95
　　——分析　95, 99
事前評価　56
持続性　9, 177
実施庁　126
　　——評価　82
実績評価　56, 189, 190
　　——方式　34
自動制御　97
シミュレーション　95
市民　28
『市民自治の憲法理論』　93
事務事業評価　144
社会工学　94
社会的公平（social equity）　144
社会福祉評価　109
ジャーゴン　vii
住民　28
終了（termination）　21
手法研究会　33
手法検討会　35
触媒　184
所掌事務　30
新公共経営　123
人事評価　146
数字拘泥型評価　202
スキーム　26
スペシャリスト　173
制御　97
整合性　10, 177
政策　32, 174
政策科学　88
政策学　11
政策形成論　175
政策研究（policy research）　114
政策工学　90

政策サイクル　56
政策システム　174
政策実施論　175
政策終了　24
政策終了論　177
政策手段　176
政策責任　5
政策体系　19, 135, 140
政策体系評価　35, 47
政策デザイン　25, 165, 175, 176
政策評価　1, 2
　　——機能　69
　　——制度の在り方に関する最終報告　52
　　——の手法等に関する研究会　33, 47, 124
　　——法　30, 70
政策プロセス　135
政策文書　178
政策レベル評価　180
正統性（legitimacy）　161
制度官庁　7
政府間関係論　v
セオリー評価　23
説明責任　4, 189
専門責任　5
専門評価　187
総括的評価　47, 109
総合性確保評価　57
総合評価　56
　　——方式　35
総務省行政評価局　55
総務省「政策評価のポートフォリオ」　30
総務庁　31
遡及可能性　27
測定（measurement）　123
租税特別措置　26, 42

〈タ　行〉

妥当性　9, 177
地域局　173
地方独立行政法人　27
中央省庁等改革基本法　69
中間監理（monitor）　123
庁　30

朝鮮戦争　88
追跡可能性　27
テクノクラート　163
デザイン　25
統一性　57
統制　97
透明性（transparency）　27
特殊法人　70
独立行政法人　70
　　——制度　124
　　——通則法　70
　　——評価　124

〈ナ　行〉

内閣官房行政改革推進本部　189
中村陽一　203
西尾勝　199
日本公共政策学会　193
日本評価学会　193
入札の仕様書　121
任期付き　190
人間を幸福にしない日本というシステム　3
能率　121

〈ハ　行〉

バズワード　vii
発生主義会計　127
パフォーマンス測定　124
パフォーマンス・メージャーメント　34
評価（evaluation）　123
評価学の歴史　113
評価規準　177
評価士　120
評価システム　55
評価疲れ　　v
評価文書　178
評価ポリシー　30
評価目的　58
フィードバック　97

プログラム　21
　　——評価　35, 124, 188
　　——・マネージャー　135
プロジェクト評価　33
プロジェクト・マネジメント　93
プロセス評価　110

〈マ　行〉

松井孝治　199
マネジメント・コントロール　126, 139
真山達志　24, 199
未着手案件　56
南博方　200
未了案件　56
民主党　2, 43
　　——行政刷新会議　76
無誤謬性　6
無償資金協力　26
メゾ・レベルの業績測定　140
目標管理（MBO: Management by Objectives）
　　運動　125
目標管理型評価　48
目標管理型の政策評価　43
森田朗　24

〈ヤ・ラ行〉

有効性　9, 177
有償資金協力　26
予算サイクル　56
予算書　132
ランダム化比較試験　153
ランダム化比較実験　61
臨床研究　184
臨床的アプローチ　142
レスポンシビリティ　11, 188
　　——型政策評価　vii
ロジック　23
　　——・モデル　176, 177

《著者紹介》

山谷清志（やまや きよし）

　1954年　青森市生まれ
　1988年　中央大学大学院法学研究科博士後期課程単位取得退学
　2000年　博士（政治学）
　現　在　同志社大学政策学部・大学院総合政策科学研究科 教授

主要業績

『政策評価の理論とその展開——政府のアカウンタビリティ——』（晃洋書房，
　　1997年）
『政策評価の実践とその課題——アカウンタビリティのジレンマ——』（萌書房，
　　2006年）
『公共部門の評価と管理』（編著，晃洋書房，2010年）
『政策評価』（BASIC公共政策学9）（ミネルヴァ書房，2012年）
『男女共同参画政策——行政評価と施設評価——』（共著，晃洋書房，2015年）
『JAXAの研究開発と評価——研究開発のアカウンタビリティ——』（共著，晃
　　洋書房，2020年）
『プログラム評価ハンドブック——社会課題に向けた評価方法の基礎・応用
　　——』（監修，晃洋書房，2020年）
『政策と行政』（これからの公共政策学2）（編著，ミネルヴァ書房，2021年）
『地域を支えるエセンシャル・ワーク』（共編著，ぎょうせい，2021年）
『協働型評価とNPO——「政策21」の軌跡——』（共編著，晃洋書房，2022年）

　　　　　ガバナンスと評価14
　　　　　日本の政策評価

2025年2月28日　初版第1刷発行　　＊定価はカバーに
　　　　　　　　　　　　　　　　　　　表示してあります

　　　　　　　　　　　著　者　　山　谷　清　志©
　　　　　　　　　　　発行者　　萩　原　淳　平
　　　　　　　　　　　印刷者　　江　戸　孝　典

　　　　　　　　　発行所　株式会社　晃　洋　書　房
　　　　　　　〒615-0026　京都市右京区西院北矢掛町7番地
　　　　　　　　　　　電話　075(312)0788番(代)
　　　　　　　　　　　振替口座　01040-6-32280

装丁　クリエイティブ・コンセプト　　印刷・製本　共同印刷工業㈱
　　　　　　ISBN978-4-7710-3916-2

JCOPY 〈(社)出版者著作権管理機構 委託出版物〉
本書の無断複写は著作権法上での例外を除き禁じられています．
複写される場合は，そのつど事前に，(社)出版者著作権管理機構
（電話 03-5244-5088，FAX 03-5244-5089，e-mail: info@jcopy.or.jp）
の許諾を得てください．

山谷 清志・岩渕 公二 編著
協 働 型 評 価 と Ｎ Ｐ Ｏ
――「政策21」の軌跡――

A 5 判 204頁
定価2,750円（税込）

山谷 清志 監修／源 由理子・大島 巌 編著
プログラム評価ハンドブック
――社会課題解決に向けた評価方法の基礎・応用――

A 5 判 260頁
定価2,860円（税込）

張替 正敏・山谷 清志／南島 和久 編
ＪＡＸＡの研究開発と評価
――研究開発のアカウンタビリティ――

A 5 判 96頁
定価1,320円（税込）

南島 和久 著
政 策 評 価 の 行 政 学
――制度運用の理論と分析――

A 5 判 226頁
定価3,080円（税込）

西山 慶司 著
公共サービスの外部化と「独立行政法人」制度

A 5 判 228頁
定価3,520円（税込）

山谷 清秀 著
公共部門のガバナンスとオンブズマン
――行政とマネジメント――

A 5 判 256頁
定価3,080円（税込）

鏡 圭佑 著
行 政 改 革 と 行 政 責 任

A 5 判 198頁
定価3,080円（税込）

湯浅 孝康 著
政 策 と 行 政 の 管 理
――評価と責任――

A 5 判 194頁
定価2,970円（税込）

北川 雄也 著
障 害 者 福 祉 の 政 策 学
――評価とマネジメント――

A 5 判 232頁
定価3,080円（税込）

マーク・H. ムーア 著／松野 憲治 訳
パブリックマネジメント
――不確実な時代の公共戦略――

A 5 判 402頁
定価6,050円（税込）

デレク・ビレル, ポール・カーマイケル, デアドレ・ヒーナン 著／箕輪 允智 訳
英 国 の 地 方 分 権
――政治・権限・政策――

A 5 判 276頁
定価6,160円（税込）

晃 洋 書 房